Helga Pelizäus-Hoffmeister (Hrsg.)

Autobiografische Updates

Helga Pelizäus-Hoffmeister (Hrsg.)

# Autobiografische Updates

Jahresbriefe zur Bewältigung
biografischer Unsicherheit

**VS VERLAG**

Bibliografische Information der Deutschen Nationalbibliothek
Die Deutsche Nationalbibliothek verzeichnet diese Publikation in der
Deutschen Nationalbibliografie; detaillierte bibliografische Daten sind im Internet über
<http://dnb.d-nb.de> abrufbar.

1. Auflage 2011

Alle Rechte vorbehalten
© VS Verlag für Sozialwissenschaften | Springer Fachmedien Wiesbaden GmbH 2011

Lektorat: Dorothee Koch

VS Verlag für Sozialwissenschaften ist eine Marke von Springer Fachmedien.
Springer Fachmedien ist Teil der Fachverlagsgruppe Springer Science+Business Media.
www.vs-verlag.de

Umschlaggestaltung: KünkelLopka Medienentwicklung, Heidelberg
Satz: Jens Ossadnik
Gedruckt auf säurefreiem und chlorfrei gebleichtem Papier
Printed in Germany

ISBN 978-3-531-18174-5

# Inhalt

Abbildungsverzeichnis ............................................................................. 9

Vorwort..................................................................................................... 11

1    *Helga Pelizäus-Hoffmeister:* **Einleitendes zum**
     **Forschungsvorhaben** ..................................................................... 13
     1.1    Problemskizze........................................................................ 14
     1.2    Empirisches Forschungsvorgehen.......................................... 17
     1.3    Theoretischer Rahmen ........................................................... 18
     1.4    Leistungen dieses Forschungsprojekts.................................... 23
     1.5    Überblick über den Forschungsbericht ................................... 25
     1.6    Literatur ................................................................................. 27

Teil 1: Theoretische Perspektiven ....................................................... 31

2    *Alexander Fehr, Stefan Twork:* **Gesellschaftliche Konstruktion**
     **von (Un-)Sicherheit** ...................................................................... 33
     2.1    Konzeptionelle Überlegungen zum Begriff der
            (Un-)Sicherheit ...................................................................... 34
     2.2    (Un-)Sicherheit in der reflexiven Moderne............................ 38
     2.2.1  Die reflexive Moderne ........................................................... 38
     2.2.2  Unsicherheitsperzeption der reflexiven Moderne: Gefahren
            zweiter Ordnung .................................................................... 40
     2.3    Zusammenfassung................................................................... 43
     2.4    Literatur ................................................................................. 44

3    *Alexander Fehr, Stefan Twork:* **Biografische (Un-)Sicherheit** ........... 47
     3.1    Das Konzept der Biografie...................................................... 48
     3.2    Biografie im Kontext der Modernisierung.............................. 50
     3.3    Biografische (Un-)Sicherheit ................................................. 52
     3.4    Heuristischer Rahmen zur Analyse ........................................ 53
     3.4.1  Perzeption von Unsicherheit .................................................. 54
     3.4.2  Umgang mit biografischer Unsicherheit ................................ 59

3.5     Zusammenfassung.................................................................. 63
3.6     Literatur ................................................................................ 65

**4      *Felix Friese, Christian Pohl:* Die Rolle des Selbstbekenntnisses........ 69**
4.1     Die „moderne" Notwendigkeit zur Selbstreflexion.................... 70
4.2     Wandelnde Formen der Bekenntnisrituale................................ 75
4.2.1   Die Beichte ............................................................................ 75
4.2.2   Die Psychoanalyse ................................................................. 80
4.2.3   Die Gruppentherapie.............................................................. 81
4.2.4   Andere Formen von Bekenntnisritualen ................................. 83
4.3     Zusammenfassung.................................................................. 84
4.4     Literatur ................................................................................ 85

**5      *Christian Pohl:* Schriftlichkeit und biografische Sicherheit.............. 89**
5.1     Zur Bedeutung schriftlicher Lebensbeschreibungen.................. 89
5.2     Das Autobiografische Update als neue Textgattung.................. 95
5.3     Das Autobiografische Update als Genre der reflexiven
        Moderne................................................................................. 98
5.3.1   Gesellschaftliche Bedingungen................................................ 98
5.3.2   Funktionale Bedingungen ...................................................... 101
5.4     Zusammenfassung.................................................................. 102
5.5     Literatur ................................................................................ 103

**6      *Dominik Weber, Anton Schatz:* Methodisches Vorgehen ................. 107**
6.1     *Dominik Weber*: Die Textanalyse ........................................... 107
6.1.1   Überblick über das Forschungsdesign ..................................... 107
6.1.2   Forschungsfragen.................................................................. 108
6.1.3   Auswahl der Fälle ................................................................. 109
6.1.4   Datenauswertung mit dem Verfahren der Grounded
        Theory.................................................................................. 109
6.1.5   Realisiertes Forschungsverfahren ........................................... 116
6.1.6   Literatur ............................................................................... 117
6.2     *Anton Schatz*: Die Bildinterpretation ..................................... 117
6.2.1   Bildinterpretation in Anlehnung an Beck ................................ 118
6.2.2   Herausforderungen bei der Interpretation der Fotos ................ 120
6.2.3   Literatur ............................................................................... 121

**Teil II: Empirische Ergebnisse** ........................................................ **123**
    Literatur ........................................................................................ 123

**7**    *Stefan Oska, Laura Schmidt:* **Zwischen „Ausgeliefertsein" und**
      **„Alles im Griff"** ...................................................................... **125**
    7.1      Typ 1: Der Glaubende: „Nichts, was uns begegnet, ist ohne
            Bedeutung" ............................................................................. 126
    7.1.1    Das Beispiel Erna Müller ....................................................... 127
    7.1.2    Das Beispiel Theodor Guttglaub ........................................... 129
    7.2      Typ 2: Der Ambivalente: „Vieles ist in Vorbereitung,
            manches wird einfach passieren" ............................................ 131
    7.2.1    Typ 2.1: Der Hoffende: „Wir freuen uns auf das
            kommende Jahr" ...................................................................... 132
    7.2.1.1 Das Beispiel Hermann Strab ................................................. 133
    7.2.1.2 Das Beispiel Felix Sturm ...................................................... 135
    7.2.2    Typ 2.2: Der Vertrauende: „Einer drückt die Reset-Taste
            und man beginnt von neuem" .................................................. 138
    7.2.2.1 Das Beispiel Alex Felsmeißner ............................................. 139
    7.2.2.2 Das Beispiel Friedrich Dorn .................................................. 141
    7.3      Typ 3: Der Kalkulierer: „Der Reiz, eine Idee zu realisieren,
            ist unwiderstehlich" ................................................................ 143
    7.3.1    Das Beispiel Martin Stevens ................................................. 144
    7.3.2    Das Beispiel Johannes Düsentrieb ......................................... 146
    7.4      Zusammenfassung .................................................................. 148

**8**    *Anton Schatz:* **Die Interpretation von Familienfotos** ...................... **151**
    8.1      Foto 1: Familie vor dem Eigenheim ...................................... 152
    8.1.1    Bildbeschreibung ................................................................... 152
    8.1.2    Systematisierung nach Beck ................................................. 154
    8.1.3    Analyse biografischer (Un-)Sicherheit .................................. 156
    8.2      Foto 2: Familie im Wohnzimmer .......................................... 159
    8.2.1    Bildbeschreibung ................................................................... 159
    8.2.2    Systematisierung nach Beck ................................................. 160
    8.2.3    Analyse biografischer (Un-)Sicherheit .................................. 161
    8.3      Zusammenfassung .................................................................. 163

**9**    *Fritz Kessel, Martin Klusmann:* **Inszenierung eines „gelungenen**
      **Lebens"** ................................................................................ **165**
    9.1      Sozialstrukturelle Verortung der Verfasser von
            Jahresbriefen ......................................................................... 166

9.2     Formale Aspekte der Jahresbriefe .................................................. 167

9.3     Inhaltliche Aspekte der Jahresbriefe ............................................ 170

9.4     Schlussbetrachtung ........................................................................ 173

9.5     Literatur ........................................................................................... 175

**10**     *Helga Pelizäus-Hoffmeister:* **Forschungsergebnisse und Erkenntnisse zum Forschungsprozess** ............................................. **177**

10.1   Der Forschungsprozess ................................................................ 177

10.2   Forschungsergebnisse ................................................................... 179

10.3   Literatur ........................................................................................... 185

**Anhang A: Fragebogen** ................................................................................. **187**

**Anhang B: Exemplarisches Autobiografisches Update** ............................. **189**

# Abbildungsverzeichnis

Abbildung 1:  Heuristischer Rahmen zur Untersuchung biografischer
              (Un-)Sicherheit ..........................................................................64
Abbildung 2:  Das Typenfeld..........................................................................150

# Vorwort

Die Umstellung von Magister- und Diplom-Studiengängen auf Bachelor- und Master-Abschlüsse ist nach wie vor im Fluss und in der Praxis nicht selten umstritten. Dies ist kaum verwunderlich. Denn der „Strukturbruch" zwischen dem alten und dem neuem Studiensystem ist erheblich, und es ist keineswegs immer klar, was wann wo und wie vermittelt werden soll. Gleichwohl gilt: Im Bachelor-Studium geht es um „Grundlagen" für einen ersten „berufsqualifizierenden Abschluss", die in einer erheblich verschulterten Form als in der Vergangenheit vermittelt werden. Im Master-Studium hingegen soll Gelegenheit zu mehr Reflexivität und eigener Forschung gegeben werden, und hierauf bezogen gilt es, neue Formen von Lehre und Forschung auszuprobieren und umzusetzen.

Zwar gibt es kein Patentrezept, wie die Forderung nach mehr Reflexivität und eigener Forschung eingelöst werden kann. Aber in ihren beiden Seminaren zu Biografischer (Un-)Sicherheit und Autobiografischen Updates haben Dr. Helga Pelizäus-Hoffmeister und ihre Studierenden versucht, den veränderten Anforderungen in einer kreativen Form gerecht zu werden. Sie haben gemeinsam ein Forschungsprojekt durchgeführt und sich mehr als ein halbes Jahr mit „Autobiografischen Updates" auseinandergesetzt, wie sie in Gestalt von „Weihnachts-" oder „Jahresbriefen" immer häufiger im Internet auftauchen oder verschickt werden.

Zu diesen „Autobiografischen Updates" gibt es aus soziologischer Perspektive zahlreiche Fragen: Wie unterscheiden sie sich von anderen Formen autobiografischen Erzählens, wie sie seit dem 18. Jahrhundert verbreitet sind? Was veranlasst Leute dazu, autobiografische Erzählungen dieses Typs an Freunde zu verschicken oder ins Netz zu stellen, und wie „inszenieren" sie in diesem Zusammenhang ihre eigene Entwicklung? Was ist zudem die übergreifende Funktion und Rahmung der Autobiografischen Updates, und nicht zuletzt: Lassen sich u.U. verschiedene „Typen" biografischen Erzählens identifizieren, die ihrerseits auf unterschiedliche soziale Kontexte verweisen?

Auf diese Fragen Antworten zu finden war nicht einfach, und die Beteiligten mussten auf jeden Fall engagierter sein als sonst in Seminaren üblich. So mussten theoretische Perspektiven geklärt, empirisches Material gesichtet und gemeinsame Begrifflichkeiten gefunden werden. Die übergreifende „Rahmungshypothese" lautete von Anfang an: Autobiografische Updates haben etwas mit der Bewältigung von biografischer Unsicherheit und dem Verlangen nach biografischer Sicherheit zu tun. Denn in reflexiv modernen Gesellschaften sind Biografien und biografische Erwartungen zwar nach wie vor standardisiert, aber zugleich in erheblichem Maße kontingent geworden. Dies gilt insbesondere für die viel zitierten „Leistungsträger" der Gesellschaft, also für Personen mit vergleichsweiser hoher Qualifikation und breiten Handlungsmöglichkeiten. Gerade diese Personengruppe kann sich nicht mehr einfach auf vorgegebene Muster verlassen, sondern muss ihre Biografie aktiv gestalten, und die „Autobiografischen Updates" sind eine Möglichkeit, dies zu tun.

Diese Perspektive eigenständig auszuarbeiten und zu überprüfen, war das Ziel des Forschungsprojektes, das alle Beteiligten trotz aller zwischenzeitlichen Frustrationserfahrungen offensichtlich fasziniert hat. Denn sie haben mehr Zeit als üblich investiert, und dies war für die Beteiligten vor allem deshalb kein Problem, weil es darum ging, etwa Neues herauszufinden und nicht nur vorgegebene Perspektiven zu reproduzieren. Dies ist sehr gut gelungen, und betrachtet man den vorliegenden Forschungsbericht, so repräsentiert dieser ohne Frage eine „eigenständige Forschungsleistung". Denn man erfährt viel – sowohl über biografische Unsicherheit als auch über Autobiografische Updates. Die mit dem Projekt verbundenen Mühen haben sich somit auf jeden Fall gelohnt, und es ist den Autoren und Autorinnen nur zu wünschen, dass ihr Bericht möglichst viele Leser finden wird und ihr Projekt andere Projektvorhaben anregen kann.

Prof. Dr. Wolfgang Bonß

# 1   Einleitendes zum Forschungsvorhaben

*Helga Pelizäus-Hoffmeister*

Eine neue Form der autobiografischen Erzählung gewinnt in den letzten Jahren an Bedeutung: Immer mehr Menschen berichten Freunden[1] und Verwandten in „Jahres- oder Weihnachtsbriefen" über ihre Erlebnisse aus dem vergangenen Jahr. Darin schildern sie berufliche und familiäre Ereignisse, erzählen von ihren Urlaubsreisen und von privaten Sorgen und Nöten. Die Briefe sind liebevoll gestaltet, und persönliche Fotos ergänzen häufig die schriftlichen Ausführungen.[2] Typische Empfänger sind Freunde, Verwandte, Bekannte und auch Arbeitskollegen. Da diese „Lebensabschnittsbeschreibungen" meist regelmäßig wiederkehrend am Ende jeden Jahres verschickt werden, bezeichnen wir sie hier als *Autobiografische Updates*.[3]

Autobiografische Updates sind unserer Meinung nach eine *neue* Textgattung, da sie sich in vielerlei Hinsicht von anderen autobiografischen Texten unterscheiden.[4] In Deutschland erfreuen sie sich etwa seit den 1970er Jahren immer größerer Beliebtheit. Dies mag u.a. mit den verbesserten technischen Möglichkeiten zusammenhängen, denn erst mit dem Einzug des Computers in die Privathaushalte wurde es sehr einfach, persönliche Briefe in guter Qualität, geschmückt mit eigenen Fotos, zu vervielfältigen (vgl. Hoggart 2004: 2). Dennoch gehen wir davon aus, dass es vor allem die gesellschaftlichen Bedingungen der sogenannten „reflexiven Moderne" mit ihren steigenden Unsicherheiten sind, die Menschen dazu veranlassen, gerade diese Form des *Selbstbekenntnisses* zu wählen. Wir vermuten, dass Autobiografische Updates eine passende Form der Auseinandersetzung mit dem eigenen Lebensverlauf in Zeiten größerer Unsicherheiten sind. Diese Überzeugung beruht auf der Erkenntnis, dass die Formen des

---

1   Auch wenn wir uns in diesem Buch aus Gründen der besseren Lesbarkeit durchgängig der männlichen Form bedienen, so sind natürlich dennoch beide Geschlechter gemeint.
2   Zur Veranschaulichung befindet sich ein – auf der Grundlage der untersuchten Jahresbriefe – selbst entworfenes Autobiografisches Update in Anhang B.
3   Die Begriffe Autobiografisches Update und Jahresbrief werden im Folgenden synonym verwendet.
4   Näheres hierzu in Kapitel 1.3 und in Kapitel 5 von *Pohl* in diesem Band.

Selbstbekenntnisses bzw. der Selbstthematisierung[5] immer in enger Beziehung zu den jeweiligen historischen und sozial-kulturellen Bedingungen stehen (vgl. Willems 1982, 1999, Brose, Hildenbrand 1988).

Um unsere These zu prüfen, haben zehn Studierende des Master-Studiengangs Sozial- und Staatswissenschaften an der Universität der Bundeswehr München im Rahmen zweier Soziologie-Seminare das Thema sowohl theoretisch als auch empirisch bearbeitet. Bevor ihre Ergebnisse in den nachfolgenden Kapiteln präsentiert werden, möchte ich zunächst das konkrete Forschungsproblem skizzieren (1.1), anschließend die empirische Untersuchung der Studierenden vorstellen (1.2) und in einem dritten Schritt skizzenhaft den theoretischen Rahmen entwickeln, mit dem das Phänomen bearbeitet wurde (1.3). In einem weiteren Schritt wird auf die besonderen Leistungen dieses Forschungsvorhabens aufmerksam gemacht (1.4), um im Anschluss daran einen knappen Überblick über die Arbeiten der Studierenden zu geben (1.5).

## 1.1 Problemskizze

Gegenstand der Autobiografischen Updates – wie auch anderer autobiografischer Äußerungen – sind *biografische Konstruktionen*[6], also die Vorstellungen und Erwartungen, die Individuen hinsichtlich ihres Lebenslaufs und ihrer Zukunft ausbilden. Diese haben für das Individuum eine besondere Bedeutung, denn sie sind identitätsprägend und sinnstiftend. Nach Hahn (1987) sind es Äußerungen, in denen das Individuum sich selbst zum Thema macht. In ihnen wird die eigene Vergangenheit selektiv rekonstruiert, und eigene Erfahrungen werden in die Zukunft fortgeschrieben. Wohlrab-Sahr spricht auch von einer „Form selektiver, verzeitlichter und ich-zentrierter Vergegenwärtigung des Lebens" (Wohlrab-Sahr 1999: 485).

Insbesondere Fischer-Rosenthal und Rosenthal heben die besondere Wichtigkeit biografischer Konstruktionen für die Identitätsbildung hervor. Sie betonen: Die „soziale und individuelle Identität von Gesellschaftsmitgliedern wird prozessual geformt (...) im Medium einer kontingent entstandenen erzählbaren Lebensgeschichte" (Fischer-Rosenthal, Rosenthal 1997: 407). Vergleichbar argumentiert Schimank (2002: 221). Biografische Konstruktionen sind nach Schimank die Grundlage der Identitätsbildung, da in ihnen der „Werdegang" der

---

5    Die Begriffe Selbstbekenntnis, Selbstthematisierung und Selbstdarstellung werden hier synonym verwendet.
6    Die Begriffe biografische Konstruktionen, Lebensgeschichten und Biografien werden hier synonym verwendet.

Individuen rekonstruiert werde. Er betont, dass Identität „letztlich nur aus deren Lebenslauf und den damit einhergehenden Lebenserfahrungen begriffen werden" kann (ebd.).[7] „Wer ich bin", so lautet seine Quintessenz, „weiß nur der, der weiß, wer ich geworden bin" (ebd.). Bonß (1997) und Kaufmann (1970) verweisen noch sehr viel entschiedener darauf, dass (relativ stabile) biografische Konstruktionen unverzichtbar sind, indem sie deren Wichtigkeit auch für das individuelle Handeln hervorheben.[8] Biografieforscher sind sich darin einig, dass ein gewisser Grad an *biografischer Sicherheit* – also relativ übersichtliche und klare Bedingungen zukünftigen Handelns – für die Handlungsfähigkeit des Individuums fundamental ist. In diesem Sinne ist das Individuum gefordert, seinem Leben eine *biografische Perspektive* zu verleihen, um sich seiner Identität zu versichern und handeln zu können.

Aber die Konstruktion einer Lebensgeschichte allein reicht nicht aus. Jede biografische Konstruktion bedarf der *sozialen Bestätigung*, soll sie für das Individuum sinnstiftend sein. Denn dieses versichert sich seiner eigenen Wirklichkeit vor allem, indem es sich in den Handlungen seines sozialen Gegenübers widerspiegelt (vgl. z.B. Mead 1975). Aus dieser Annahme lässt sich ableiten, dass das Individuum nicht nur seine „Lebensgeschichte" konstruieren, sondern es auch in der Lage sein muss, diese sozial „sichtbar" zu machen, indem es sie im Rahmen sozialer Interaktionen präsentiert.

Nun stellt sich zum einen die Frage, wie Individuen vor dem Hintergrund des permanenten gesellschaftlichen Wandels eine (relativ) stabile biografische Konstruktion entwickeln können. Oder anders formuliert: „Wie erzeugen sie für sich einen gewissen Grad an „Erwartbarkeit, Planbarkeit und Vorhersehbarkeit des eigenen Lebenslaufs" und damit *biografische Sicherheit* (vgl. Bonß, Hohl, Jakob 2001: 155)? Dass dies gerade in der reflexiven Moderne (vgl. Beck 1986, Beck, Bonß 2001) mit ihrem radikalisierten Individualisierungsschub, der Pluralisierung von Lebensformen, dem gleichzeitigen Auflösen traditioneller Familienmuster, dem Wandel der Erwerbsstrukturen etc. besonders schwierig erscheint, ist naheliegend, denn die genannten Veränderungen führen zu Flexibilisierungs- und Kontingenzerfahrungen in allen Lebensbereichen, die jegliche Stabilitätsannahmen untergraben. Und gerade das Entwickeln einer biografischen

---

7 Es ist wichtig, deutlich zwischen Biografie bzw. biografischen Konstruktionen und Lebenslauf zu unterscheiden. Während sich der Lebenslauf – hier in Anlehnung an Brose formuliert – auf das „tatsächlich Geschehene bezieht", sind Biografien „zunächst einmal Lebens*beschreibungen*" (Brose 1986: 7, kursiv im Original). Insofern handelt es sich beim Lebenslauf um die chronologische Reihung „objektiver" Lebensdaten, während in der Biografie die subjektiven Deutungen im Mittelpunkt stehen.

8 Bonß (1997: 25) betont: „Handeln ist nur möglich, wenn sich die Welt als erwartbar stabil darstellt und nicht permanent auch anders möglich erscheint."

(Langzeit-)Perspektive erscheint vor diesem Hintergrund schwieriger denn je, da die individuelle Plan- und Prognostizierbarkeit gravierend beeinträchtigt ist. Schimank (2002: 242ff.) hält theoretisch drei Strategien im Umgang mit biografischen Unsicherheiten für möglich:

1) Um ein als sinnlos erfahrenes „Chaos" bzw. die „Zerrissenheit" des eigenen Lebenslaufs erträglich zu machen, kann das Individuum – kontrafaktisch – umso stärker an einer langfristig stabilen biografischen Konstruktion festhalten. Dann versucht es, seine Erfahrungen in eine kontinuierliche und in sich *konsistente Lebensgeschichte* einzupassen. Dabei verdrängt es die Ereignisse, die der ersehnten Teleologie des Lebenslaufs widersprechen, bzw. deutet diese in dem Sinne um, dass sie sich in die gewünschte Entwicklungsperspektive einfügen.[9] Diese Form der Bewältigung biografischer Unsicherheit erscheint Schimank problematisch, da sie im Extrem den Rückzug des Individuums aus der Gesamtgesellschaft in kleine gesellschaftliche „Nischen" (wie z.B. Sekten) bedeuten könne, die den Charakter „totaler Institutionen" haben.

2) Eine andere Möglichkeit des Umgangs mit biografischer Unsicherheit sieht er darin, dass das Individuum auf eine „prozesshafte Vereinheitlichung der Lebenserfahrungen in Form einer Lebensgeschichte" gänzlich verzichtet (Schimank 2002: 243). Dies entspreche einer rückhaltlosen Anpassung an ständig wechselnde Kontexte, ohne die Berücksichtigung früherer Erfahrungen, und einer Vernachlässigung zukünftiger Handlungsmöglichkeiten. Das eigene Leben wird aus dieser Perspektive allein aus der gegenwärtigen Situation und der darin festgelegten eigenen Rolle heraus interpretiert, und *nur diese Situation wird als sinnstiftend erlebt*. Schimank bezeichnet auch diese Strategie als höchst problematisch, da sie die Entwicklung einer Identität verhindere und „Einheitserfahrungen" notwendigerweise punktuell bleiben (ebd.).[10]

3) Allein die dritte Form der Bewältigung biografischer Unsicherheit, die er als *biografischen Inkrementalismus* bezeichnet, erkennt er als Erfolg versprechende Strategie an. Biografischer Inkrementalismus ist nach Schimank ein Prozess, der sich durch eine nicht-teleologische zeitliche Perspektive auszeichnet, aber dennoch eine „behelfsweise" Lebensgeschichte zu konstruieren vermag (ebd.: 247). Das Individuum interpretiert hier seinen Lebenslauf als „Bewegung fort von immer wieder anders sich stellenden, je gegenwärtigen Problemsituationen" in die nächste (ebd.: 245). In diesem Sinne wird das Leben als lebenslanger

---

9    Diese Strategie bezeichnen Beck, Bonß und Lau (2001: 48f.) als reflexiven Fundamentalismus,
     bei dem „zerbrochene Werte und Selbstverständlichkeiten" erneut als wahr und wirklich be-
     gründet und verteidigt werden.
10   Vgl. hierzu auch Beck, Bonß und Lau (2001: 48f.). Diese zweite Form des Umgangs mit
     Unsicherheit bezeichnen sie als reflexiven Pluralismus.

Lernprozess verstanden, dessen Ziel allerdings unklar ist oder doch sehr vage bleibt. In jeder Situation darum bemüht, ein gerade drängendes Problem zu bearbeiten, produziert das Individuum stets wieder neue Probleme, die es dann gleichfalls abarbeiten muss. Insofern handelt es sich hier um einen „Prozess iterativer Problemverschiebung", den Schimank in Anlehnung an Lindblom (1959) auch als ein „Sich-Durchwursteln" bezeichnet.

In welcher Weise diese Strategien im Umgang mit biografischer Unsicherheit – oder auch andere – von den Individuen sichtbar gemacht werden bzw. in welche Formen der sozial wahrnehmbaren Selbstdarstellung sie münden, ist die nächste Frage, die sich daran anschließt. Wie zu Beginn erwähnt, stehen die verschiedenen Formen der Selbstbekenntnisse nach Meinung zahlreicher Biografieforscher in enger Wechselbeziehung zu den jeweiligen historischen Kontexten (vgl. Bohn, Hahn 1999, Willems 1999, Brose, Hildenbrand 1988). Daher stellt sich die Frage, welche Form der Selbstdarstellung in der reflexiven Moderne mit ihren großen Unsicherheiten eine besondere Bedeutung erhält und für welchen Typus des Umgangs mit biografischer Unsicherheit sie steht. Die von uns verfolgte These lautet: Das *Autobiografische Update* ist eine für die reflexive Moderne geeignete und wichtige Form der Selbstdarstellung, da sie den individuellen Ansprüchen dieser Zeit in besonderem Maße entgegenkommt und mit den gesellschaftlichen Bedingungen kompatibel ist. Ob und, wenn ja in welcher Weise es konkret zur biografischen Sicherheit beitragen kann, sollte die empirische Untersuchung zeigen.


## 1.2 Empirisches Forschungsvorgehen

Als Datenbasis sollten den Studierenden Autobiografische Updates dienen, die ihrem eigenen weiteren sozialen Umfeld entstammten. Da das Auffinden von Briefen aber auf unerwartete Schwierigkeiten stieß (siehe hierzu auch Kapitel 6.1.3 von *Weber*), wurde verstärkt auf Autobiografische Updates aus dem Internet zurückgegriffen. Die Anzahl der Dokumente wurde vorab nicht festgelegt, sondern sollte sich in Form des „*theoretical sampling*s" aus dem Forschungsprozess ergeben (vgl. Strauss, Corbin 1996, Strauss 1991). Da in der kurzen „Suchphase" allerdings keine größere Menge an Briefen beschafft werden konnte, wurde (mindestens) ein Brief der von uns aufgefundenen Verfasser von Autobiografischen Updates – 32 Personen – analysiert.

Die Auswertung der Briefe erfolgte mit Hilfe des Verfahrens der „*Grounded Theory*" (vgl. Strauss, Corbin 1996, Strauss 1991). Ziel der Untersuchung war es zum einen, mit einer vergleichenden Analyse von Einzelfällen die verschiedenen Formen biografischer Sicherheitskonstruktionen fallübergreifend und typisierend[11] zu erfassen. Ergänzend wurden einige der in den Jahresbriefen enthaltenen Fotos unter der gleichen Fragestellung mit Hilfe des *Regelschemas von Beck* (2003) ausgewertet, so dass eine Methodentriangulation zum Einsatz kam (siehe hierzu auch Kapitel 6.2 von *Schatz*). Zum anderen wurde der Frage nachgegangen, ob und wenn ja welche Gemeinsamkeiten sich hinsichtlich der biografischen Konstruktionen bei allen Personen zeigten. In einem weiteren Schritt sollte konkretisiert werden, ob und wenn ja inwiefern die Autobiografischen Updates eine „passende" Form des Selbstbekenntnisses der reflexiven Moderne darstellen.

Die ermittelten Befunde wollen und können keinen Anspruch auf statistische Repräsentativität erheben. Uns ging es vielmehr darum, eine Gegenstandstheorie zu entwickeln, die „ein Phänomen spezifiziert, indem sie es in Begriffen unter Bedingungen (unter denen das Phänomen auftaucht), der Aktionen und Interaktionen (durch welche das Phänomen ausgedrückt wird), in Konsequenzen (die aus dem Phänomen resultieren) erfasst" (Steinke 1999: 75).

## 1.3  Theoretischer Rahmen

Ein grober theoretischer Rahmen war dem Forschungsprojekt vorgegeben. Er basiert zum Teil auf Arbeiten, die im Rahmen des Forschungsprojekts B1 „Unsicherheitserfahrungen und Sicherheitsfiktionen in der reflexiven Moderne" (1999–2002) des Sonderforschungsbereiches 536 „Reflexive Modernisierung" durchgeführt wurden, und auf meiner Dissertation „Biographische Sicherheit im Wandel. Eine historisch vergleichende Analyse von Künstlerbiographien" (2006). Im Folgenden werden die als wesentlich erachteten theoretischen Implikationen kurz präsentiert.

Zunächst gilt es zu klären, was aus literaturwissenschaftlicher Sicht unter einem Autobiografischen Update zu verstehen ist (a). Anschließend wird die Notwendigkeit biografischer Sicherheitskonstruktionen unter den Bedingungen reflexiver Modernisierung erörtert (b). In einem weiteren Schritt wird über die Relevanz einer schriftlichen Fixierung biografischer Sicherheitsüberzeugungen

---

11  Typen werden hier als symbolische Konstruktionen verstanden, die pointiert dargestellt werden, um ihre spezifischen Charakteristika besonders deutlich zu machen. Ihre Bildung erfolgt nach Weber in der Form, dass wichtige Aspekte des Phänomens in widerspruchslos gedachten Zusammenhängen konstruiert werden, durch gedankliche Steigerung der Elemente, die als besonders wichtig erachtet werden, durch Zusammenschluss diffuser Aspekte und durch Vernachlässigung als unwichtig angesehener Elemente (vgl. Weber 1922: 191).

nachgedacht (c), um daran anschließend die Wichtigkeit ihrer sozialen Wahrnehmbarkeit hervorzuheben (d).

### a) Das Autobiografische Update

Das Autobiografische Update ist eine Textgattung, die sich von klassischen autobiografischen Dokumenten wie autobiografisch orientierten Briefen, Tagebüchern und Autobiografien unterscheidet. Eine Abgrenzung zum *persönlichen Brief* zeigt sich in der Hinsicht, dass beim Autobiografischen Update ein *identischer* Brief an eine Vielzahl von Personen geschickt wird. Der persönliche Brief hingegen ist an ein konkretes Du gerichtet, das in direkter Weise angesprochen wird (vgl. Mattenklott et al. 1988). Letzterer verweist auf die unmittelbare dialogische Auseinandersetzung des Verfassers mit dem jeweiligen Adressaten. Beim Autobiografischen Update hingegen wird eine direkte Bezugnahme durch die Menge der Adressaten verhindert. Diese werden weniger als individuelle Personen denn als Institution angesprochen.

Der notwendigerweise eher distanziert bleibende Bezug zum „Publikum" erinnert an das Verhältnis zwischen Verfassern veröffentlichter *Autobiografien* und deren Lesern, mit dem Unterschied allerdings, dass im letzten Fall das Publikum gänzlich unbekannt ist, während die Adressaten des Autobiografischen Updates dem eigenen engeren oder weiteren sozialen Umfeld entstammen.[12] Ein weiterer Unterschied besteht darin, dass Autobiografische Updates die Zeitspanne eines Jahres umfassen, während Autobiografien einen sehr viel größeren Zeitraum, wenn nicht gar ein ganzes Leben rekonstruieren wollen (zu Autobiografien vgl. Misch 1989).

Neu sind die Autobiografischen Updates auch in Abgrenzung zu anderen *Jahresbriefen*. Während das Schreiben von Jahresbriefen in Organisationen wie Stiftungen, Kirchen, Schulen und Vereinen schon eine längere Tradition hat – sie können bis zu Beginn des 20. Jahrhunderts zurückverfolgt werden –, erfreuen sich autobiografisch orientierte Jahresbriefe in Deutschland erst seit den 1970er Jahren immer größerer Beliebtheit (zu Organisationen vgl. z.B. Ev. Michaelsbruderschaft 1936).

Autobiografische Updates bilden zudem eine Textgattung, die vor allem durch die technischen Potenziale des auch im privaten Bereich genutzten PCs unterstützt wird. Durch die einfache Möglichkeit der Vervielfältigung identischer Briefe, des Integrierens persönlicher Fotos und des individuellen Gestaltens des Designs etc. wird das Autobiografische Update überhaupt erst ermöglicht.

---

12  Eine Ausnahme bilden die im Internet veröffentlichten Autobiografischen Updates. Diese sind allerdings noch eher selten zu finden.

b)    *Biografische Sicherheitskonstruktionen im Kontext reflexiver*
      *Modernisierung*

Um zu erklären, warum biografische (Sicherheits-)Konstruktionen gerade in der
reflexiven Moderne zu einem besonders wichtigen Thema werden, greifen wir
folgende Argumentation auf: Die reflexive Moderne zeichnet sich durch einen
massiven *Individualisierungsschub* aus, der von Modernisierungstheoretikern
meist als eine Folge zunehmender *funktionaler Differenzierung* interpretiert wird
(vgl. z.B. Beck 1986). Bedingt durch die vielfältige Ausdifferenzierung der Gesellschaft in zahlreiche Teilsysteme, so lautet die Annahme, ist die Person in
ihrer Ganzheit nicht mehr einer einzigen sozialen Sphäre oder Schicht zugehörig.
Sie gehört nun einer Vielzahl unterschiedlichster Teilsysteme an, in die sie mit
spezifischen Rollen oder funktionalen Teilbeiträgen eingebunden ist (vgl. Bohn,
Hahn 1999: 39). Und gerade durch diese Differenzierung – oder besser durch die
Kreuzung sozialer Kreise innerhalb einer Person, wie es Simmel (1908) treffend
bezeichnet – wird die Person einzigartig, entsteht das Individuum. Diese Einzigartigkeit führt allerdings dazu, dass das Individuum nun nirgendwo (mehr) als
*Einheit* auftreten kann, denn es muss allein die je passende Facette seines Selbst
in den verschiedenen Kreisen einbringen.[13] Mit anderen Worten: Das Individuum
ist nur noch in Form von „Teilidentitäten" in die Gesellschaft integriert. Luhmann spricht daher auch von *partizipativen Teilinklusionen* (vgl. Luhmann 1989:
158). Infolge dieser Teilinklusionen ist das Individuum mit seiner *biografischen*
*Identität* aus der Gesellschaft ausgeschlossen und kann nach Luhmann daher nur
„noch durch Exklusion definiert werden" (*Exklusionsidentität*) (ebd.).[14]

Die Erkenntnis, dass das Individuum als Ganzes nicht mehr in die Gesell-
schaft integriert ist, geht einher mit der Einsicht, dass es seine *(Exklusions-)-*
*Identität* nun selbst aktiv und außerhalb der Gesellschaft konstruieren muss.
Denn eine eigene biografische Identität ist wichtig, so die Biografieforscher
Brose und Hildenbrand (1988: 13), da das Individuum nur dann adäquat an den
Teilsystemen partizipieren kann, wenn es die Möglichkeit hat, sich irgendwo
auch als *Ganzheit* zu präsentieren. Es muss sich auch unter Bedingungen von
Differenzierung, Unsicherheit und Offenheit seines sozialen Ortes vergewissern
können, was das Bedürfnis nach einer eigenen Biografie, nach biografischer

---

13   Luhmann drückt es folgendermaßen aus: „Da die Gesellschaft aber nichts anderes ist als die
     Gesamtheit ihrer internen System/Umwelt-Verhältnisse und nicht selbst in sich selbst als Gan-
     zes noch mal vorkommen kann, bietet sie dem Einzelnen keinen Ort mehr, wo er als ‚gesell-
     schaftliches Wesen' existieren kann" (Luhmann 1989: 158).
14   Die Unterscheidung zwischen Inklusions- und Exklusionsidentität ist allerdings nur eine analy-
     tische, denn das eine kann nicht ohne das andere gedacht werden.

Sicherheit hervorruft (vgl. ebd.).[15] Die Konstruktion einer eigenen Lebensgeschichte wird ihm damit indirekt sozial auferlegt (vgl. Rosenthal 1993). Und die Bedeutung einer (relativ) stabilen Biografie gewinnt dort an Dringlichkeit, so argumentieren Bohn und Hahn, wo die historischen Umstände die Kontingenz des individuellen Daseins dramatisieren (vgl. Bohn, Hahn 1999: 43).

Zur Produktion der notwendigen Lebensgeschichten regen soziale Institutionen – Hahn (1987: 12) nennt sie „Biographiegeneratoren" – an. Da sie bestimmte Formen von Selbstbekenntnissen in institutionalisierter Weise veranlassen, bilden sie eine wichtige Basis für biografische Sicherheitskonstruktionen. Autobiografische Updates können unserer Meinung nach in diesem Sinne als „Biographiegeneratoren" verstanden werden.

Bei der Betrachtung von Selbstthematisierungen in der Gegenwart kommt Hahn zu dem Schluss, dass gesamtbiografische Bekenntnisse aufgrund der zunehmenden funktionalen Differenzierung heute nur noch beschränkt Bedeutung haben (vgl. Hahn 1982: 429). Er betont: „Wir können den gesamten Zeitstrom unserer Biographie nicht mehr integrieren, weil ihn kein korrespondierendes Gegenüber, ob wir wollen oder nicht, seiner Objektivität versichert" (ebd.). Selbstbekenntnisse dienen nach Hahn daher weniger der Festlegung der Vergangenheit als der Erklärung „akuter Krisen" (ebd.). Am Ende dieser Entwicklung stehe die Überwindung bzw. Verdrängung der eigenen Vergangenheit.

Im Rahmen unseres Forschungsvorhabens argumentieren wir hingegen anders: Je weniger die Einheit des gesamten Lebens als etwas Selbstverständliches erscheint, so lautet unsere These, desto wichtiger wird es für die Individuen, eine zumindest zeitweilig konstante Biografie zu konstruieren. Denn die Festlegung der Vergangenheit ist einerseits eine notwendige Form der Selbstvergewisserung, andererseits kann sie als Anknüpfungspunkt und Orientierungsmaßstab für zukünftige Entscheidungen dienen. Theoretisch formuliert wird von uns dem insbesondere von postmodernen Autoren postulierten zunehmenden Gegenwartsbezug des eigenen Lebens und der Pluralisierung von synchronen und diachronen Lebensfragmenten die (reflexiv moderne) These der Notwendigkeit eines gewissen Grades an biografischer Stabilität und damit an Restrukturierung gegenübergestellt (vgl. Beck, Bonß 2001).

---

15    In der Terminologie Luhmanns ausgedrückt, entsteht die Notwendigkeit sich selbst bewusster, individualisierter, psychischer Systeme zur Konstitution personaler Identitäten.

*c)   Relevanz schriftlicher Fixierung der biografischen Konstruktionen*

Wir argumentieren hier in Anlehnung an Bohn und Hahn (1999: 46), dass insbesondere schriftliche Formen der Selbstthematisierung ausgezeichnete Medien zur Fixierung biografischer Konstruktionen sind.[16] Denn durch den Akt des Schreibens werden die Verfasser autobiografischer Texte zum einen zu Konstrukteuren ihrer Biografie und bekommen damit eine eigene Existenz; zum anderen erhalten sie als sozial exkludierte Individuen eine „Stimme".

Gerade die Schriftlichkeit, so unsere Vermutung, bietet eine Chance, sich – vor dem Hintergrund zunehmender Ausgrenzung aus der Gesellschaft – seiner biografischen Perspektive zu versichern bzw. sich als biografische *Einheit* zu konstituieren (vgl. Bohn, Hahn 1999: 49). Erst die Schrift, so die Annahme, eröffnet dem Individuum die Möglichkeit, jenseits aktueller Bestätigung durch soziale Kommunikation, die immer nur „Teilidentitäten" aufgrund der wechselnden Gegenüber berücksichtigen kann, die eigene Gesamtbiografie zu konstruieren (vgl. ebd.: 53). Die Schrift wird damit zum Zufluchtsort eigener biografischer Authentizität[17], zur Möglichkeit, sich der eigenen biografischen Einzigartigkeit und Originalität zu vergewissern.[18]

Autobiografische Updates sind unserer Meinung nach besonders gut geeignet, die Besonderheiten der Individuen und ihren je eigenen Lebensverlauf in unsicheren Zeiten in sachlicher, zeitlicher und sozialer Hinsicht festzuhalten und diese damit zu stabilisieren.

---

16   Bohn und Hahn (1999: 46) beziehen ihre Ausführungen auf die „moderne Identität". Ihre Argumentationsfigur wird von uns auf biografische (Sicherheits-)Konstruktionen übertragen.

17   Authentizität wird hier als die Identität mit dem als einzigartig angesehenen Individuum verstanden, das sich nicht von der Kultur überformen lässt (vgl. Bohn, Hahn 1999: 51).

18   Der Zusammenhang zwischen Schrift und Identität wird von Bohn und Hahn (1999) allerdings ambivalent diskutiert. Die Schrift sei zwar die einzige Möglichkeit der authentischen Darstellung des Ich, so ihre Argumentation, aber gleichzeitig auch seine Disqualifizierung, da sie die Exklusion der Individuen verstärkt, betonen Bohn und Hahn (1999: 47). Den Zusammenhang von Exklusionsidentität und Schriftlichkeit beschreiben sie unter Bezugnahme auf Rousseaus Schriften. Die Schrift sei eine „Exklusionsmaschine", so die Argumentation, da ihre Kommunikation nicht mehr an tatsächliche Kommunikationen zurückgebunden werde. Mit der Schrift werde eine Ablösung der Kommunikation von Kommunizierenden vollzogen, was die Gefahr beinhalte, dass sie – wie z.B. auch Geld – zirkuliere, ohne sich um die Belange der Adressaten zu kümmern (vgl. ebd.). Damit sei Schrift nur den Interessen der Schreiber verpflichtet und aller gesellschaftlichen Belange enthoben. Rousseau meint mit Schriften allerdings immer anonyme Kommunikation, wie sie durch den Buchdruck ermöglicht wurde.

*d)   Relevanz der sozialen Wahrnehmung biografischer Konstruktionen*

Darüber hinaus gehen wir davon aus, dass biografische Konstruktionen von anderen wahrgenommen werden müssen, um für das Individuum stabilisierend und biografiesichernd zu sein. Tenbruck beispielsweise macht schon früh darauf aufmerksam, dass der Mensch sich seiner eigenen Wirklichkeit dadurch versichern muss, dass er sich in den Handlungen des sozialen Gegenübers wiederfindet (vgl. Tenbruck 1960: 131). Das bedeutet für unsere Forschungsfrage: Auch wenn schriftlich verfasste Dokumente wie Autobiografische Updates eine wichtige Basis zur Sicherung biografischer Konstruktionen bieten, darf dennoch nicht vernachlässigt werden, dass Letztere nicht ohne soziale Reziprozität gewonnen werden kann.

Aus dieser Perspektive wird verständlich, dass sich die besondere stabilisierende, identitäts- und sinnstiftende Wirkung autobiografischer Dokumente erst durch ihre „Veröffentlichung" entfaltet. Erst durch ihre Konfrontation mit einem sozialen Umfeld, durch die Reaktionen des „Publikums", so die These, werden die biografischen Konstruktionen als Wirklichkeit festgeschrieben. In diesem Sinne erfährt die biografische Konstruktion eine Bestätigung über die eigene Deutung hinaus, unabhängig davon, ob sich die Reaktion als Ablehnung oder Zustimmung zeigt. Das „Publikum" kann dabei anonym sein, wie bei einer veröffentlichten Autobiografie, oder auch bekannt, wie bei persönlichen Briefen mit selbstreflexivem, selbst vergewisserndem Inhalt. Aber gerade die Reaktionen des eigenen engeren oder weiteren sozialen Umfelds, die durch das Verschicken Autobiografischer Updates hervorgerufen werden, sind unserer Meinung nach besonders einflussreich.

## 1.4  Leistungen dieses Forschungsprojekts

Bevor im letzten Abschnitt ein Überblick über die Arbeiten der Studierenden gegeben wird, möchte ich an dieser Stelle auf die besonderen Merkmale unseres Forschungsprojekts hinweisen.

Für Biografieforscher stellen die – unseres Wissens – bislang noch nicht wissenschaftlich untersuchten Autobiografischen Updates eine wichtige *neue Informationsquelle* dar, da sie über aktuelle Erwartungen an den eigenen Lebensverlauf, über wahrgenommene Grenzen und Risiken eigenverantwortlicher Lebensplanung, über Wertvorstellungen hinsichtlich eines „gelungenen" Lebensverlaufs und über Strategien im Umgang mit biografischen Unsicherheiten Auskunft geben.

Man könnte einwenden, dass die Vielzahl empirischer Studien in der Biografieforschung, die überwiegend auf der Auswertung biografischer Interviews beruhen, diese Aspekte schon in ausreichender Weise beleuchtet haben. Dagegen möchten wir auf eine Besonderheit dieser neuen Textform hinweisen, die sie in unseren Augen für eine Analyse besonders wertvoll macht: Autobiografische Updates werden, ähnlich wie Tagebücher, meist allein und ohne eine direkte Interaktion mit anderen Personen geschrieben, d.h. der Autor ist keinem direkten Einfluss von außen ausgesetzt. Weder muss er beim Schreiben einen konkreten Adressaten berücksichtigen, da der Jahresbrief an eine Vielzahl von Personen gerichtet ist, noch ist er dem direkten Einfluss eines Interviewers ausgesetzt. Insofern kann er sich sehr viel stärker als bei anderen autobiografischen Bekenntnisformen seinen ureigensten Überzeugungen und Prioritätensetzungen widmen. Die Aussagen dürften dadurch weniger von situativen Rahmenbedingungen beeinflusst sein, wie sie zum Beispiel beim Interview gegeben sind.

Darüber hinaus werden im Rahmen des Projektes *verschiedene Forschungsgebiete miteinander verknüpft*: Die Biografieforschung wird durch die Berücksichtigung der Risiko- und (Un-)Sicherheitssoziologie – die sich in ihren neueren Arbeiten auch mit Unsicherheiten im Lebensverlauf beschäftigt (vgl. Bonß 1995, Bonß et al. 2004, Bonß, Zinn 2003, Pelizäus-Hoffmeister 2006) – um die Perspektive der biografischen Unsicherheiten erweitert. Unter Einbeziehung der Modernisierungstheorie, hier in Anlehnung an die Theorie reflexiver Modernisierung und die Systemtheorie (vgl. Beck 1986, Beck, Bonß 2001, Luhmann 1989), werden zudem Wechselbeziehungen zwischen dieser neuen Form des Selbstbekenntnisses und den gesellschaftlichen Veränderungen in der reflexiven Moderne untersucht. Und schließlich wird – notwendigerweise – ein „Ausflug" in die literaturwissenschaftliche Forschung unternommen, die sich mit den theoretischen Grundlagen, Abgrenzungen und Methoden zur Untersuchung und Interpretation literarischer und nicht-literarischer Texte beschäftigt (vgl. Schulte-Sasse, Werner 1977).

Als weiteres Merkmal des Projekts sind die *beteiligten Forscher* hervorzuheben: Hoch engagierte Studierende des Master-Studiengangs Sozial- und Staatswissenschaften mit dem Vertiefungsgebiet „Politik und Gesellschaft" der Universität der Bundeswehr München haben sich in zwei aufeinander folgenden Soziologie-Seminaren intensiv und erfolgreich mit der Theorie und Empirie dieses Forschungsvorhabens beschäftigt und waren so in der Lage, überraschend selbständig einen abgeschlossenen Forschungsbericht zu schreiben. Damit haben sie sich – entsprechend den Forderungen des *Bologna-Prozesses* – umfassende Forschungsqualifikationen angeeignet, die sie befähigen, komplexe Problemstellungen aufzugreifen und sie mit wissenschaftlichen Methoden auch über die aktuellen Grenzen des Wissensstandes hinaus zu lösen. Diese Arbeit kann daher als ein Modell für eine forschungsorientierte Ausbildung im Rahmen eines Master-Studiengangs Sozialwissenschaften verstanden werden.

## 1.5 Überblick über den Forschungsbericht

Der Forschungsbericht ist zweigeteilt: Im ersten Teil nähern sich die Studierenden der Forschungsfrage aus verschiedenen theoretischen Perspektiven: *Alexander Fehr* und *Stefan Twork* starten dabei in Kapitel 2 mit ihren Überlegungen zur
gesellschaftlichen Konstruktion von (Un-)Sicherheit. Ihr Ziel ist es aufzuzeigen,
dass es sich bei den viel beschriebenen (Un-)Sicherheiten nicht um objektive
„Weltzustände", sondern um soziale Konstruktionen handelt, die sich je nach
historischem Kontext massiv unterscheiden. Sie legen dar, dass Sicherheit passender als *Erwartungs*sicherheit konzeptualisiert werden kann, und präsentieren
im Anschluss daran verschiedene Formen von (Un-)Sicherheitswahrnehmungen.
Nach diesen eher analytischen Betrachtungen und einer Neukonzeptualisierung
des Sicherheitsbegriffs beschäftigen sie sich aus einer historischen Perspektive
mit verschiedenen Formen von Unsicherheitsperzeptionen. Dabei konzentrieren
sie sich insbesondere auf die zeitliche Phase der sogenannten „reflexiven Moderne" (Beck, Bonß 2001), die als wesentlich für das Entstehen des Autobiografischen Updates erachtet wird.

Kapitel 3 haben ebenfalls *Alexander Fehr* und *Stefan Twork* verfasst. An
dieser Stelle geht es ihnen darum, ihre Konzeptualisierung des Sicherheitsbegriffs aus Kapitel 2 auch für die Mikroebene fruchtbar zu machen. Konkreter:
Sie setzen den Begriff in Beziehung zu individuellen Betrachtungen des eigenen
Lebensverlaufs, zu biografischen Äußerungen. Damit gelingt es ihnen zu definieren, was im Folgenden unter biografischer Sicherheit verstanden werden kann,
ein wichtiger Schritt für die empirische Untersuchung. Darüber hinaus arbeiten
sie mögliche Dimensionen (spätere Untersuchungsebenen) heraus, in denen
biografische Unsicherheiten und Strategien ihrer Bewältigung zum Ausdruck
kommen können. Auch diese Erkenntnisse haben große Bedeutung für die spätere Empirie.

*Felix Friese* und *Christian Pohl* beschäftigen sich im Anschluss daran (Kapitel 4) mit der Rolle des Selbstbekenntnisses – oder konkreter mit dem Entwickeln einer biografischen Perspektive –, das im Zuge der Modernisierung immer
mehr an Bedeutung gewinnt. Sie argumentieren dabei vor allem in Anlehnung an
Luhmann, dass die zunehmenden Differenzierungs- und Individualisierungspro-
zesse Auslöser für biografische Reflexionen sind, deren Formen sich allerdings
je nach historischem Kontext und gesellschaftlichen Bedingungen unterscheiden.
Exemplarisch beschäftigen sie sich mit verschiedenen Selbstbekenntnissen wie
der Beichte, der Psychoanalyse und der Gruppentherapie, um darauf aufbauend
auf einige neuere Formen von Selbstbekenntnissen – u.a. auch das Autobiografische Update – hinzuweisen.

Im 5. Kapitel thematisiert *Christian Pohl* die Bedeutung von Schriftlichkeit für die biografische Sicherheit. Unter Verweis auf das vorherige Kapitel wird zunächst ein enger Zusammenhang zwischen der „modernen" Notwendigkeit zur Reflexion und der schriftlichen Fixierung von Lebensbeschreibungen herausgearbeitet. Der Autor kann zeigen, dass das Gefühl der Relevanz des eigenen individuellen Lebens das Bedürfnis nach autobiografischen Schriften entstehen lässt, die wiederum die biografische Identität in besonderer Weise zu sichern vermögen. Daran anschließend betrachtet er das Autobiografische Update – in Abgrenzung zu anderen autobiografischen Texten – als neue Textgattung, um es in einem letzten Schritt als ein adäquates Mittel zur Bewältigung biografischer Unsicherheit in der reflexiven Moderne zu beschreiben.

Im 6. Kapitel beschäftigen sich *Dominik Weber* und *Anton Schatz* mit dem methodischen Vorgehen im Rahmen der empirischen Forschungsphase. Dazu gibt *Dominik Weber* im ersten Teil einen knappen Überblick über das Forschungsdesign der Textanalyse. Anschließend präsentiert er die zentralen Forschungsfragen und beschreibt die Auswahl der Fälle. Im nächsten Schritt stellt er zunächst allgemein das Verfahren der Grounded Theory vor, das in dieser Untersuchung zur Anwendung kam, um daran anknüpfend das aus verschiedenen Gründen in etwas abgewandelter Form realisierte Forschungsvorgehen zu erläutern. *Anton Schatz* präsentiert im zweiten Abschnitt des Kapitels die Methode der Bildinterpretation nach Beck (2003), die zur Analyse der Fotos in den Jahresbriefen herangezogen wurde. Auch hier unterschied sich das realisierte Forschungsvorgehen von den allgemeinen Vorgaben, was der Autor in einem eigenen Unterabschnitt ausführlich schildert und begründet.

Im zweiten Teil des Forschungsberichts werden die empirischen Ergebnisse vorgestellt. Dazu entwickeln *Stefan Oska* und *Laura Schmidt* im 7. Kapitel eine – idealtypisch konstruierte – Typologie, die vier verschiedene „Muster" im Umgang mit biografischen Unsicherheiten offenbart. Sie unterscheiden grob zwischen denen, die sich in den Jahresbriefen als „dem Schicksal Ausgelieferte" präsentieren, und denen, die sich selbst als „Macher" begreifen, die ihr Leben „fest im Griff" haben. Dazwischen lassen sich die „Ambivalenten" verorten, die – wie der Name schon andeutet – unsicher sind, wem sie Unsicherheiten zurechnen können und wie diese zu bewältigen sind. In einer differenzierten Tabelle fassen die Autoren ihre Ergebnisse zusammen.

Im 8. Kapitel beschäftigt sich *Anton Schatz* mit der Interpretation einiger Fotos aus den Jahresbriefen. Er kann herausarbeiten, dass sich in den Bildern viele der schriftlichen Äußerungen der „Briefeschreiber" widerspiegeln. Insofern werden die empirischen Ergebnisse durch die von ihm vorgenommene Methodentriangulation weiter bestätigt.

*Fritz Kessel* und *Martin Klusmann* geben im 9. Kapitel einen Überblick über das gesamte Sample. Sie können anhand einer sozial-strukturellen Verortung der einzelnen Personen aufzeigen, dass die „Briefeschreiber" keinen Querschnitt der Gesamtbevölkerung darstellen, sondern sich einer spezifischen Gesellschaftsschicht zuordnen lassen. Darüber hinaus können sie durch eine inhaltliche Analyse der Jahresbriefe herausarbeiten, dass mehr oder weniger alle Autoren ihr Leben als ein „gelungenes Leben" in Anlehnung an die sogenannte „Normalbiografie" mit den darin implizierten Rollenvorstellungen inszenieren, um sich dadurch biografische Sicherheit zu verschaffen.

Im 10. und letzten Kapitel werde ich zum einen unsere Forschungsergebnisse zusammenfassen und sie mit Studien mit vergleichbarer Fragestellung aus der Biografieforschung konfrontieren, um den besonderen Gehalt dieser Untersuchung herauszuarbeiten. Als Ausblick werden weitere an diese Studie anknüpfende Forschungsfragen entwickelt. Zum anderen werde ich den Forschungsprozess selbst kritisch reflektieren, denn es ist ein durchaus lohnenswertes, aber zugleich herausforderndes Experiment, mit Studierenden ein vollständiges Forschungsprojekt erfolgreich durchzuführen und in einem gelungenen Forschungsbericht zusammenzufassen.

## 1.6  Literatur

Beck, Ulrich (1986): Die Risikogesellschaft. Auf dem Weg in eine andere Moderne, Frankfurt/Main: Suhrkamp

Beck, Ulrich/Bonß, Wolfgang/Lau, Christoph (2001): Theorie reflexiver Modernisierung – Fragestellungen, Hypothesen, Forschungsprogramme. In: Beck/ Bonß (2001): 11–59

Beck, Ulrich/Bonß, Wolfgang (Hrsg.) (2001): Die Modernisierung der Moderne, Frankfurt/Main: Suhrkamp

Beck, Ulrich/Lau, Christian (Hrsg.) (2004): Entgrenzung und Entscheidung: Was ist neu an der Theorie reflexiver Modernisierung, Frankfurt/ Main: Suhrkamp

Beck, Christian (2003): Fotos wie Texte lesen. Anleitung zur sozialwissenschaftlichen Fotoanalyse. In: Ehrenspeck/Schäffer (2003): 55–72

Bohn, Cornelia/Hahn, Alois (1999): Selbstbeschreibung und Selbstthematisierung: Facetten der Identität in der modernen Gesellschaft. In: Willems/ Hahn (1999): 33–61

Bonß, Wolfgang (1995): Vom Risiko. Unsicherheit und Ungewissheit in der Moderne, Hamburg: Hamburger Edition

Bonß, Wolfgang (1997): Die gesellschaftliche Konstruktion von Sicherheit. In: Lippert/Prüfert/Wachtler (1997): 21–41

Bonß, Wolfgang/Hohl, Joachim/Jakob, Alexander (2001): Die Konstruktion von Sicherheit in der reflexiven Moderne. In: Beck/Bonß (2001): 147–159

Bonß, Wolfgang et al. (2004): Biographische Sicherheit – Perspektiven und Fragmente. In: Beck/Lau (Hrsg.) (2004): 211–233

Bonß, Wolfgang/Zinn, Jens (2003): Ungewissheit in der Moderne. In: SOWI. Das Journal für Geschichte, Politik, Wirtschaft und Kultur 32: 2, 31–42

Brose, Hanns-Georg (1986): Einleitung: Berufsbiographie im Wandel. In: Brose (1986): 11–30

Brose, Hanns-Georg (Hrsg.) (1986): Vom Ende des Individuums zur Individualität ohne Ende, Opladen: Leske + Budrich

Brose, Hanns-Georg/Hildenbrand, Bruno (1988): Vom Ende des Individuums zur Individualität ohne Ende, Opladen: Leske + Budrich

Ehrenspeck, Yvonne/Schäffer, Burkhard (Hrsg.) (2003): Film- und Fotoanalyse in der Erziehungswissenschaft, Opladen: Leske + Budrich

Ev. Michaelsbruderschaft (1936): Evangelische Jahresbriefe, Kassel: Stauda

Fischer-Rosenthal, Wolfram/Rosenthal, Gabriele (1997): Warum Biographieanalyse und wie man sie macht. In: Zeitschrift für Sozialisationsforschung und Erziehungssoziologie (ZSE) 17: 4, 405–427

Goldschmidt, Dietrich/Greiner, Franz/Schelsky, Helmut (Hrsg.) (1960): Soziologie der Kirchengemeinde, Stuttgart

Hahn, Alois (1982): Zur Soziologie der Beichte und anderer Formen institutionalisierter Bekenntnisse. Selbstthematisierung und Zivilisationsprozeß. In: Kölner Zeitschrift für Soziologie und Sozialpsychologie, 34: 3, 407–434

Hahn, Alois (1987): Identität und Selbstthematisierung. In: Hahn/Kapp (1987): 9–24

Hahn, Alois/Kapp, Volker (Hrsg.) (1987): Selbstthematisierung und Selbstzeugnis: Bekenntnis und Geständnis, Frankfurt/Main: Suhrkamp

Hoggart, Simon (2004): The Cat that Coul Open the Fridge. A Curmudgeon's Guide to Christmas Round Robin Letters, London: Atlantic Books

Kaufmann, Franz-Xaver (1970): Sicherheit als soziologisches und sozialpolitisches Problem. Untersuchungen zu einer Wertidee hochdifferenzierter Gesellschaften, Stuttgart: Enke Verlag

Lindblom, Charles (1959): The Science of Muddling Through, in: Public Administration Review 13, 79–88

Lippert, Ekkehard/Prüfert, Andreas/Wachtler, Günther (Hrsg.) (1997): Sicherheit in der unsicheren Gesellschaft, Opladen: Westdeutscher Verlag

Luhmann, Niklas (1989): Individuum, Individualität, Individualismus. In: Luhmann (1989): 149–259

Luhmann, Niklas (Hrsg.) (1989): Gesellschaft, Struktur und Semantik, Band 3, Frankfurt/Main: Suhrkamp

Mattenklott, Gert/Schlaffer, Hannelore/Schlaffer, Heinz (1988): Deutsche Briefe 1750–1950. Frankfurt/Main: Fischer Verlag

Mead, George H. (1975): Geist, Identität und Gesellschaft, Frankfurt/Main: Suhrkamp

Misch, Georg (1989): Begriff und Ursprung der Autobiographie. In: Niggl (1989): 33–54

Niggl, Günter (Hrsg.) (1989): Die Autobiographie. Zu Form und Geschichte einer literarischen Gattung, Darmstadt: Wissenschaftliche Buchgesellschaft

Pelizäus-Hoffmeister, Helga (2006): Biographische Sicherheit im Wandel. Eine historisch vergleichende Analyse von Künstlerbiographien, Wiesbaden: DUV Verlag

Rosenthal, Gabriele (1993): Erlebte und erzählte Lebensgeschichte. Gestalt und Struktur biographischer Selbstbeschreibungen, Frankfurt/Main: Campus

Schimank, Uwe (2002): Das zwiespältige Subjekt. Zum Person-Gesellschaft-Arrangement, Opladen: Leske + Budrich

Schulte-Sasse, Jochen/Werner, Renate (1977): Einführung in die Literaturwissenschaft, München: Wilhelm Fink Verlag

Simmel, Georg (1908): Soziologie. Untersuchungen über die Formen der Vergesellschaftung, Leipzig: Verlag von Duncker & Humblot

Steinke, Ines (1999): Kriterien qualitativer Forschung. Ansätze zur Bewertung qualitativ-empirischer Sozialforschung, Weinheim: Juventa Verlag

Strauss, Anselm (1991): Grundlagen qualitativer Sozialforschung, München: Fink Verlag.

Strauss, Anselm L./Corbin, Juliet (1996): Grounded Theory: Grundlagen Qualitativer Sozialforschung, Weinheim: Beltz Psychologie Verlags Union

Tenbruck, Friedrich H. (1960): Die Kirchengemeinde in der entkirchlichten Gesellschaft. Ergebnisse und Deutungen der „Reutlingen-Studie". In: Goldschmidt/Greiner/Schelsky, (1960)

Weber, Max (1922): Gesammelte Aufsätze zur Wissenschaftslehre, Tübingen: Mohr Verlag

Willems, Herbert (1999): Institutionelle Selbstthematisierungen und Identitätsbildungen im Modernisierungsprozess. In: Willems/Hahn (1999): 62–101

Willems, Herbert/Hahn, Alois (Hrsg.) (1999): Identität und Moderne, Frankfurt/Main: Suhrkamp

Wohlrab-Sahr, Monika (1999): Biographieforschung jenseits des Konstruktivismus?. In: Soziale Welt 50, 483–494

# Teil 1: Theoretische Perspektiven

# 2 Gesellschaftliche Konstruktion von (Un-)Sicherheit

*Alexander Fehr, Stefan Twork*

Sicherheit spielt eine zentrale Rolle im Leben aller Menschen. Heute gibt es praktisch keinen Lebensbereich mehr, in dem nicht sicherheitsrelevante Fragen thematisiert werden. Dessen sind wir uns aber nicht immer bewusst, denn „Sicherheitsagenturen" wie beispielsweise der TÜV konzipieren, prüfen und zertifizieren unsere Umwelt hinter unserem Rücken. Daher wird Sicherheit nur punktuell zum Thema, meist im Falle ihres wahrgenommenen Fehlens. Ansonsten wird sie vorausgesetzt, gleichsam stillschweigend mitgedacht, und das ungeachtet der Tatsache, dass ihre Herstellung zunehmend voraussetzungsvoll wird. Gesellschaften werden komplexer, Funktionszusammenhänge undurchsichtiger, Folgen kaum noch einschätzbar und Prognosen immer schwieriger. Während viele Lebensbereiche zunehmend sicherer werden[1], entwickeln sich zugleich neue Unsicherheiten mit weitreichenden Folgen. Sie sind Produkte einer vernetzten Welt, in der beispielsweise sinkende Immobilienpreise in den USA wirtschaftliche Existenzen in Europa vernichten und die Emissionen chinesischer Kraftwerke zur Überflutung von Inseln im Pazifik führen.

Offenbar ist Sicherheit sowohl ein grundlegendes menschliches Bedürfnis als auch ein zentrales Projekt moderner Gesellschaften in Gestalt eines universellen Ordnungs- und Gestaltungsanspruchs. Untersucht man Sicherheit und ihre Voraussetzungen genauer, dann kommt man zu dem Schluss, dass es im Grunde nicht die Welt ist, die mehr oder weniger sicher ist, sondern dass das Ausmaß an Sicherheit in den Augen ihres Betrachters liegt. Sicherheit ist in erster Linie eine *wahrgenommene* Sicherheit, nicht im Sinne einer Unterscheidung von subjektiv wahrgenommener und objektiv bestehender Sicherheit, sondern vielmehr eine Konstruktion, die niemals unabhängig vom Beobachter existieren kann. Eine solche konstruktivistische Lesart eröffnet zugleich einer soziologischen Betrachtung des Begriffs der (Un-)Sicherheit das Feld, denn immer ist der Beobachter eingebunden in gesellschaftliche Strukturen und Prozesse, die seine Perzeption von (Un-)Sicherheit prägen.

---

1  Man betrachte nur den immensen Anstieg der Lebenserwartung in modernen Gesellschaften in den letzten 300 Jahren, der zu einer historisch einzigartigen Sicherheit hinsichtlich des eigenen Lebens geführt hat.

Sicherheit ist ein Begriff, der gerade in modernen Gesellschaften in einer Vielzahl von Kontexten zur Anwendung kommt. „Technische, soziale und politische Sicherheit sind anerkannte und klar differenzierte Diskursfelder (...)" (Bonß, Eßer, Hohl, Pelizäus-Hoffmeister, Zinn 2004: 211). In der soziologischen Theoriebildung wird das Begriffspaar Sicherheit/Unsicherheit seit Anfang der 1970er Jahre zu einem zentralen Bezugspunkt der Konzeptualisierung moderner Gesellschaften (vgl. z.b. Kaufmann 1973). Unter dem Eindruck der neuen, teils globalen Risiken erweitert sich die Bedeutung des Begriffs und mit Schlagworten wie die „Risikogesellschaft" werden Sicherheit und Unsicherheit als Vergesellschaftungskategorien inszeniert:

„Beck (1986) behauptet, unter den Bedingungen der modernisierten Moderne gewinnt die Risikoverteilung gegenüber der Reichtumsverteilung derart an Bedeutung, daß sich die Gesellschaft in eine ‚Risikogesellschaft' verwandele. Auch Giddens betont das ‚spezifische Risikopotenzial der Moderne', welches die Gesellschaft bestimme und durch die ‚Globalisierung von Risiken' verschärft werde (1995, 156). Ähnlich argumentiert Mary Douglas, die das Risiko als ‚Schlüsselbegriff der Moderne' (1990, 3) bezeichnet und ein Eindringen des Risikobegriffs in die politische Debatte konstatiert" (Bonß, Hohl, Jakob 2001: 150).

Wenn (Un-)Sicherheit zu einer gesamtgesellschaftlich relevanten Kategorie wird, dann muss diese Relevanz eine Entsprechung in den Strukturprinzipien moderner Gesellschaften haben, so lautet unsere These. Zur Formulierung dieser Entsprechung bedarf es allerdings zum einen der adäquaten theoretischen Beschreibung des Begriffs der (Un-)Sicherheit und zum anderen der Aufdeckung zentraler Bedingungen moderner Gesellschaften.

In den folgenden Unterkapiteln werden zum einen die theoretischen Konzepte und Annahmen zum Begriff der (Un-)Sicherheit präsentiert, die die Grundlage für unsere Forschungsarbeit bilden (2.1). Dabei geht es insbesondere darum, den eher vagen Begriff zu präzisieren und Sicherheit zugleich als Fundament menschlichen Handelns zu begreifen. Zum anderen werden wir uns mit den Unsicherheiten im historischen Raum der reflexiven Moderne – in Abgrenzung zur Vor- und einfachen bzw. ersten Moderne – beschäftigen, da wir davon ausgehen, dass es gerade die gesellschaftlichen Bedingungen der reflexiven Moderne sind, die Menschen veranlassen, Autobiografische Updates zu schreiben (2.2).

## 2.1 Konzeptionelle Überlegungen zum Begriff der (Un-)Sicherheit

Sicherheit wird meist als ein spezifischer Weltzustand verstanden, der unabhängig von der menschlichen Wahrnehmung existieren kann und den es zu erreichen und zu erhalten gilt. Diese Lesart verweist auf den „werthaften Charakter" (Kaufmann 2003: 11) des Begriffs. Sie beschreibt einen normativ positiv belegten „Zustand des Unbedrohtseins, der sich objektiv im Vorhandensein von Schutz(einrichtungen) bzw. im Fehlen von Gefahren(quellen) darstellt" (Meyers 1973, Bd. 21: 673). An dieser Sicherheitsdefinition sind zwei Aspekte bemerkenswert: Erstens wird eine absolute Dichotomisierung der Begriffe Sicherheit und Unsicherheit vorgenommen, die nun gleichsam die Extreme eines Spektrums von mehr oder weniger stark ausgeprägter Sicherheit bzw. Unsicherheit bezeichnen. Zweitens wird eine Verbindung zwischen diesen beiden Polen dergestalt behauptet, dass die Steigerung von Sicherheit gleichbedeutend mit einer Verringerung der Unsicherheit ist und umgekehrt. Absolut sicher ist demnach ein Zustand von vollständig eliminierter Unsicherheit.

Diese Sichtweise verkennt allerdings, dass es sich bei der Gegenüberstellung von Sicherheit und Unsicherheit nur um einen Kunstgriff handeln kann, um eine *soziale Fiktion* (Luhmann) (vgl. Pelizäus-Hoffmeister 2006: 14). Denn eine grundsätzliche Eliminierung von Unsicherheit ist gar nicht möglich. Dies würde bedeuten, dass zukünftige Entwicklungen eindeutig vorherbestimmt werden können. Das mag zwar für diverse Situationen im alltäglichen Leben gelten. Es gibt Beispiele, die aufzeigen, „wie vollständige Sicherheiten auf Knopfdruck hergestellt werden [können] – dies trifft etwa auf elektrische Haushaltsgeräte zu, die mit ihrer Abschaltung cum grano salis völlig sicher werden" (Bonß 1997: 22f.). Die Möglichkeit der quasi absoluten Sicherheit in diesen Fällen ist allerdings auf die überschaubare Komplexität der jeweiligen Strukturen zurückzuführen. Erfahrungen mit einer unüberschaubaren Komplexität, wie sie sich beispielsweise bei Hochrisikotechnologien wie der Atomkraft zeigt, verweisen hingegen darauf, dass es eine absolute Sicherheit objektiv nicht geben kann. Unsicherheiten sagen denn auch „weniger über tatsächliche Bedrohungen aus als über sozial wirksame Sicherheitsüberzeugungen und -fiktionen", betonen Bonß, Hohl und Jakob (2001: 147).

In der soziologischen Theoriebildung werden Unsicherheit und Sicherheit daher als kognitive Phänomene, als *Konstruktionen* verstanden. Sicherheit ist in diesem Sinne die *kognitive Gewissheit* über den Eintritt zukünftiger Ereignisse, Unsicherheit die *kognitive Ungewissheit* über künftige Begebenheiten. Dementsprechend vollzieht sich die Herstellung von Sicherheit nicht auf objektiver, sondern auf der Wahrnehmungs- und Kommunikationsebene. „Das bedeutet, Sicherheit kann nicht auf der Sachebene, sondern muss auf der Sozialebene gesucht werden, indem erfasst wird, was sozial oder individuell als sicher perzipiert wird" (Pelizäus-Hoffmeister 2006: 16). Und erst diese Interpretation macht das Thema (Un-)Sicherheit auch zu einem soziologischen Gegenstand.

Was bedeutet ein Verständnis von (Un-)Sicherheit als (Un-)Gewissheit konkret, und wie lässt es sich theoretisch angemessen beschreiben? Ungewissheit setzt „ein Wissen darüber voraus, dass die Zukunft auch anders ausfallen kann" (Bonß 1995: 37). Dieses „Auch-anders-möglich-sein" beschreibt Luhmann mit dem traditionsreichen Terminus der Kontingenz (vgl. Luhmann 1984: 47). Er definiert Kontingenz als „etwas, was weder notwendig noch unmöglich ist; was also so ist, sein kann, aber auch anders möglich ist" (ebd., 153). Insofern wird Unsicherheit hier als die Wahrnehmung von Kontingenz bzw. von kontingenten Situationen begriffen. Zweierlei Aspekte sind bei dieser Konzeptualisierung von besonderer Bedeutung.

Zum einen wird deutlich, dass Sicherheit als *Erwartungssicherheit* interpretiert wird (vgl. Pelizäus-Hoffmeister 2006: 16). Das heißt bei der Thematisierung von (Un-)Sicherheit geht es allein um das *Einschätzen* von *zukünftigen* Entwicklungen. Der Begriff der Erwartungssicherheit verweist auf die Gewissheit über zukünftige Weltzustände, unabhängig davon, ob diese positiv oder negativ bewertet werden.

Dieser Konzeptualisierung von kognitiver (Un-)Sicherheit über die Zukunft liegt eine Dimension zugrunde, die sich zwischen den Polen „Eindeutigkeit" und „Mehrdeutigkeit" aufspannt. Es gilt: Je *eindeutiger* zukünftige Entwicklungen wahrgenommen werden, desto weniger kontingent, besser beherrschbar, eben sicherer erscheinen sie. Unsicherheit stellt sich dementsprechend dann ein, wenn die Zukunft als offen, weil *mehrdeutig*, stärker kontingent und deshalb schwieriger erfolgreich handhabbar interpretiert wird.

Zum anderen bedeutet dieses theoretische Verständnis von (Un-)Sicherheit Folgendes: Da Handeln immer einer Entscheidungsgrundlage bedarf bzw. Anhaltspunkte über die möglichen Konsequenzen des eigenen Handelns gewonnen werden müssen, was ein Mindestmaß an Erwartbarkeit zukünftiger Entwicklungen (Erwartungssicherheit) bedeutet, muss die Kontingenz reduziert werden. Die Aufhebung der Kontingenz kann gemäß Luhmann darin bestehen, dass der Handelnde durch einen Selektionsprozess ein Umdefinieren von nicht handhabbarer Kontingenz in handhabbare Komplexität vornimmt, was bedeutet: Er zieht aus der kontingenten Zahl von Handlungsmöglichkeiten nur jene in Betracht, die sich gemäß seiner Sinnzuschreibung als für ihn handlungsrelevant darstellen, und andere Möglichkeiten erklärt er für irrelevant. Das kann geschehen, indem er zum Beispiel nur bestimmte berufliche Karrieren für sich ins Auge fasst und andere als ungeeignet ablehnt. Eine solche Selektion von Handlungsmöglichkeiten vollzieht sich meist auf der Grundlage gesellschaftlich konstruierter Sicherheitskonzeptionen wie beispielsweise dem Wahrscheinlichkeitskalkül, spezifischen Erfahrungsheuristiken oder Emotionen und erzeugt gewissermaßen eine „Fiktion" von Eindeutigkeit bzw. Sicherheit.

Bonß, Hohl und Jakob (2001: 147) beschreiben diesen Konzeptualisierungs-vorschlag von (Un-)Sicherheit, der auch dieser Arbeit zugrunde liegt, zusam-menfassend so:

> „Sicherheit und Unsicherheit sind keine festen, eindeutig bestimmbaren Größen, sondern veränderbare gesellschaftliche Konstruktionen. Solche Erwartungssicher-heiten sagen weniger über tatsächliche Bedrohungen oder Gefahrenbeseitigung aus, jedoch viel über sozial wirksame Sicherheitsüberzeugungen und -fiktionen, die im-mer dann ins Spiel kommen, wenn nicht kontrollierbare Kontingenzen in hand-habbare Komplexitäten umdefiniert werden sollen."

Für Kaufmann und Bonß ist ein Mindestmaß an kognitiver Gewissheit die Grundvoraussetzung *jeglichen* Handelns (vgl. Kaufmann 1970: 153, Bonß 1997: 25). Denn „Handeln ist nur möglich, wenn sich die Welt als erwartbar stabil darstellt und nicht permanent auch anders möglich erscheint" (Bonß 1997: 25). Das bedeutet, ein Individuum ist nur dann handlungsfähig, wenn es sich keiner völlig offenen und damit unsicheren Situation ausgesetzt fühlt.

Im Rahmen dieser Argumentation wird Handeln als eine Entscheidung oder die Wahl zwischen verschiedenen Möglichkeiten verstanden, was voraussetzt, dass verschiedene wirkliche Möglichkeiten existieren (vgl. Makropoulos 1990: 408). Die Entscheidung für eine bestimmte Möglichkeit des Handelns, so be-schreibt es Bubner, „die durch den vollzogenen Akt selber dann in Wirklichkeit überführt wird, setzt voraus, dass es überhaupt einen *Spielraum offener Möglich-keiten* gibt" (Bubner 1984: 38, kursiv nicht im Original).

Aber wie können die verschiedenen Möglichkeiten vor dem Hintergrund der obigen Erläuterungen zur Sicherheit verstanden werden? „Wirkliche" Mög-lichkeiten entstehen dann, so unsere Argumentation in Anlehnung an Luhmann, wenn die nicht handhabbare Kontingenz in handhabbare Komplexität umgewan-delt wird. Das bedeutet für die Handlungsebene: Wenn das Individuum aus der unüberschaubaren und nicht einschätzbaren, kontingenten Menge an Möglich-keiten, die sich in einer Situation ergeben (können), nur einige wenige als für sich handlungsrelevant betrachtet und in den Entscheidungsprozess einbezieht. Diese Reduktion von Möglichkeiten bedeutet einen Zuwachs an kognitiver Si-cherheit bzw. Gewissheit, denn die Situation kann nun besser eingeschätzt wer-den. Die Welt erscheint nun nicht mehr als permanent auch anders möglich.

Zusammenfassend kann daher mit Junge (2002: 75) für die Handlungsebene gefolgert werden: Unbegrenzte Kontingenz ist für das Individuum nicht ertragbar und muss darum – durch Reduktion der Handlungsmöglichkeiten – „geschlos-sen" werden.

## 2.2 (Un-)Sicherheit in der reflexiven Moderne

Der Begriff (Un-)Sicherheit wurde von uns bisher abstrakt, jenseits konkreter gesellschaftlicher Erscheinungsformen als Erwartungssicherheit konzeptualisiert. Damit haben wir die Grundlage geschaffen, das Phänomen unabhängig vom konkreten Typus einer Gesellschaft oder einer bestimmten Epoche zu beschreiben. Als Gegenstand einer empirischen Untersuchung kann (Un-)Sicherheit jedoch nur sinnhaft betrachtet werden, wenn man den gesellschaftlichen Rahmen, in dem sich die soziale Fiktion einstellt, mit berücksichtigt. Die Wahrnehmung von Weltzuständen und die damit verbundenen Strategien im Umgang mit Unsicherheit stehen nicht in einem „luftleeren" Raum, sondern sind eingebettet und beeinflusst von gesellschaftlichen Strukturen und Prozessen.

Die gesellschaftlichen Strukturen, die uns interessieren, sind die der „Epoche"[2] der reflexiven Moderne, die in den westeuropäischen Staaten etwa in den 1970er Jahren einsetzte und seither andauert. Sie ist die „Bühne", auf der unsere empirische Untersuchung spielt. Ziel dieses Abschnittes ist zunächst, die Theorie der reflexiven Modernisierung vorzustellen (2.2.1) und darauf aufbauend ihre spezifische (Un-)Sicherheitskonzeption, in Abgrenzung zu derjenigen der einfachen Moderne und der Vormoderne, zu präsentieren (2.2.2).

### 2.2.1   Die reflexive Moderne

Es führt leicht zu Verständnisproblemen, wenn man die Theorie reflexiver Modernisierung aus den Begriffen „Reflexivität" und „Moderne" abzuleiten versucht. Darüber hinaus existiert eine Vielzahl unterschiedlichster Lesarten der Theorie. In diesem Abschnitt soll der kleinste gemeinsame Nenner dieser Theorievarianten, der sich dem Problem der Unsicherheiten widmet, erläutert werden.

Im Gegensatz zu Theoretikern der sogenannten Postmoderne und der „Weiter-so-Modernisierung" – wie sie beispielsweise Zapf (1996) beschreibt – gehen die Vertreter der Theorie reflexiver Modernisierung weder davon aus, dass die Moderne abgeschlossen ist (wie postmoderne Theoretiker argumentieren), noch dass sich die Moderne ungebrochen fortsetzt (ein Argument von Vertretern der „Weiter-so-Modernisierung"). Vielmehr postulieren sie, dass in der reflexiven Moderne die Grundlagen der ersten bzw. einfachen Moderne zum Thema und zum Problem werden, so dass ein Bruch innerhalb der Moderne entsteht. Im

---

2   Ob es sich allerdings um eine eindeutige, von anderen klar unterscheidbare Epoche handelt, ist selbst bei Vertretern der Theorie reflexiver Modernisierung wegen der Ungleichzeitigkeit verschiedenster Phänomene eher umstritten.

Sinne ihrer Argumentation kommt es in der reflexiven bzw. zweiten Moderne dazu, dass sich typisch erst- oder einfach-moderne Grundunterscheidungen und Basisinstitutionen durch radikalisierte Modernisierungsprozesse auflösen (vgl. Beck, Bonß, Lau 2001; 11). Damit nimmt die Moderne andere Erscheinungsformen an, ohne ihren grundlegenden Prinzipien zu verändern. Der radikale Bruch innerhalb der Moderne, so argumentieren Beck, Bonß und Lau, vollzieht sich „infolge der Dominanz von *nicht-intendierten Nebenfolgen* technisch-ökonomischer und kulturell-politischer Neuerung im globalen Kapitalismus, der auf diese Weise seine eigenen gesellschaftlichen Grundlagen revolutioniert" (Beck, Bon, Lau 2001: 19, kursiv nicht im Original). Die reflexive Moderne ist insofern durch die Gleichzeitigkeit einer Kontinuität der gesellschaftlichen Basisprinzipien[3] und einer Diskontinuität der darauf aufbauenden Basisinstitutionen[4] gekennzeichnet. Das bedeutet, dass beispielsweise Basisinstitutionen wie national organisierte Gesellschaften, neokorporatistische Verhaltenssysteme, geregelte industrielle Beziehungen, die Betriebsförmigkeit von Arbeit und Produktion, das Ideal einer Vollbeschäftigungsgesellschaft zunehmend „in Fluss..." geraten.

Diese Veränderungen und Probleme betreffen aber nicht nur die Struktur reflexiv moderner Gesellschaften, sondern schlagen sich auch in den konkreten Lebenserfahrungen der Individuen nieder. Denn es verflüssigen sich damit zugleich entscheidungs- und handlungsanleitende Leitbilder, wie z.B. die Normalbiografie mit ihren „Anlieger-Institutionen"[5], das Normalarbeitsverhältnis, die Kleinfamilie und die herkömmliche Arbeitsteilung zwischen Mann und Frau. In der einfachen Moderne galten diese Leitbilder als eindeutige und beständige Orientierungsmaßstäbe für die Individuen, in der reflexiven Moderne hingegen verlieren sie ihre Eindeutigkeit und ihre Relevanz.

„So gibt es in praktisch allen Bereichen der Gesellschaft nicht länger selbstverständliche Strukturen, eindeutige Lösungen und klare Differenzierungen, sondern immer auch Gegenmodelle, funktionale Alternativen und nicht intendierte Neben-

---

3   Als Basisprinzipien gelten Bonß „*Basisregeln* des Handelns innerhalb eines bestimmten sozialen und/oder Gesellschaftssystems, die ihrerseits auf paradigmatisch fokusierte bzw. modellhaft verdichtete Handlungserwartungen verweisen" (Bonß 2001: 2, kursiv im Original).

4   Unter Basisinstitutionen wird hier in Anlehnung an Bonß, der sich auf eine Definition von Endruweit und Trommsdorf bezieht, Folgendes verstanden: der „Komplex von gesamtgesellschaftlich zentralen, dem planenden Eingriff (...) jedoch schwer zugänglichen und unspezifischen (...), trotzdem aber deutlich abhebbaren Handlungs- und Beziehungsmustern" (Endruweit, Trommsdorf 1995: 302).

5   Als Anlieger-Institutionen werden beispielsweise die Familie, die dauerhafte Partnerschaft, der Arbeitsmarkt etc. verstanden.

folgen. Dies ist keineswegs zufällig, sondern ergibt sich selbst noch aus der Ent-
wicklungsdynamik der Moderne (…)" (SFB 536 2008: 8).

Damit wird *Unsicherheit* zu einem zentralen Thema der reflexiven Moderne und
auch der Individuen. Kontrollierbarkeit, Gewissheit und Sicherheit waren Leitideen eines einfach-modernen Gesellschaftsentwurfs und prägen bis heute die
Vorstellungen von einer „guten" Gesellschaftsordnung. Gleichzeitig wird immer
deutlicher, dass dieses Versprechen umfassender gesellschaftlicher Steuerung
angesichts nicht beabsichtigter und dennoch gesamtgesellschaftlich wirksamer
Prozesse (Nebenfolgen) heute nicht mehr eingelöst werden kann.

„Denn entgegen den Überzeugungen der einfachen Moderne werden die wachsen-
den Möglichkeiten mit einer nicht vorgesehenen Zunahme von Unsicherheit und
Uneindeutigkeit erkauft, die nicht nur auf technische, sondern ebenso sehr auf
gesellschaftliche Probleme verweisen" (Bonß 1995: 22).

Im Ergebnis entsteht eine *neue* Form von Unsicherheiten, die Beck zu folgender
Erklärung veranlasst:

„Leben in der Weltrisikogesellschaft [die nach ihm in der reflexiven Moderne
entsteht] heißt mit unüberwindlichem Nichtwissen leben, genauer: in der Gleichzeitigkeit von Bedrohung und Nichtwissen und den daraus entstehenden politischen,
gesellschaftlichen und moralischen Paradoxien und Dilemmata" (Beck 2007: 211,
vgl. hierzu auch Makropoulos 1990: 419).

### 2.2.2  Unsicherheitsperzeption der reflexiven Moderne: Gefahren zweiter Ordnung

Die Wahrnehmung von Unsicherheit ist eine Perzeption, die – wie oben angedeutet – nicht unabhängig vom sozialen Kontext produziert und reproduziert
wird. Das bedeutet: Die jeweiligen Unsicherheitswahrnehmungen sind an einen
konkreten gesellschaftlichen Kontext gebunden, der historisch und kulturell
variabel ist. Daher stellen sie sich „in der Moderne anders dar als unter Bedingungen der Vormoderne und auch in der Moderne lassen sich divergierende
Muster (...) ausmachen" (Bonß 1997: 21).
    Um welche Form der Unsicherheitsperzeption es sich in der reflexiven Mo-
derne handelt, ist das Thema dieses Unterkapitels. Um sie näher spezifizieren zu
können, ist es allerdings unumgänglich, vorab zumindest knapp die spezifischen
Formen der Unsicherheitswahrnehmung der Vormoderne und der einfachen

Moderne zu erläutern, denn alle drei Formen verweisen durch gegenseitige Abgrenzung aufeinander.[6]
Die *Gefahrenkonstruktion* ist die Form der Wahrnehmung von Unsicherheit, der insbesondere in der Vormoderne besondere Bedeutung zukommt. Unsicherheiten erscheinen zu dieser Zeit als mehrdeutige zukünftige Ereignishorizonte, die einerseits nicht beliebig sind, andererseits aber prinzipiell dem individuellen Zugriff verwehrt bleiben. Beispielsweise macht die Zuweisung des sozialen Status durch Geburt in vormodernen, ständischen Gesellschaften deutlich, dass über den Platz eines Individuums in der Welt Mächte entscheiden, die vor seiner Geburt wirksam sind und damit unmöglich seinem Kompetenzbereich zugeordnet werden können. Das Individuum mag in den göttlich vorgegebenen Bahnen seiner Existenz zu konkretem und wirksamem Handeln fähig sein, doch gilt für dieses Handeln, dass die Ursachen seiner Wirksamkeit oder Unwirksamkeit stets unergründlich bleiben müssen, dass sie letztlich auf einen für das Individuum nicht zugänglichen, weil metaphysischen Bereich verweisen und ihre Begründung in einem umfassenden göttlichen Willen haben. Und wo die Ursachen für erfolgreiches oder gescheitertes Handeln prinzipiell als nicht rational einsichtsfähig erscheinen, machen auch Versuche der Beeinflussung der Erfolgschancen des Handelns im wahrsten Sinne des Wortes keinen Sinn (vgl. Bonß 1995).
*Risiken* hingegen sind nach Bonß ein „evolutionär später Sonderfall von Unsicherheitshandeln" (Bonß 1995: 48). Sie gewinnen erst im Zuge der Modernisierung an Bedeutung, also in Zeiten, in denen es zu einer starken Komplexitätssteigerung kommt. Nun „werden Unsicherheit und Sicherheit zu Faktoren, die die Menschen als Produkt ihres Handelns und insofern als beeinflußbar wahrnehmen", betonen Bonß, Hohl und Jakob (2001: 148f.). Die Individuen sind nun geprägt von dem Glauben daran, „daß man, wenn man nur wollte, es jederzeit erfahren könnte, daß es also prinzipiell keine geheimnisvollen, unsichtbaren Mächte gebe, die dahineinspielen, daß man vielmehr alle Dinge – im Prinzip – durch Berechnen beherrschen könne" (Weber 1919: 317). Konkret spiegelt sich dieser Glaube im Prinzip der rationalen Kalkulation wider. Dieses Prinzip verweist in seinem Kern darauf, dass mögliche zukünftige Weltzustände „subjekt- und situationsunabhängig" (Bonß 1997: 28) durchdacht werden können, weil sie nicht einer individuellen Logik, sondern einem generalisierten Kalkül gehorchen. Gleichermaßen charakterisieren sich die aus diesem Kalkül entstehenden Ent-

---

6    Es muss betont werden, dass es sich bei der Zuordnung von Unsicherheitsperzeptionen zu historischen Epochen um eine idealtypisch konstruierte Systematik handelt. Es soll damit nicht gesagt werden, dass die jeweiligen Unsicherheitsperzeptionen *nur* in dem jeweils aufgeführten Zeitraum auftreten. Vielmehr ist es so, dass zu jeder Zeit alle Formen auftreten können, nur zu jeder Zeit bestimmte ein dominierendes Ausmaß annehmen.

scheidungen als in höchstem Maße subjektbezogen – als individuelle „Entscheidungen unter Unsicherheit" (Bonß 1995: 53). Die Generalisierung der Sicherheitszuschreibung über ein intersubjektives Medium bietet den expliziten Vorteil der Nachvollziehbarkeit und Überprüfbarkeit der Einschätzungen zukünftiger Ungewissheit und ermöglicht damit die Betrachtung der Welt in „reflexiver Distanz und unter einem größeren Zeithorizont" (Bonß 1997: 28).

In der reflexiven Moderne hingegen entstehen nach Bonß (1995) die sogenannten „Gefahren zweiter Ordnung", die jedoch nicht mit den Gefahren der Vormoderne verwechselt werden dürfen. Vielmehr handelt es sich bei ihnen um zivilisatorisch hergestellte Unsicherheiten, die weder gewollt noch vorhersehbar sind, aber dennoch durch menschliches Handeln hervorgerufen und für die Gesellschaft zum Problem werden.

Das Konzept der Gefahren zweiter Ordnung ist voraussetzungsvoll. So kann man von Gefahren zweiter Ordnung dann sprechen, „wenn bestimmte Risikohandlungen und -systeme zeitlich, sozial und/oder sachlich versetzte Nebenfolgen haben" (Bonß 1995: 80) und daher im Ergebnis nicht mehr als Risikolage beschreibbar sind. Sie sind Produkte der bis zur Undurchsichtigkeit gesteigerten Komplexität reflexiv moderner Gesellschaften. Der Vernetzungsgrad solcher Gesellschaften führt zu einer unüberblickbaren Reichweite von Handlungen. So können, einmal in Gang gesetzt, technische und soziale Prozesse eine Eigendynamik entwickeln, in deren Verlauf sich möglicherweise nicht beabsichtigte Folgen einstellen. Dabei besteht die Möglichkeit, dass diese Folgen auf ihren Entstehungskontext zurückschlagen (vgl. Bonß 1995: 80).[7]

Gefahren zweiter Ordnung sind nur in reflexiv modernen Gesellschaften möglich, da nur hier jener hohe Grad an Vernetzung und Interdependenz zwischen den und innerhalb der gesellschaftlichen Teilsysteme existiert. Ein weiterer Grund ist, dass sie gegen das einfach-moderne Fortschritts- und Rationalitätsversprechen verstoßen, was von den Individuen in der reflexiven Moderne zunehmend so gesehen und auch anerkannt wird. Es handelt sich unserer Meinung nach bei Gefahren zweiter Ordnung um einen Ausdruck von geradezu radikaler Modernität.

Gefahren zweiter Ordnung haben einen erheblichen Einfluss auf die Sicherheitsfiktionen, sowohl auf die allgemeinen als auch auf die biografischen. Dort wo die Gültigkeit von Mustern der Eindeutigkeitsproduktion durch die Auflösung von Institutionen in Frage gestellt wird, gewinnt das Thema (Un-)Sicherheit für die Menschen an Relevanz, oder anders ausgedrückt: Es verschwinden Sicherheitsfiktionen, an die man sich gewöhnt hatte, und zurück bleibt die Not-

---

7    Auch in diesem Sinne lässt sich von einer *reflexiven* Moderne sprechen.

wendigkeit der anderweitigen Herstellung von Eindeutigkeit. Die Sicherheits-konstruktionen werden aus einem bislang institutionell geregelten Rahmen herausgelöst und zu einem Bestandteil der individuellen Lebensgestaltung. Diese Verflüssigung struktureller Vergesellschaftungsmuster führt zu einem Individualisierungsschub kaum gekannten Ausmaßes, der dem einen als Chance, dem anderen als Bedrohung erscheinen kann.

Mit dieser Beschreibung ist gleichzeitig das Ziel unserer Untersuchung angedeutet: Wenn gesellschaftliche Institutionen ihre Orientierungsfunktion zunehmend einbüßen, müssen an ihrer Stelle individuelle Formen der Konstruktion von Eindeutigkeit treten. Und diese Pluralisierung von Formen biografischer Sicherheitskonstruktionen gilt es empirisch zu erfassen.

## 2.3 Zusammenfassung

Erst eine Konzeptualisierung von Unsicherheit als gesellschaftliches Konstrukt bietet uns die Möglichkeit, sich ihr durch eine soziologische Betrachtung zu nähern.

> „Sicherheit und Unsicherheit sind keine festen, eindeutig bestimmbaren Größen, sondern veränderbare gesellschaftliche Konstruktionen. Solche Erwartungssicherheiten sagen weniger über tatsächliche Bedrohungen oder Gefahrenbeseitigung aus, jedoch viel über sozial wirksame Sicherheitsüberzeugungen und -fiktionen, die immer dann ins Spiel kommen, wenn nicht kontrollierbare Kontingenzen in handhabbare Komplexitäten umdefiniert werden sollen",

betonen Bonß, Hohl und Jakob (2001: 147). So wird (Un-)Sicherheit nicht als Eigenschaft von Dingen in der Welt, sondern als eine Zuschreibung von Sicherheitsüberzeugungen durch den Beobachter interpretiert. Geprägt werden diese Zuschreibungen durch den sozialen und historischen Kontext, in dem sie getroffen werden: Verschiedene Gesellschaften haben verschiedene Vorstellungen von dem, was sicher ist und was nicht.

Geht man von einem solchen konstruktivistischen (Un-)Sicherheitsbegriff aus, muss man auch nach der Funktion von Sicherheits- bzw. Eindeutigkeitsfiktionen fragen. Ihre Aufgabe besteht darin, durch die kognitive Bewältigung einer ansonsten immer als offen wahrgenommenen Zukunft Entscheidungen zu ermöglichen. Denn: Je *eindeutiger* die Zukunft wahrgenommen wird, desto weniger kontingent, besser beherrschbar, eben sicherer erscheint sie. Sicherheitsfiktionen transformieren Kontingenz in Komplexität und damit Unsicherheit in Sicherheit.

Mit dem Stichwort Zukunft ist zugleich ein weiterer Aspekt der Definition von Sicherheit genannt: Wir verstehen Sicherheit als eine Zuschreibung hinsichtlich zukünftiger Ereignisse. Insofern ist sie eine *Erwartungs*sicherheit. Es gilt: Wer eine spezifische Erwartung an die Zukunft hat, für den ist sie „eindeutig" so und nicht anders. Damit ist das dieser Arbeit zugrunde liegende Verständnis von Sicherheit als Eindeutigkeit der Zukunft auf den Punkt gebracht.

Neben den konzeptionellen Überlegungen zum Begriff der (Un-)Sicherheit galt es zudem herauszuarbeiten, was das Spezifische der reflexiven Moderne und ihrer Unsicherheitsperzeptionen ist. Mit diesen Überlegungen wollten wir die nötigen theoretischen Grundlagen für unsere These schaffen, dass Autobiografische Updates *die* Form des Selbstbekenntnisses der reflexiven Moderne sind.

Wir haben die reflexive Moderne folgendermaßen skizziert: Hochkomplexe Sozialstrukturen reflexiv moderner Gesellschaften und ihr enormer Vernetzungsgrad produzieren nicht-intendierte Nebenfolgen, die zunehmend als Gefahren zweiter Ordnung wahrgenommen werden. Diese Nebenfolgen mit ihren dazugehörigen Deutungen führen dazu, dass „traditionelle" Sicherheitsfiktionen und Institutionen der einfachen Moderne, allen voran die Grundüberzeugung der prinzipiellen Beherrschbarkeit der Welt, zunehmend ihre Wirksamkeit verlieren.

Wie unter diesen Bedingungen der notwendige Grad an Sicherheit hergestellt werden kann, ist eine Frage, die wir anschließend im Hinblick auf die Herstellung biografischer Sicherheit beantworten wollen. Wir untersuchen, wie Menschen mit den neuen Unsicherheiten im Rahmen der Gestaltung ihres Lebensverlaufs umgehen. Zur Beantwortung dieser Frage fehlt uns allerdings noch eine ausreichend präzise Konzeptualisierung des Begriffs der biografischen (Un-) Sicherheit, die das Thema des folgenden Kapitels ist.

## 2.4  Literatur

Allmendinger, Jutta (Hrsg.) (2003): Entstaatlichung und soziale Sicherheit. Verhandlungen des 31. Kongress der Deutschen Gesellschaft für Soziologie in Leipzig. Opladen: Leske + Budrich

Beck, Ulrich/Bonß, Wolfgang/Lau, Christoph (Hrsg.) (2001): Theorie reflexiver Modernisierung – Fragestellungen, Hypothesen, Forschungsprogramme. In: Beck/Bonß (2001): 11–62

Beck, Ulrich (2007): Weltrisikogesellschaft. Auf der Suche nach der verlorenen Sicherheit; Frankfurt/Main: Suhrkamp

Beck, Ulrich/Bonß, Wolfgang (Hrsg.) (2001). Die Modernisierung der Moderne. Frankfurt/Main: Suhrkamp

Beck, Ulrich/Lau, Christoph (2004): Entgrenzung und Entscheidung: Was ist neu an der Theorie der reflexiven Modernisierung?. Frankfurt/Main: Suhrkamp, 2004

Bonß, Wolfgang (2001). Anmerkungen zum Stichwort der Basisprämissen. Unveröffentlichtes Manuskript

Bonß, Wolfgang/Esser, Felicitas/Hohl, Joachim/Pelizäus-Hoffmeister, Helga/-Zinn, Jens (2004): Biographische Sicherheit. In: Beck/Lau (2004): 211–233

Bonß, Wolfgang/Hohl, Joachim/Jakob, Alexander (2001): Die Konstruktion von Sicherheit in der reflexiven Moderne. In: Beck/Bonß (2001): 147–159

Bonß, Wolfgang (1997): Die gesellschaftliche Konstruktion von Sicherheit. In: Lippert/Prüfert/Wachtler (1997): 21–41

Bonß, Wolfgang (1995): Vom Risiko. Unsicherheit und Ungewißheit in der Moderne. Hamburg: Hamburger Edition

Douglas, Mary/Wildavsky, Aaron (1982): Risk and Culture. An Essay on the Selection of Technological and Environmental Dangers. Berkley/Los Angeles/London: University of California Press

Endruweit, Günter/Trommsdorf, Gisela (1995): Wörterbuch der Soziologie. Stuttgart: Lucius & Lucius

Geißler, Karlheinz (1999): Vom Tempo der Welt. Am Ende der Uhrzeit. Freiburg im Breisgau: Herder Verlag

Kaufmann, Franz-Xaver (1973): Sicherheit als soziologisches und sozialpolitisches Problem. Untersuchungen zu einer Wertidee hochdifferenzierter Gesellschaften. Stuttgart: Enke Verlag

Kaufmann, Franz-Xaver (2003): Sicherheit: Ambivalenzen der sozialen Sicherheit; In: Allmendinger (2003): 114–133

Lippert, Ekkehard/Prüfert, Andreas/Wachtler, Günther (Hrsg.) (1997): Sicherheit in der unsicheren Gesellschaft. Opladen: Westdeutscher Verlag

Luhmann, Niklas (1987): Soziale Systeme. Grundriß einer allgemeinen Theorie; Frankfurt/Main: Suhrkamp

Makropoulos, Michael (1990): Möglichkeitsbedingungen. Disziplin und Versicherung zur sozialen Steuerung von Kontingenz. In: Soziale Welt. Zeitschrift für sozialwissenschaftliche Forschung und Praxis. Heft 4. 407–423

Meyers: Meyers Enzyklopädisches Lexikon in 25 Bänden; Mannheim, Wien, Zürich; 9. Aufl. 1971 ff.

Pelizäus-Hoffmeister, Helga (2006): Biographische Sicherheit im Wandel? Eine historisch vergleichende Analyse von Künstlerbiographien. Wiesbaden: DUV Verlag

Weber, Max (1920): Gesammelte Aufsätze zur Religionssoziologie. Band 1. Tübingen: Mohr Verlag

Weber, Max (1920): Die protestantische Ethik und der 'Geist' des Kapitalismus. In: Weber (1920): 17–206

Weber, Max (1919/1968): Soziologie, weltgeschichtliche Analysen, Politik. Stuttgart: Kröner Verlag

Weber, Max (1919/1968): Vom inneren Beruf zur Wissenschaft; In: Weber (1919/1968): 311–340

Weber, Max (1922/1980): Wirtschaft und Gesellschaft. Grundriß der verstehenden Soziologie. Tübingen Mohr Verlag

Zapf, Wolfgang (1996). Die Modernisierungstheorie und unterschiedliche Pfade der gesellschaftlichen Entwicklung. In: Leviathan. Zeitschrift für Sozialwissenschaft. Heft 1. 63–77

# 3 Biografische (Un-)Sicherheit

*Alexander Fehr, Stefan Twork*

Wir haben Unsicherheit bisher als die Folge eines komplexer werdenden gesellschaftlichen Umfelds, mithin als Zunahme von Uneindeutigkeit möglicher künftiger Entwicklungen dargestellt. Für Individuen in reflexiv modernen Gesellschaften hat dieser abstrakt formulierte Befund zunehmender Uneindeutigkeit ganz konkrete Auswirkungen. Unsicherheit wird hier aus der abstrakten Sphäre gesellschaftlicher Subsysteme herausgelöst und zu einem zentralen Problem der individuellen Lebensgestaltung.

Menschen müssen handeln, und Handeln setzt Entscheiden voraus. Wer die Zukunft nicht als relativ eindeutig wahrnimmt, dem fehlen Entscheidungs- und Handlungsgrundlagen. Zur Aufrechterhaltung dieser Handlungsfähigkeit muss es daher entsprechende Strategien der Herstellung von Eindeutigkeit geben.

Dabei wirkt Unsicherheit nicht nur auf der Ebene alltäglicher Entscheidungssituationen. Auch bei der Reflexion des eigenen Lebensverlaufs hat es funktionale Relevanz, Uneindeutigkeiten effektiv bewältigen zu können. Gemäß der hier vertretenen Auffassung wird dies durch die Konstruktion einer, in welchem Sinne auch immer, als zusammenhängend[1] erfahrenen Biografie geleistet. Die Wahrung dieses inneren Zusammenhangs in der Perzeption des Individuums, so die These, bildet die notwendige Voraussetzung für den Erhalt von Entscheidungs- und Handlungsfähigkeit bei der Gestaltung des eigenen Lebens. Nur derjenige kann eine eindeutige Idee von der eigenen Zukunft entwickeln, der zu einer genauso eindeutigen Interpretation seiner Vergangenheit in der Lage ist. Daher müssen Individuen Strategien des kognitiven Umgangs mit biografischer Unsicherheit entwickeln bzw. adaptieren: Strategien zur Konstruktion biografischer Sicherheit. Schließlich lässt sich nur entscheiden, wohin man gehen will,

---

1 Dabei bedeutet zusammenhängend nicht notwendigerweise linear im Sinne einer positiv wahrgenommenen Teleologie oder von Kontinuität. Es kommt vielmehr auf die Sinnhaftigkeit, also die Anschlussfähigkeit an eine zentrale Leitidee zur Interpretation der Ereignisse des Lebenslaufes an. So kann ein als unstet empfundener Lebenswandel als ebenso zusammenhängend erfahren werden wie die vielzitierte „Normalbiografie", sofern in beiden Erzählungen alle Ereignisse unter dem Prinzip einer oder mehrerer Leitideen wahrgenommen und eingeordnet werden. Genau genommen kann man auch erst dann überhaupt von einer biografischen Erzählung sprechen.

wenn man weiß, woher man kommt. „Beim Erzählen der Lebensgeschichte werde die eigene Vergangenheit selektiv rekonstruiert und eigene Erfahrungen in die Zukunft fortgeschrieben", so Pelizäus-Hoffmeister (2006: 24).

Die Überlegungen zur (Un-)Sicherheit im vorherigen Kapitel 2 standen u.a. im Kontext einer Analyse gesellschaftsstruktureller Bedingungen. In diesem Kapitel geht es darum, die dort gemachten allgemeinen Aussagen auf der Ebene der Biografie anzuwenden, um einen geeigneten heuristischen Rahmen für die empirische Analyse biografischer (Un-)Sicherheit bereitzustellen. Dabei ist zu beachten, dass sich Zusammenhänge nicht notwendigerweise im Sinne eines Analogieschlusses von einer makroperspektivischen, gesellschaftstheoretischen Ebene auf eine mikroperspektivische, individuelle Ebene übertragen lassen. So ist beispielsweise das auf gesellschaftlicher Ebene diagnostizierte Aufkommen von Gefahren zweiter Ordnung nicht direkt auf den individuellen Erfahrungshorizont von Subjekten übertragbar. Hier stellt sich das Phänomen vielmehr als noch theoretisch genauer zu fassende doppelte Uneindeutigkeit dar (vgl. Pelizäus-Hoffmeister 2008).

Die Darstellung des heuristischen Rahmens setzt eine theoretische Verknüpfung der Konzepte von (Un-)Sicherheit und Biografie voraus. Dazu muss zunächst durchdacht werden, was Biografie meint und in welchem funktionalen Zusammenhang sie zu begreifen ist (3.1). Darauf aufbauend werden wir beschreiben, wie die Konstruktion von Biografie durch die Modernisierung gleichermaßen möglich und notwendig wird (3.2). In einem dritten Schritt wird dann der Begriff der biografischen Unsicherheit definiert (3.3), um zuletzt einen heuristischen Rahmen als Grundlage für die weitere empirische Untersuchung zu entwerfen (3.4).

## 3.1  Das Konzept der Biografie

Umgangssprachlich wird unter Biografie die Lebensbeschreibung einer Person verstanden. Gemeint ist hier notwendigerweise eine *reduzierte* Beschreibung, denn niemand würde behaupten, dass jede Begebenheit eines Menschenlebens auch Teil seiner Biografie wäre. Es werden selektiv die Ereignisse herausgefiltert, die einer Erwähnung wert erscheinen. In dieser Reduktion erschöpft sich der gestalterische Charakter des Erzählens von Biografie aber noch nicht. Sie ist vielmehr nur ein Spezialfall dessen, was beim Erzählen von Biografie ständig passiert: die Interpretation von Ereignissen und Handlungen durch die Zuweisung von Bedeutung. Unter dem Gesichtspunkt des Gestaltungs- und Interpretationscharakters, also der *Konstruktion* der Geschichte eines Individuums, lassen sich nun die Begriffe Biografie und Lebenslauf voneinander abgrenzen:

Eine Biografie ist das Produkt eines je individuellen Konstruktionsprozesses, „eine Form selektiver, verzeitlichter, und ich-zentrierter Vergegenwärtigung des Lebens" (Wohlrab-Sahr 1999: 485). Sie entsteht auf der Grundlage der Verarbeitung von Lebenserfahrungen durch die Zuweisung von Bedeutungsinhalten. Ihr gegenüber steht der Lebenslauf als „chronologische Reihung ‚objektiver' Lebensdaten" (ebd.: 25). Die Beziehung von Lebenslauf und Biografie lässt sich daher zunächst als eine Beziehung von Datengrundlage und Bedeutungszuweisung beschreiben. Dabei sind Biografien nicht beliebig konstruierbar. Vielmehr beeinflusst der jeweilige Lebenslauf das Spektrum erzählbarer Lebensgeschichten.[2] „Erlebte [Lebenslauf] und erzählte [Biografie] Lebensgeschichte stehen in einem sich wechselseitig konstituierenden Verhältnis" (Rosenthal 1993: 20).

Biografie ist nun in zweifacher Hinsicht, nämlich innen- wie außenperspektivisch, relevant für das jeweilige Individuum. Sie ist sowohl „die Voraussetzung für individuelles Handeln (...) [als auch] die Grundlage für jegliche soziale Interaktion" (Pelizäus-Hoffmeister 2006: 26). Diese erklärungsbedürftige Aussage wird durch den Begriff der biografischen Identität erhellt.[3] Er bezeichnet den Umstand, dass die Erzählung der eigenen oder einer fremden Lebensgeschichte für die Eindeutigkeit der eigenen Persönlichkeit relevant ist. Indem ein Mensch seine Biografie als Herkunftsgeschichte konstruiert, fertigt er zugleich eine Beschreibung seines „Geworden-Seins" an. Biografie führt so zur Herstellung und Wahrung der Integrität als „handelnde und erlebende Einheit für alle [d.h. auch und besonders für sich selbst]" (Hahn 1987: 14).

Der logische Schritt von der Beliebigkeit zur Bestimmtheit, also von der biografischen Kontingenz zur biografischen Eindeutigkeit, legt die Struktur des Beobachters und damit die Struktur der beobachteten Umwelt fest. Indem Menschen sich darüber klar werden, wer sie sind, beschreiben sie zugleich die Welt, in der sie leben. Mit jedem Selbstbild korrespondiert ein Weltbild. Wäre die Geschichte des „Geworden-seins" eines Menschen eine andere, so würde er auch die Welt als eine andere erleben. Es gibt keine Welt unabhängig von der Erzählung des eigenen Lebens und demnach auch kein Handeln unabhängig davon. In diesem Sinne ist jede Handlung selbstreferenziell, denn sie verweist auf die jeweils eigene Lebensgeschichte.

Dies verdeutlicht die außen- und innenperspektivische Handlungsrelevanz von Biografie. Es kann nur derjenige handeln, der sich seiner Identität und damit seines Verhältnisses zur Welt durch das Erzählen seiner Lebensgeschichte immer

---

2   Lebensgeschichte und Biografie werden im Folgenden synonym verwendet.
3   Identität wird im Folgenden immer als biografische Identität gedacht. Es geht hier also nicht um die geistesphilosophischen oder logischen Aspekte des Begriffs.

wieder neu versichert. Genauso kann nur *mit* anderen gehandelt werden, wenn ihnen eine Identität zugeschrieben wird. Damit ist nicht gesagt, man müsse Menschen „kennen", um mit ihnen zu interagieren – was offensichtlich absurd wäre. Relevant ist nur, dass implizit davon ausgegangen wird, *dass* jeder Mensch eine Identität als integrierte Einheit einer Persönlichkeit besitzt. „Es wird die Persönlichkeitsstruktur eines Jedermann vorausgesetzt" (Grathoff 1981: 296).

Zusammenfassend ist festzuhalten, dass Biografie sich ihrer Funktion nach als zirkuläre Struktur präsentiert. Einerseits entsteht sie als konstruierte Lebensgeschichte in einem Prozess der Selektion und Bedeutungszuweisung. Andererseits wird sie selbst auch wieder zur Grundlage für künftige Selektionen und Bedeutungszuweisungen. Wenn auf der Grundlage der Biografie Handeln ermöglicht wird, werden Erfahrungen der Vergangenheit in die Zukunft fortgeschrieben und erlangen dort gleichsam Orientierungsfunktion. Eine Biografie bändigt stets die „Überfülle komplexer Wirklichkeiten und Möglichkeiten meiner empirischen raum-zeitlichen Existenz" (Hahn 1987: 14). Damit wandelt sie die prinzipiell immer vorhandene Uneindeutigkeit einer Vielzahl von Interpretationsmustern der eigenen Vergangenheit in die selbstverständlich unterstellte Eindeutigkeit der konsistenten und deswegen handlungsfähigen Persönlichkeit um.

## 3.2  Biografie im Kontext der Modernisierung

Der oben bemühte Gedanke des aktiv durch autonomes Handeln gestaltenden Menschen ist gleichermaßen alltäglich wie voraussetzungsvoll. Er erfordert eine für uns selbstverständliche und doch erstaunliche Idee: das Subjekt.

Die Idee des Subjekts kann insofern als moderne Denkfigur aufgefasst werden, als an ihrer Stelle in *vormodernen Gesellschaften* eine eher fatalistische Anthropologie vorherrschte. Die Fähigkeit zum Handeln, konzeptualisiert in ihrer spezifisch modernen Lesart des selbsttätigen Gestaltens der Welt, wurde dem Subjekt hier abgesprochen, womit es gleichsam zum Objekt wurde. Nach dem Weltbild vormoderner Gesellschaften wurde der Einzelne in eine Umwelt hineingeboren, an deren göttlich vorgegebener Ordnung er nichts verändern konnte (vgl. Bonß 1995: 108ff). Dieses Weltbild beinhaltete notwendigerweise die Vorstellung der Geschlossenheit der Zukunft. „Gottes Wege" mochten unergründlich sein, aber alle Menschen waren gezwungen, sie zu beschreiten. „Geschlossenheit der Zukunft" meint beides zugleich: die Gewissheit ihres vorherbestimmten Eintretens und die eigene Unfähigkeit zur Beeinflussung des Ereignisses. In diesem Sinne lässt sich sagen, dass Menschen der Vormoderne einer eigenständigen Erzählung ihrer Biografie zur Orientierung und Entscheidungsfindung gar nicht oder zumindest weniger als Menschen in der Moderne bedurften. Ihr Lebensweg wurde selbstverständlich mit der geburtlichen Verortung in der sozialen Hierarchie festgeschrieben.

Erst mit der Modernisierung vollzog sich jene Ausweitung von Handlungs- und Gestaltungsmöglichkeiten im Verantwortungsbereich des Einzelnen, die einer Richtschnur für das prinzipiell in autonomer Verantwortung zu realisieren- de Projekt des eigenen Lebens erforderte. Der moderne Mensch wurde zuneh- mend aus den begrenzenden gesellschaftlichen Institutionen und Zwängen ent- bunden und machte sich selbst zum Gegenstand und Mittelpunkt, zum „Hand- lungszentrum [und] Planungsbüro" (Beck 1986: 217) seines Lebens.

Die Subjektwerdung bedeutet die Notwendigkeit der individuellen Interpre- tation des eigenen Lebenslaufs jenseits der Vorstellung einer göttlich vorgege- benen Ordnung. So reduzierte sich zwar die Begrenzung durch Normen und Insti- tutionen, was auch eine Freisetzung individueller Freiheit bedeutete, gleichzeitig wurden aber die Kosten der Entscheidungsfindung dem institutionell geregelten Kontext entrissen und dem Individuum auferlegt. Selbstverständlichkeiten muss- ten fortan durch Entscheidungen ersetzt werden (vgl. Luhmann 1991: 75). Oder anders ausgedrückt: In der Moderne hat jeder (dem Anspruch nach) die Freiheit, sein Leben so zu gestalten, wie es ihm beliebt, jedoch *müssen* alle Entscheidun- gen nun auch eigenverantwortlich durchdacht und getroffen werden. „Lebensläu- fe erscheinen nicht mehr unbedingt vorgegeben, sondern entscheidungsabhän- gig" (Bonß, Esser, Hohl, Pelizäus-Hoffmeister, Zinn 2004: 212).

Daher wird das selbständige Erzählen von Biografie mit ihrer oben be- schriebenen Funktion zur Entscheidungsfindung erst in der Moderne relevant. Die sogenannte Normalbiografie mit der Stringenz von Ausbildung, Arbeit, Rente wurde dabei zum Orientierungsrahmen.[4] Es lässt sich darüber streiten, inwieweit dieses Vorbild jemals tatsächlich mehrheitlich verwirklicht wurde. Entscheidend für unsere Betrachtungen ist jedoch die Tatsache, dass die Nor- malbiografie, unabhängig von ihrer tatsächlichen Verwirklichung, als Orientie- rungsrahmen wahrgenommen wurde und wird. Ihre Wirksamkeit entfaltet sich in diesem Zusammenhang auf der Ebene der rückwärts- und vorwärtsgewandten Beschreibung des eigenen Lebens – bei der Konstruktion biografischer Sicher- heit.

Soziale Modernisierungsprozesse führten zur Entbindung des Individuums aus dem engmaschigen Institutionengefüge der Vormoderne. Heute sehen sich die Menschen zudem einer Radikalisierung dieser Modernisierungsprozesse ausgesetzt. Wir haben dies oben mit dem Begriff der reflexiven Moderne be-

---

4    Siehe hierzu auch Kapitel 3.4.2 von *Fehr* und *Twork*.

schrieben: Menschen nehmen die steigende Komplexität des gesellschaftlichen
Gefüges zunehmend als unberechenbar wahr. Beim Handeln in diesem Gefüge
werden Faktoren und Einflüsse, die für die Entscheidungsfindung zwar keine
Rolle spielen, aber dennoch Einfluss auf das jeweilige Ergebnis haben, sozusagen hinter dem Rücken der Akteure wirksam. Die Offenheit der Zukunft wird
heute nicht mehr nur ausschließlich unter dem Aspekt der Freiheit, sondern zunehmend unter dem Gesichtspunkt der Unsicherheit interpretiert „(…) und vor
diesem Hintergrund steigt der Druck für jeden einzelnen, sich in dem Chaos der
Möglichkeiten ,richtig' zu entscheiden" (Bonß, Esser, Hohl, Pelizäus-Hoffmeister, Zinn 2004: 212).


### 3.3  Biografische (Un-)Sicherheit

Wir haben (Un-)Sicherheit im vorherigen Kapitel als ein Konzept mit Bezug auf
menschliches Handeln, jenseits einer einseitigen und objektivistischen Bedro-
hungsakzentuierung beschrieben. In diesem Sinne ist Unsicherheit gleichbedeutend mit der Wahrnehmung von Uneindeutigkeit der Zukunft. Betrifft diese
wahrgenommene Uneindeutigkeit die eigene Biografie, wird daher im Folgenden
von biografischer Unsicherheit gesprochen. Biografische Unsicherheit ist damit
ein Zustand, in dem die „Erwartbarkeit, Planbarkeit und Vorhersagbarkeit des
eigenen Lebenslaufes" (Bonß, Hohl, Jakob 2001: 155) in der Perzeption der
jeweiligen Person nicht mehr oder nur eingeschränkt besteht.
    Hält man sich die bereits dargelegte Notwendigkeit der erfolgreichen Kon-
struktion von Biografie nochmals vor Augen, wird deutlich, dass biografische
Unsicherheit zu einem wie auch immer zu überwindenden Problem wird. Die
zunehmend radikal empfundene Kontingenz biografischer Phänomene erzeugt
handlungshemmende Indifferenz. Wenn die Vorstellungen von der eigenen Biografie zur Selektion von Entscheidungen über den weiteren Lebensweg geführt
haben, diese dann aber nicht realisierbar sind oder sich der gewünschte Erfolg
schlicht nicht einstellt, wird die Wahrnehmung der Eindeutigkeit der Zukunft
von der kontrafaktischen Erfahrung ihrer Uneindeutigkeit konterkariert. In der
Folge wird es zunehmend schwieriger, den eigenen Erwartungen widersprechen-
de Ereignisse in der Biografie zu einem kohärenten Ganzen zu integrieren. Die
Uneindeutigkeit der Zukunft wirkt daher scheinbar doppelt: Erstens, mit Blick
auf Kommendes, als Ereignis, das die prinzipielle Kontingenz der Zukunft zu
Bewusstsein bringt. Zweitens, mit Blick auf Vergangenes, als Ereignis, das die
Erzählung einer in sich logisch-folgerichtigen Biografie erschwert. In dieser
zweiten Lesart ist die erste jedoch implizit enthalten, denn es ist die eigene Bio-

grafie, von der aus wir versuchen, Pläne zu erstellen und Entscheidungen zu treffen.

Für Individuen der reflexiven Moderne werden daher Strategien lebenswichtig, mit deren Hilfe sie auch im Angesicht biografischer Unsicherheiten, entscheidungs- und handlungsfähig in Bezug auf die Gestaltung der eigenen Lebensgeschichte bleiben können. Wenn Menschen biografische Unsicherheit erfahren, wird es für sie umso wichtiger, über die Erzählung ihrer Lebensgeschichte dennoch den „roten Faden" bzw. die „Fiktion einer relativen zukünftigen Eindeutigkeit des eigenen Lebensverlaufs" (Pelizäus-Hoffmeister 2006: 31) aufrechtzuerhalten.

Diese Strategien sind Gegenstand unserer Untersuchung. Um sich ihnen in den Jahresbriefen differenziert nähern zu können, werden im Folgenden theoretische Kategorien beschrieben, die in der Lage sind, das Phänomen aus verschiedenen Perspektiven zu beleuchten. Es wird ein heuristischer Rahmen entwickelt, in dem wir später die Autobiografischen Updates auf ihren (Un-)Sicherheitsbezug hin analysieren.

## 3.4 Heuristischer Rahmen zur Analyse

Die bisherigen Überlegungen zu (Un-)Sicherheit und Biografie sowie im Spezielleren zur biografischen (Un-)Sicherheit sollen im Folgenden dazu dienen, einen heuristischen Rahmen für die Analyse der Autobiografischen Updates bereitzustellen. Der hier vorgestellte analytische Rahmen, der auf den Ergebnissen der Studie „Biografische Sicherheit im Wandel? – Eine historisch vergleichende Analyse von Künstlerbiografien" (Pelizäus-Hoffmeister 2006) aufbaut, wurde weiterentwickelt und für unser Forschungsprojekt adaptiert. Er dient als „sensibilisierendes Konzept" für die Interpretation der biografischen Daten. Die theoretische Verbundenheit des Analyseinstruments (sowie der Untersuchung insgesamt) mit der Theorie reflexiver Modernisierung soll keineswegs den Eindruck vermitteln, die empirischen Daten würden in ein bereits bestehendes Konzept hineingezwungen. Es soll uns vielmehr mit dem nötigen Werkzeug ausstatten, mit dem die soziologischen Konturen des empirischen Materials sichtbar werden. Das hier angewendete „sensibilisierende Konzept" besteht im Wesentlichen aus zwei zentralen Kategorien.

Auf der einen Seite gilt es herauszuarbeiten, wie die Verfasser der Autobiografischen Updates *Unsicherheit wahrnehmen*, und auf der anderen Seite soll deutlich werden, wie sie mit „ihrer" wahrgenommenen Unsicherheit umgehen und welche Schwerpunkte sie bei der *Konstruktion biografischer Sicherheit* setzen. Dabei liegt es nahe, dass zwischen den Perzeptionen von Unsicherheit und den Konstruktionen biografischer Sicherheit Wechselwirkungen bestehen können, die in die empirische Analyse mit einzubeziehen sind.

### 3.4.1 Perzeption von Unsicherheit

Individuen konstruieren ihre Biografien durch Bedeutungszuschreibungen. Welche individuelle Bedeutung welchem Phänomen dabei zugewiesen wird, hängt maßgeblich davon ab, wie Unsicherheiten wahrgenommen werden. Im Folgenden soll aus theoretischen Überlegungen ein Gerüst entstehen, das eine Zuordnung der verschiedenen Perzeptionen von Unsicherheit ermöglicht. Dabei gilt es, relevante Konzepte zu erfassen und in trennscharfe analytische Beschreibungen zu überführen. Deshalb können die hier entstandenen Konzepte nur als Idealtypen gedacht werden. Es bleibt abzuwarten, inwieweit sie sich in der empirischen Untersuchung wiederfinden.

#### a)  Zurechnung
Um die Wahrnehmung von Unsicherheit beschreiben zu können, ist an erster Stelle nach dem grundlegenden Attribut zu fragen. Von Luhmann und Bonß wird auf der abstraktesten Ebene „Zurechnung" als zentrales Unterscheidungsmerkmal von Unsicherheitsperzeptionen betrachtet (vgl. auch Kaufmann 2003: 24). Sie unterscheiden grundsätzlich zwei Ausprägungen: Selbstzurechnung und Fremdzurechnung. Im Falle der Selbstzurechnung wird Unsicherheit in Form vom Risiko, im Falle der Fremdzurechnung in Form von Gefahr wahrgenommen.

Wer unerwartete zukünftige Geschehnisse der Welt etwas Fremdem, etwas *außerhalb seiner eigenen Handlungs- und Entscheidungssphäre zurechnet*, insofern Unsicherheit als Gefahr betrachtet, kann zwar den Versuch unternehmen, sich gegen die Wirkung dieser Ereignisse zu schützen. Die Entstehungs- und Wirkungszusammenhänge der Bedrohung entziehen sich jedoch seinem menschlichen Verständnis und damit seiner Einflussnahme. Ein Beispiel hierfür stellt der afrikanische Stamm der Lele aus Zaire dar (vgl. Douglas, Wildavsky 1982: 6ff.) Der Lele, der sein Amulett gegen Bronchitis, Blitzschlag oder Unfruchtbarkeit anlegt, weiß nicht was, die Ursachen dieser Bedrohungen sind. Trotzdem versucht er sich der schädlichen Wirkung zu entziehen (vgl. Bonß 1997: 26f.). Der Mensch hingegen, der sich Unsicherheit bzw. mögliche Weltverläufe *selbst* – als Risiko – *zurechnet*, wird zum Planer und Entscheider über seinen Lebensverlauf. Er glaubt, zukünftige Ereignisse planen, bewerten, eingehen oder vermeiden zu können.

So werdenso „Weltzustände" konstruiert, die dem einen als Möglichkeits-
und dem anderen als Bedrohungsraum gegenübertreten können. Weil Zurechnung das grundlegende Attributionsmerkmal ist, spielt es implizit auch bei nach-
folgend beschriebenen Formen der Unsicherheitsperzeption eine Rolle.

*b)   Unsicherheitsperzeptionen: Gefahr - Risiko – doppelte Uneindeutigkeit*
Die Begriffe Gefahr und Risiko wurden bereits im Zusammenhang mit dem
Konzept der Zurechnung erwähnt. Diese dichotome Unterscheidung wird in der
reflexiven Moderne durch die zusätzliche Erfahrung von sogenannter doppelter
Uneindeutigkeit aufgebrochen, so dass nunmehr drei verschiedene Wahrneh-
mungsformen der Unsicherheit existieren.

Auffällig ist bei allen drei Formen, dass sie von vornherein vielen als negativ belegt erscheinen. Zumindest aus theoretischer Perspektive lässt sich jedoch
genauso von einem chancenhaften Charakter der Unsicherheit ausgehen, nach
dem Motto: Wo noch nichts entschieden ist, ist noch nichts verloren. Beide Perspektiven von Unsicherheit, als Bedrohung wie als Chance, gilt es in die empirische Untersuchung mit einzubeziehen oder zumindest nicht von vornherein zu
vernachlässigen. Alle drei Formen von Unsicherheitsperzeptionen sollen im
Folgenden kurz erläutert werden.

Die *Gefahrenperzeption* ist – wie in Kapitel 2 erläutert – eine Form der
Wahrnehmung von Unsicherheit, die seit der Vormoderne eine herausragende
Rolle einnimmt. Sie hat zwar im Zuge der Moderne wie auch der reflexiven
Moderne an Bedeutung verloren, ist aber immer noch dominant, wenn Wirkungszusammenhänge durch Fremdzurechnung erklärt werden. Dies kann in
reflexiv modernen Gesellschaften dort der Fall sein, wo kosmologische Weltord-
nungen in Form von Religion oder weltlichen Dogmen wieder oder weiterhin
einen hohen Stellenwert einnehmen. Bestimmend ist hier vor allem, dass die
Entstehungs- und Wirkungszusammenhänge möglicher Bedrohungen auf Mächte
zurückgeführt werden, die sich dem eigenen Einfluss entziehen. Damit ist „Gefahr" ein Wahrnehmungsschema von Unsicherheit, das sich besonders durch die
Nichtverfügbarkeit der Unsicherheit für das Individuum auszeichnet. Wenn Unsicherheit in Form von Gefahr wahrgenommen wird, liegt es nahe, dass sich
auch die Strategien im Umgang mit Unsicherheit kaum an Prinzipien wie dem
rationalen Kalkül orientieren, sondern dass „magische oder metaphysische Praktiken eine hohe Bedeutung" (Bonß 1995: 47) erhalten. Unsicherheit erscheint so
als „extern gesetzte, diffus und zugleich allgegenwärtige Bedrohung" (Bonß
1995: 45), die fatalistische Züge annehmen kann, da ihr kaum mit eigenen Mitteln begegnet werden kann.

Die *Risikoperzeption* gewinnt – wie schon in Kapitel 2 erwähnt – erst im
Zuge der Modernisierung zunehmend an Bedeutung. Wer die Herausforderungen

der Welt als Risiko wahrnimmt, „impliziert die eigene Beteiligung in Form von Entscheidung" (Pelizäus-Hoffmeister 2006: 38). Risiken werden somit aktiv eingegangen, sie können damit auf erklärbare menschliche Aktivitäten zurückgeführt werden, die verantwortet werden müssen. Von Risiko ist gemäß Luhmann immer dann die Rede, „wenn ein möglicher Schaden um des möglichen Vorteils willen in Kauf genommen wird" (Luhmann 1990: 135). Die Wahrnehmung von Unsicherheit als Risiko geht mit der Überzeugung der Beherrsch- und Kalkulierbarkeit von Welt einher (vgl. Kaufmann 1970: 49ff., Bonß 1998: 49). In Strategien der Risikoperzipienten nehmen deshalb Deutungslogiken wie das rationale Kalkül und Methoden wie die Wahrscheinlichkeitsrechnung eine zentrale Rolle ein. Treffend können Risiken mit Bonß als „handlungs- und entscheidungsbezogen, kalkulierbar, zurechenbar und verantwortbar begriffen werden" (Bonß 1998: 53).

Die Perzeption von Unsicherheit als *doppelte Uneindeutigkeit* ist eine paradoxe und ambivalente Form der Wahrnehmung, die sich im Zuge der reflexiven Moderne herausgebildet hat. Sie steht in Beziehung mit den bereits thematisierten Gefahren zweiter Ordnung, ist aber nicht mit diesen identisch.

Entstanden ist das Phänomen der doppelten Uneindeutigkeit im Kontext der Radikalisierung der Moderne, deren Fortschreiten die Zurechenbarkeit von menschlichen Handlungen für den Beobachter zunehmend infrage stellt. Verdeutlicht wird dies in der vielbemühten Denkfigur der *Nebenfolgen*:

> „Offenbar geht es in der Figur der Nebenfolgen um eine (unvermeidbare, von keinem handelnden Akteur intendierte) Triebkraft für (teils fundamentale) Veränderungen gesellschaftlicher (institutioneller und kognitiver) Struktur, die sich aus den Logiken und Prinzipien dieser Strukturen einerseits speist, selbige aber andererseits untergräbt und somit zu historisch unterscheidbaren neuen Strukturen führt" (Pfeiffer 2006: 72).

Die Unberechenbarkeit solcher Nebenfolgen, die per Definition in keinem Kalkül auftauchen, widerspricht nicht nur dem Gedanken der absoluten Berechenbarkeit der Zukunft, sondern wirkt sich auch auf die dichotome Grenzziehung zwischen Gefahr und Risiko aus: Doppelte Uneindeutigkeiten stellen nicht nur die Eindeutigkeit der Zukunft infrage, sondern auch die *Eindeutigkeit der Zurechnung* für die Verantwortlichkeit ihrer Gestaltung. Während Gefahren eindeutig einer nicht kontrollierbaren Außeninstanz entspringen und Risiken genauso eindeutig durch den Akt des freiwilligen Eingehens zurechenbar werden, tritt bei den doppelten Uneindeutigkeiten eine prinzipielle Unschärfe auf. Die wahrgenommenen Folgen systemischer Prozesse stellen das Prinzip der Zurechenbarkeit grundsätzlich infrage. Oder in anderen Worten: Fremd- und Selbstzurechnung treten gleichzeitig auf. Darin besteht das paradoxe Moment doppelter Uneindeutigkeiten.

Die Ambivalenz dieser Wahrnehmungsform besteht darin, dass bei gleichzeitiger Fremd- und Selbstzurechnung auch die eindeutige Zuordnung der Strategien aufgehoben sein müsste. Ein Talisman tragender Physiker ist daher nicht nur als Übergangsform, sondern als genuin reflexiv modernes Phänomen zu sehen.

Zusammenfassend lässt sich über die Perzeption von Unsicherheit als doppelte Uneindeutigkeit sagen, dass sie einen neuen Typus bildet, bei dem die Grenzziehung zwischen Selbst- und Fremdzurechnung aufgehoben ist. Während bei der Gefahren- bzw. der Risikoperzeption Unsicherheit nur in Bezug auf die Gestalt der Zukunft eine Rolle spielt, wird bei doppelten Unsicherheiten zusätzlich auch unscharf, ob es sich um eine Fremd- oder Selbstzurechnung handelt.

*c) Weltdeutung*

Der Bereich der Weltdeutung ist ein wesentlicher Aspekt für die Betrachtung der Wahrnehmung von biografischer Unsicherheit. Unter Weltdeutung werden „normative, abstrakte Konstrukte, wie eigene Lebensmaxime, ‚Lebensphilosophien‘, Bilanzierungen, religiöse Überzeugungen etc." (Pelizäus-Hoffmeister 2006: 33) verstanden. Die Weltdeutung kann zwei wesentliche Funktionen bei der Perzeption von Unsicherheit und der Konstruktion von Sicherheit leisten: Zum einen können Werte, Normen und Deutungen zu einem stabilen Außengaranten werden, der dabei hilft, einen „roten Faden" (ebd.) durch das eigene Leben zu legen und damit Eindeutigkeit und Kontinuität des eigenen Lebenslaufs zu erzeugen. Dabei stellen Werte oft durch gesellschaftliche Vorgaben geprägte Auffassungen dar, die von Individuen als wünschenswert interpretiert werden und die ihr Urteilen und Handeln beeinflussen. Sie werden als „angesonnene Verhaltensweisen" (Nedelmann 1986: 401) in Form von Normen übernommen und bestimmen maßgeblich mit, welche Handlungsweisen angenommen und welche abgelehnt werden.

Zum anderen werden von diesem stabilen Außengaranten Strukturierungsleistungen erbracht, die eine normative Bewertung von Weltzuständen ermöglichen. Die Vorstellung von der Welt spiegelt sich bei der Wahrnehmung von Unsicherheiten vor allem darin wider, ob Unsicherheiten positiv, und damit als Möglichkeitsraum, oder negativ, und damit als Bedrohung, wahrgenommen werden.

Dieses Kriterium ist von besonderer Bedeutung für unsere Untersuchung, da davon ausgegangen werden kann, dass sich die Strategien im Umgang mit biografischer Unsicherheit maßgeblich an dieser normativen Unterscheidung orientieren. Damit erhalten Interpretationsmuster wie Gefahr, Risiko und doppelte

Uneindeutigkeit einen dualen Charakter. Sie können, wie hier am Beispiel der Risikoperzeption aufgezeigt, einerseits negativ, und damit als bedrohliches Risiko, und andererseits positiv als möglichkeitsversprechende Chance bewertet werden.

### d)  Selbstdeutung

Wir haben bereits bei der Beschreibung der Biografie darauf hingewiesen, dass die eigene Identität eine wichtige Rolle bei der Bewertung von Unsicherheit einnimmt. Kaufmann beschreibt einen für unsere Untersuchung wichtigen Aspekt dieser Verknüpfung von Identität und Unsicherheitsperzeption mit dem Begriff der *Selbstdeutung*: der Selbstwahrnehmung eigener Fähigkeiten und Kompetenzen (vgl. Kaufmann 1970: 254 und auch Pelizäus-Hoffmeister 2006: 34).

In dieser Lesart beschreibt die Selbstdeutung einer Person einen Bereich zwischen den beiden Polen absoluter Selbstsicherheit und absoluter Selbstunsicherheit. Dabei heißt Selbstsicherheit, dass die Eigenwahrnehmung geprägt ist von der Überzeugung, eine verantwortungsvolle Rolle in der Welt und bei der Gestaltung der eigenen Biografie zu spielen. Selbstsichere Personen empfinden sich in dem Sinne als bedeutend, als sie sich die Fähigkeit zur aktiven Gestaltung und Einflussnahme zusprechen. Ihre Selbstsicherheit ermöglicht es ihnen, sich biografische Sicherheit durch die Anlehnung von zunächst als uneindeutig wahrgenommenen Weltverläufen an die eigene Persönlichkeit zu verschaffen. Problematisch kann dementsprechend die Einordnung und Bearbeitung von Unsicherheitsphänomenen werden, die trotz der expliziten persönlichen Einflussnahme auftreten.

Im Falle von Selbstunsicherheit ist es nicht möglich, biografische Sicherheit über den Bezug auf die eigenen Fähigkeiten und Kompetenzen herzustellen. Menschen, in deren Selbstdeutung die Selbstunsicherheit überwiegt, scheuen sich tendenziell stärker vor Verantwortungsübernahme, fühlen sich ausgeliefert und nehmen sich selbst eher als unbedeutend bei der Gestaltung ihrer Umwelt und der eigenen Biografie wahr. Sie dürften daher stärker auf Institutionen zur Herstellung biografischer Sicherheit angewiesen sein.

Zusammenfassend bilden die Konzepte der Perzeption von Unsicherheit eine theoretische Grundlage für die Bearbeitung des empirischen Materials. Ausgehend von den Überlegungen der Zurechnung von Kontingenzphänomenen werden die Perzeptionen von Unsicherheit als Gefahr, Risiko oder doppelte Uneindeutigkeit gedeutet. Die Wertigkeit, Intensität und Konkretion der Wahrnehmung von Unsicherheit lässt sich über die Konzepte der Welt- und Selbstdeutung näher bestimmen, so dass eine differenzierte Analyse auf der Basis der Jahresbriefe möglich ist.

## 3.4.2 Umgang mit biografischer Unsicherheit

Während wir bis jetzt die Grundlagen der Wahrnehmung von Unsicherheit analysiert haben, geht es im folgenden Abschnitt um die Strategien zur Konstruktion von biografischer Eindeutigkeit und damit Sicherheit.

### a) Zentraler Bezugspunkt

Ein mögliches Unterscheidungskriterium bei den biografischen Sicherheitskonstruktionen bildet ihr jeweiliger zentraler Bezugsrahmen. Es ist demzufolge von Bedeutung, ob sich die Herstellung von Eindeutigkeit vorwiegend an „der eigenen Person – dem Selbst – oder an der Umwelt – dem Außen – orientiert" (Pelizäus-Hoffmeister 2006: 62). Wer im Stande ist, sich selbst zum Ankerpunkt der Konstruktion von biografischer Eindeutigkeit zu machen, ist in der Herstellung von Eindeutigkeit wesentlich autonomer als jemand, der sich an „Objekten" (ebd.) des Außen orientiert. Kontingente Weltverläufe werden so an die Eindeutigkeit der eigenen Identität angeschlossen. Durch die Egozentriertheit wird ein Fixpunkt festgesetzt, aus dessen Betrachtungsperspektive die Fiktion einer konsistenten Welt und damit Eindeutigkeit entsteht. Selbstsicherheit wird so zum Innengaranten des Menschen (vgl. Kaufmann 1970: 248ff.). Bei einer Außenorientierung hingegen werden oft gesellschaftliche Basisinstitutionen wie Familie, Erwerbsarbeit, Partnerschaft oder Religionen zu zentralen Bezugspunkten der biografischen Sicherheitskonstruktion erhoben. Sie bieten durch ihre relative Universalität und Dauerhaftigkeit einen sozial anerkannten Rahmen für eine Eindeutigkeitsfiktion. Damit, so Kaufmann, „wirken sie zwar in einem gewissen Sinne freiheitseinschränkend, aber gleichzeitig größere Sicherheit der Erwartung verheißend" (Kaufmann 1987: 44). Der besondere Vorteil der Außenorientierung an gesellschaftlichen Vorgaben wie Werten, Normen und Institutionen besteht darin, dass die Kosten für die Sicherheitskonstruktion in einen gesellschaftlichen Kontext ausgegliedert werden. Dabei kann allgemein gesagt werden, dass der Charakter der Bezugsinstitution maßgeblich darüber entscheidet, wie hoch die Kostenübernahme ausfällt. Institutionen mit „dichtem" Charakter (z.B. Sekten) setzen Verhaltenskonformität voraus, schränken die individuelle Freiheit stark ein, übernehmen dafür aber auch einen Großteil der Kosten, während Institutionen mit „losem" Charakter (z.B. Peergroups) Handlungsspielraum zulassen, aber auch nur einen Teil der Kosten der Eindeutigkeitskonstruktion tragen. Grundsätzlich kann die Regel aufgestellt werden, dass mit steigender Selbstorientierung die Freiheitsgrade des Handelns, aber auch der Entscheidungsdruck und damit die individuellen Kosten steigen. In der reflexiven Moderne kommt hinzu, dass Basisinstitutionen ihren Charakter relativer Universalität und Dauerhaftigkeit zunehmend verlieren und so ein Individualisierungsdruck entsteht, der in einer zunehmenden Selbstorientierung seinen Ausdruck finden könnte.

*b) Orientierung an der Normalbiografie*

Einen besonders hohen Stellenwert für biografische Sicherheitskonstruktionen der Moderne hat die „Normalbiografie" (Beck 1986: 217) eingenommen. Sie erweist sich mit „ihren Anliegerinstitutionen, Erwerbsarbeit, Familie, Partnerschaft – als eine wesentliche Institution, die biografische Sicherheitskonstruktionen bis zu einem gewissen Grad mitbestimmen kann" (Pelizäus-Hoffmeister 2006: 63). Aus diesem Grund stellt die Orientierung an der Normalbiografie hier ein eigenes Konzept dar. Der Begriff Normalbiografie impliziert ein gesellschaftlich anerkanntes Leitbild, das einen standardisierten Orientierungsrahmen für die einzelnen Sequenzen des Lebensverlaufs vorgibt. Aus der Vielzahl der theoretischen Konzepte zur „Institution des Lebenslaufs" soll hier aufgrund der handlungstheoretischen Ausrichtung auf das Konzept von Kohli eingegangen werden. Kohli beschreibt den institutionalisierten Lebenslauf anhand von fünf Dimensionen. Der Ablauf der Lebenszeit (Verzeitlichung) (vgl. Kohli 1985: 2) wird hierbei zum zentralen Strukturierungsprinzip. Diese Verzeitlichung orientiert sich weitgehend am Lebensalter als Grundkriterium (Chronologisierung) (vgl. ebd.). Dies führt zu einer Standardisierung des Normallebenslaufs. Hier bieten Altersnormen wichtige Orientierungspunkte, sie „sind mehr oder weniger zeitlich und inhaltlich tolerante Vorschriften, wann man im Leben dies oder jenes erreicht bzw. gemacht haben soll oder sollte" (Fuchs-Heinritz 2000: 37). Dieses Ablauf und Entwicklungsprogramm wird vom Individuum selbständig konstituiert und evaluiert (Individualisierung) (vgl. Kohli 1985: 2). Kohli sieht die zentrale Institution, um die sich der Lebenslauf organisiert, in der Erwerbsarbeit. Erwerbsarbeit gliedert das Leben nach einem sequenziellen Ablauf, der die „Strukturierung der lebensweltlichen Horizonte bzw. Wissensbestände, innerhalb derer die Individuen sich orientieren und ihre Handlung planen" ( ebd.) vorgibt.[5]

Das oben beschriebene Konzept von Kohli vernachlässigt jedoch, dass sich im Zuge sozialer Differenzierungsprozesse zwischen Männern und Frauen verschiedene Lebenslaufmodelle herausgebildet haben. Nach Levy besteht zwischen diesen beiden Modellen das zentrale Unterscheidungskriterium in den unterschiedlichen Teilhabechancen an den zentralen Institutionen der Erwerbsarbeit und der Familie. Während sich bei Männern die beiden Bereiche problemlos miteinander vereinbaren lassen, treten bei Frauen Familie und Beruf oft in ein Konkurrenzverhältnis. Es „durchweben sich Phasen ökonomischer Aktivität mit

---

5    Es ist allerdings umstritten, ob die Institution der Erwerbsarbeit oder die des Wohlfahrtsstaates (vgl. Mayer 1990) als zentral für die Strukturierung des Lebenslaufs angesehen werden kann.

solchen nicht entlohnter Familienarbeit" (Born, Krüger 2001: 14). Für die empirische Analyse bleibt festzuhalten, dass es geschlechtsspezifische Leitbilder in Form von Normalbiografien gibt, die eine Grundlage für die individuelle Lebensorientierung bilden können. In wie weit sich die Differenz zwischen männlichen und weiblichen Leitbildern auf die biografischen Sicherheitskonstruktionen auswirkt, bleibt abzuwarten.

Im Rahmen unserer Untersuchung dient das Konzept der Normalbiografie als Referenzpunkt zur Überprüfung des Verhältnisses, das Verfasser Autobiografischer Updates zu standardisierten Modellen biografischer Gestaltung haben. Dabei wird untersucht, ob sie trotz – oder gerade wegen – belegbarer empirischer Auflösungserscheinungen des Normallebenslaufs weiterhin an der Normalbiografie als wesentlichem Orientierungsmuster festhalten, diese ablehnen oder ob diese gar irrelevant für die biografische Sicherheitskonstruktion geworden ist.

*c)  Zeitliche Perspektive*
Die Bedeutung der Zeitlichkeit wurde bereits bei der Beschreibung der „Normalbiografie" offensichtlich. Es wurde von Ausbildungszeit, Erwerbsarbeitszeit und Rentenzeit gesprochen. In der Moderne ist die Zeit – bzw. die sequenzielle Gliederung des Lebens in immer feingliedrigere Abschnitte – zu einer der wichtigsten sozialen, historischen und individuellen Stellgrößen geworden (vgl. Pelizäus-Hoffmeister 2006: 64). Mehr noch als das, ist die Konstruktion von Sicherheit nicht möglich, ohne ein Konzept von Zeitlichkeit zugrunde zu legen. Es liegt auf der Hand, dass die Erfahrungen der Vergangenheit nicht in die Zukunft verlängert werden können, wenn ein Konzept von Zeitlichkeit fehlt. Dabei ist für die Herstellung von Sicherheitsfiktionen nicht allein ausschlaggebend, dass es Zeit gibt oder dass sie verstreicht. Wichtiger für uns ist, wie die Zeit wahrgenommen wird und welches Konzept von Zeit der eigenen Biografie zugrunde gelegt wird.

Es kann zwischen kontinuierlichen und diskontinuierlichen (ebd.) Zeitkonzepten differenziert werden. In langen Phasen der Moderne galt für die Gestaltung der Biografie das Kontinuitätsparadigma. Der historische Kontext ließ es zu, dass über die Beschäftigungsverhältnisse die *Kontinuität* der materiellen Reproduktion gesichert war. Eine Ausbildung garantierte einen Arbeitsplatz mit Aufstiegschancen, und das oft beim gleichen Arbeitgeber, in der gleichen Region und über die gesamte Erwerbsarbeitszeit. Ein Hochschulstudium garantierte eine Einstellung und ein hohes Einkommen. Durch Flexibilisierungs- und Erosionstendenzen in der reflexiven Moderne ist diese Kontinuität gefährdet. Angewendet auf den Bereich der materiellen Reproduktion bedeutet dies, dass Wechsel von Arbeitsplatz, Wohnort oder sogar Beruf wahrscheinlich werden, und damit auch *diskontinuierliche Zeitkonzepte* an Bedeutung gewinnen. Dieser Prozess lässt sich auf alle anderen relevanten Bereiche biografischer Sicherheitskonstruktionen übertragen.

Weiterhin zeigen sich Unterscheidungsmöglichkeiten hinsichtlich der richtungsweisenden Perspektiven. Dabei kann hier grundsätzlich unterschieden werden zwischen Entwicklungslogiken und Veränderungslogiken. Entwicklungslogiken streben in der Zukunft eine Besserstellung im Vergleich zur Vergangenheit an. Dabei werden Erfahrungen der Vergangenheit evaluiert, optimiert und in die Zukunft verlängert. Diese Perspektive ist charakteristisch für eine klassisch moderne Sichtweise, in der – entsprechend Zeit und Geld vorausgesetzt – alle Probleme lösbar erscheinen, und die damit eine stete Verbesserung der Zukunft in Aussicht stellt. Auf individueller Ebene der materiellen Reproduktion äußert sich dies in einer angestrebten und erwarteten Verbesserung des Lebensstandards, in einer Maximierung des Glücks auf der Beziehungsebene usw. Die Logik der Veränderung hingegen löst diese enge Bindung zwischen Vergangenheit und Zukunft gezielt auf. Die Zukunft wird so in klarer Abgrenzung zur Vergangenheit konstruiert (vgl. Pelizäus-Hoffmeister 2006: 65). Beide Logiken führen zur Herstellung von Eindeutigkeit, die eine unter der Perspektive „immer besser", die andere unter der Perspektive „Hauptsache anders".

Darüber hinaus stellt die mögliche *teleologische Ausrichtung* von Biografiekonstruktionen ein weiteres Kriterium dar. Teleologische Ausrichtung bedeutet in diesem Kontext: gerichtet auf ein Ziel. Dies kann, wie oben bereits beschrieben, die Orientierung an der Normalbiografie sein, die in ihrer sequenziellen Staffelung sogar Zwischenziele bereitstellt. Gerade an Institutionen – wie bei der Normalbiografie – ausgerichtete Lebensentwürfe haben oft diese Zielsetzung und Gerichtetheit. Diese müssen nicht immer materiell sein, sondern sind im Falle der Religion, die eine Erlösung anstrebt, sogar metaphysisch. Wohlrab-Sahr betont aber auch, dass im Zuge der Erosion institutioneller Vorgaben in der reflexiven Moderne die Prämisse der Teleologie an Bedeutung verliert und sich damit *ungerichtete bzw. ziellose Lebensentwürfe* häufen (vgl. Wohlrab-Sahr 1993: 65f., Schimank 2002).

Die bisher vorgestellten zeitlichen Perspektiven sagen noch nichts über ihre *Dauerhaftigkeit* aus. Sicherheitsfiktionen können *langfristig* oder *kurzfristig* bzw. projektbezogen angelegt sein. Gerade vor dem Hintergrund der Erosion von Vorgaben durch Basisinstitutionen, wie der „Normalfamilie" oder dem „Normalarbeitsverhältnis", und der Verunsicherung durch steigendes Nicht-Wissen sowie der Pluralisierung von Deutungsmustern in allen relevanten Bereichen der Biografiekonstruktion ist zu vermuten, dass langfristig angelegte Biografiekonzepte rückläufig sind.

Das Erfordernis der Herstellung von Eindeutigkeit kann zu einer Reduktion des zeitlichen Anspruchs führen. Eindeutigkeit wird so zunehmend auf den situativen Kontext beschränkt. Es wird hier von einer situativ-kontextuellen Projekt-bezogenheit gesprochen (vgl. Bonß, Hohlfeld, Kollek 1993). Je nach vorliegen-der Attribution kann die zeitliche Gesamtperspektive eher als *offen* oder *ge-schlossen* erscheinen. Abschließend kann gesagt werden, dass bei einer zeitli-chen Perspektive, die durch Kontinuität, Langfristigkeit und Teleologie gekenn-zeichnet ist, von einer eher geschlossenen Zukunft gesprochen werden kann, während Diskontinuität, permanente biografische Veränderung und Projektbezug eher auf eine offene Zukunft verweisen.

Zu vermuten ist, dass im Zuge der reflexiven Modernisierung offene Zu-kunftsperspektiven an Bedeutung gewinnen, während geschlossene Zukunftsmo-delle in den Hintergrund treten. Einerseits werden sich die Individuen in ihrer Biografiekonstruktion möglichst viele Möglichkeiten offenhalten können (vgl. Voges 1987: 129, auch Kohli 1994), andererseits birgt dies neue Unsicherheiten. „Um die temporäre Offenheit zu gewährleisten und Irreversibilitätseffekte zu handhaben, ist das Individuum zu einer Art Dauerreflexion über die potenzielle biografische Relevanz von alltäglichen Ereignissen (…) genötigt" (Voges 1987: 129). Die gängige Forschungsmeinung geht dahin, dass diese Form der situativ-kontextuellen Sicherheitskonstruktion weniger präzise ist, aber dennoch eine Grundlage für das notwendige Maß an Erwartungssicherheit bietet.

## 3.5 Zusammenfassung

Ausgehend von einer Charakterisierung von Sicherheit als Erwartungssicherheit haben wir uns im Kapitel 2 mit der Entwicklung und dem Charakter von Gefah-ren zweiter Ordnung in der reflexiven Moderne beschäftigt.

Darauf aufbauend wurde in diesem Kapitel der Zusammenhang von (Un-) Sicherheit und Biografie theoretisch untersucht. Dabei haben wir Biografie als das Produkt eines individuellen Konstruktionsprozesses, als „eine Form selekti-ver, verzeitlichter, und ich-zentrierter Vergegenwärtigung des Lebens" (Wohl-rab-Sahr 1999: 485) begriffen.

Die Funktion der Erzählung von Biografie besteht in diesem Zusammen-hang immer in der Konstruktion biografischer Sicherheit, d.h. in der Herbeifüh-rung einer eindeutigen Interpretation der eigenen Vergangenheit, Gegenwart und Zukunft. Biografische Unsicherheit meint dementsprechend einen Zustand, in dem „*Erwartbarkeit, Planbarkeit und Vorhersagbarkeit des eigenen Lebenslau-fes*" (Bonß, Hohl, Jakob 2001: 155) in der Perzeption der jeweiligen Person nicht mehr oder nur eingeschränkt bestehen.

Auf der Grundlage dieser theoretischen Konzeptualisierung konnten wir ei-nen heuristischen Rahmen entwickeln, der für die empirische Untersuchung als sensibilisierendes Konzept diente. Die Struktur des heuristischen Rahmens bestand im Wesentlichen aus zwei Kategorien: einem Instrumentarium zur Beschreibung der Wahrnehmung biografischer Unsicherheit und einem zweiten zur Beschreibung der biografischen Sicherheitskonstruktionen. Der heuristische Rahmen wird in der folgenden Abbildung zusammengefasst.

*Abbildung 1:*    Heuristischer Rahmen zur Untersuchung biografischer
                  (Un-)Sicherheit

| Kategorien / Konzepte | Ausprägungen |
|---|---|
| **Perzeption von Unsicherheit** | |
| Zurechnung | Fremdzurechnung – Selbstzurechnung |
| Unsicherheitsperzeption | Risiko – Gefahr – doppelte Uneindeutigkeit |
| Weltdeutung | Bedrohung – Möglichkeitsraum<br>Grad der Wichtigkeit: bedeutend – unbedeutend (im Hinblick auf persönliche Verunsicherung) |
| Selbstdeutung | Bedeutsamkeit – Unbedeutendsein des Selbst<br>Autonomie – Fremdbestimmtheit<br>(Kontrollbewusstsein – Hilflosigkeit,<br>Verantwortungsübernahme – Unverantwortlichkeit) |
| **Biografische Sicherheits-konstruktion** | |
| Zentraler Bezugspunkt | Selbst – Außen |
| Normalbiografie | Akzeptanz – Ablehnung – Irrelevanz |
| Zeitliche Perspektive | Kontinuität – Diskontinuität<br>Weiterentwicklung – Veränderung – Linearität<br>Teleologie – Ungerichtetheit<br>Langfristigkeit – Kurzfristigkeit (Projektbezug)<br>Offenheit – Geschlossenheit der Zukunft |

## 3.6  Literatur

Allmedinger, Jutta (Hrsg.) (2003): Entstaatlichung und soziale Sicherheit. Verhandlungen des 31. Kongresses der Deutschen Gesellschaft für Soziologie in Leipzig, Opladen: Leske + Budrich

Bayrische Rückversicherung (Hrsg.) (1987): Gesellschaft und Unsicherheit, Karlsruhe: Verlag Versicherungswirtschaft

Beck, Ulrich/Beck-Gernsheim, Elisabeth (Hrsg.) (1994): Riskante Freiheiten, Frankfurt/Main: Suhrkamp Verlag

Beck, Ulrich (1986): Risikogesellschaft. Auf dem Weg in eine andere Moderne, Frankfurt/Main: Suhrkamp Verlag

Beck, Ulrich/Lau, Christoph (Hrsg.) (2004): Entgrenzung und Entscheidung. Was ist neu an der Theorie reflexiver Modernsierung?, Frankfurt/Main: Suhrkamp Verlag

Beck, Ulrich/Bonß, Wolfgang (Hrsg.) (2001): Die Modernisierung der Moderne, Frankfurt/Main: Suhrkamp Verlag

Bonß, Wolfgang et al. (2004): Biographische Sicherheit. In: Beck/Lau (2004): 211–233

Bonß, Wolfgang/Hohl, Joachim/Jakob, Alexander (2001): Die Konstruktion von Sicherheit in der reflexiven Moderne. Soziologische Perspektiven zur (Un-)Sicherheit. In: Beck/Bonß (2001): 142–159

Bonß, Wolfgang/Hohlfeld, Rainer/Kollek, Regine: Wissenschaft als Kontext – Kontext als Wissenschaft; Hamburg 1993

Bonß, Wolfgang (1998): Berechenbarkeit und Vertrauen. Zur Herstellung von Sicherheit in der Risikogesellschaft. In: Koch/Willingmann (1998): 47–67

Bonß, Wolfgang (1997): Die gesellschaftliche Konstruktion von Sicherheit. In: Lippert/Prüfert/Wachtler (1997): 21–41

Bonß, Wolfgang (1995): Vom Risiko. Unsicherheit und Ungewißheit in der Moderne, Hamburg: Hamburger Edition

Born, Claudia/Krüger, Helga (2001): Das Lebenslaufregime der Verflechtung: Orte, Ebenen und Thematisierungen. In: Born/Krüger (2001): 11–26

Born, Claudia/Krüger, Helga (Hrsg.) (2001): Individualisierung und Verflechtung. Geschlecht und Generation im deutschen Lebenslaufregime, Weinheim: Juventa Verlag

Böschen, Stefan/Kratzer, Nick/May, Stefan (Hrsg.) (2006): Nebenfolgen. Analysen zur Konstruktion und Transformation moderner Gesellschaften, Weilerswist: Velbrück Wissenschaft

Douglas, Mary/Wildavsky, Aaron (1982): Risk and Culture. An Essay on the Selektion of Tecnological and Environmental Dangers, Berkeley/Los Angeles/London: University of California Press

Fuchs-Heinritz, Werner (2000): Biographische Forschung. Eine Einführung in Praxis und Methoden, Wiesbaden: VS Verlag für Sozialwissenschaften

Grathoff, Richard (1981): Zur Bestimmung der sozialen Struktur von Biographien. In: Matthes (1981): 293–310

Hahn, Alois (1987): Identität und Selbstthematisierung. In: Hahn/Kapp(1987): 9–24

Hahn, Alois/Kapp, Volker (Hrsg.) (1987): Selbstthematisierung und Selbstzeugnis: Bekenntnis und Geständnis, Frankfurt am Main: Suhrkamp Verlag

Kaufmann, Franz-Xaver (2003): Ambivalenzen der sozialen Sicherheit,. In: Allmendinger (2003): 114–133

Kaufmann, Franz-Xaver (1987): Normen und Institutionen als Mittel zur Bewältigung von Unsicherheit: Die Sicht der Soziologie. In: Bayrische Rückversicherung (1987): 37–48

Kaufmann, Franz-Xaver (1970): Sicherheit als soziologisches und sozialpolitisches Problem. Untersuchungen zu einer Wertidee hochdifferenzierter Gesellschaften, Stuttgart: Enke

Koch, Harald/Willingmann, Armin (Hrsg.) (1998): Großschäden – Complex Damages. Rechtliche und alternative Regulierungsstrategien im In- und Ausland, Baden-Baden: Nomos Verlagsgesellschaft

Kohli, Martin (1985): Die Institutionalisierung des Lebenslaufs. Historische Befunde und theoretische Argumente; In: KZfSS; Jahrgang 37: 1, 1–29

Kohli, Martin (1994): Institutionalisierung und Individualisierung der Erwerbsbiografie. In: Beck/Beck-Gernsheim (1994): 219–244

König, René (Hrsg.) (1986): Kultur und Gesellschaft, Sonderheft 27 der ZfSS, Opladen

Lippert, Ekkehard/Prüfert, Andreas/Wachtler, Günther (Hrsg.) (1997): Sicherheit in der unsicheren Gesellschaft, Opladen: VS Verlag für Sozialwissenschaften

Luhmann, Niklas (1990): Risiko und Gefahr. In: Luhmann (1990): 131–169

Luhmann, Niklas (Hrsg.) (1990): Soziologische Aufklärung 5. Konstruktivistische Perspektiven, Opladen: VS Verlag für Sozialwissenschaften

Luhmann, Niklas (1991): Soziologie des Risikos, Berlin/New York: Gruyter

Matthes, Joachim (Hrsg.) (1981): Biographien in handlungswissenschaftlicher Perspektive, Nürnberg: Verlag der Nürnberger Forschungsvereinigung

Mayer, Karl-Ulrich: Lebensläufe und sozialer Wandel. Sonderheft 31 der KZfSS; Opladen 1990

Nedelmann, Brigitta (1986): Das kulturelle Milieu politischer Konflikte. In: König (1986): 397–414

Pelizäus-Hoffmeister, Helga (2006): Biographische Sicherheit im Wandel? Eine historisch vergleichende Analyse von Künstlerbiographien, Wiesbaden: Deutscher Universitäts-Verlag

Pelizäus-Hoffmeister, Helga (2007): Biografische Unsicherheiten und deren Bewältigung um die Jahrhundertwenden 1900 und 2000 – eine historisch vergleichende Analyse am Beispiel bildender KünstlerInnen [76 Absätze]. Forum Qualitative Sozialforschung/Forum Qualitative Social Research, 9(1), Art. 35. URL:www.qualitative-research.net/fqs-texte/1-08/08-1-35-d.htm (20.01.2011)

Pfeiffer, Sabine (2006): Dialektik der Nebenfolgen. Eine Annährung am Beispiel von Informatisierungsprozessen. In: Böschen/Kratzer/May (2006): Nebenfolgen, 65–85

Rosenthal, Gabriele (1993): Erlebte und erzählte Lebensgeschichte. Gestalt und Struktur biografischer Selbstbeschreibung, Frankfurt/Main: Campus Verlag

Schimank, Uwe (2002): Das zwiespältige Individuum. Zum Person - Gesellschaft - Arrangement der Moderne, Opladen: Leske + Budrich

Voges, Wolfgang (Hrsg.) (1987): Methoden der Biografie- und Lebenslaufforschung, Opladen: Leske + Budrich

Wohlrab-Sahr, Monika (1993): Biografische Unsicherheit. Formen weiblicher Identität in der „reflexiven Moderne": Das Beispiel der Zeitarbeiterin, Opladen: VS Verlag für Sozialwissenschaften

Wohlrab-Sahr, Monika (1999): Biographieforschung jenseits des Konstruktivismus?, in: Soziale Welt 50, 483–494

# 4  Die Rolle des Selbstbekenntnisses

*Felix Friese, Christian Pohl*

Selbstbekenntnisse[1] sind mündliche oder schriftliche, private oder öffentliche Äußerungen über als wichtig erachtete Aspekte des eigenen Selbst. Aber auch die nicht für andere bestimmten (biografischen) Selbstanalysen – z.B. in Form geheimer Tagebücher – können als Selbstbekenntnisse verstanden werden (vgl. Hahn 1982: 407). In diesem Sinne sind auch erzählte oder schriftlich fixierte Lebensgeschichten – wie Autobiografische Updates – Formen des Selbstbekenntnisses. Zur Produktion dieser Lebensgeschichten regen soziale Institutionen an. Hahn (1987) bezeichnet diese als „Biografiegeneratoren". Sie veranlassen ihm zufolge bestimmte Formen von Selbstbekenntnissen in institutionalisierter Weise und bilden damit eine wichtige Basis für biografische Sicherheitskonstruktionen.

In Anlehnung an Hahn (1982) argumentieren wir, dass die je spezifischen Formen von Selbstbekenntnissen in Abhängigkeit vom jeweiligen historisch-sozialen Kontext entstehen. Gerade die Moderne bringt eine große Vielfalt an Bekenntnisritualen hervor, die auf einschneidende historische und gesellschaftliche Veränderungen zurückgeführt werden können. Unsere These lautet daher in Weiterführung dieser Argumentation, dass es sich bei dem Autobiografischen Update um eine Form des Selbstbekenntnisses handelt, dessen Entstehen in den reflexiv modernen gesellschaftlichen Bedingungen zu suchen ist.

Um diese These in diesem und im nächsten Kapitel differenziert entfalten zu können, wird in einem ersten Schritt dargestellt, warum im Zuge des Modernisierungsprozesses die Entwicklung einer eigenen biografischen Identität notwendig wird, die zugleich als Auslöser für ein verstärktes Nachdenken über das eigene Leben bzw. den eigenen Lebensverlauf verstanden werden kann (4.1). Dieses Nachdenken bildet wiederum die Grundlage für das Entstehen verschiedenster Formen von Selbstbekenntnissen, die im Abschnitt 4.2 unter Berücksichtigung des jeweiligen historischen Kontextes präsentiert werden.

---

1   Die Begriffe Selbstbekenntnis, Bekenntnisritual und Selbstthematisierung werden hier synonym verwendet.

## 4.1  Die „moderne" Notwendigkeit zur Selbstreflexion

Obwohl es viele verschiedene Theorien zur Moderne gibt, ist man sich in der Soziologie weitestgehend darüber einig, dass die moderne Gesellschaft im Unterschied zu früheren Gesellschaftsformen im Wesentlichen durch die funktionale Differenzierung von Teilsystemen gekennzeichnet ist. Sowohl quantitativ – die Anzahl der Funktionssysteme betreffend – als auch qualitativ – d.h. hinsichtlich der Schärfe der funktionalen Abgrenzung der Teilsysteme[2] – hebt sich die Moderne demnach ab. In der näheren Vergangenheit hat innerhalb der Soziologie besonders Luhmanns Gesellschaftstheorie einen hohen Stellenwert eingenommen. Sie ist als Differenzierungstheorie angelegt und wird hier zur Argumentation herangezogen (vgl. Luhmann 1980a: insb. 21ff.).

Nach Luhmann unterscheidet sich die moderne von der vormodernen Gesellschaft dadurch, dass sie mit der *funktionalen Differenzierung* über eine andere Form der primären Differenzierung verfügt. Dies bedeutet, dass sich verschiedene Funktionssysteme wie dasPolitik-, Wirtschafts- oder Rechtssystem herausbilden und mit ihren jeweiligen Systemlogiken die Konstitution der Gesellschaft bestimmen. Die funktionale Differenzierung löst dabei segmentäre (aus gleichrangigen Einheiten bestehende Gesellschaften, beispielsweise die neolithische Stammesgesellschaft) bzw. stratifikatorische (hierarchisch geschichtete Gesellschaften, beispielsweise die mittelalterliche Ständegesellschaft) Differenzierungen als Primärformen gesellschaftlicher Differenzierung ab.

Dieser Wandel bewirkt auch auf der Ebene des Individuums wesentliche Veränderungen (vgl. Luhmann 1980b). Durch die Umstellung der Gesellschaft auf funktionale Primärdifferenzierung kommt es nach Luhmann zu einer „Neuordnung von Inklusions- und Sozialisationsverhältnissen" (Luhmann 1980b: 169). Das bedeutet, dass der Einzelne sich in anderen gesellschaftlichen Zusammenhängen wiederfindet. Er verfügt über vielfältige und andersartige Gruppenzugehörigkeiten und verortet sich selbst anders im Verhältnis zur Gesellschaft. Dies wiederum hat Konsequenzen für die Herausbildung einer individuellen biografischen Identität.

In früheren, nicht primär funktional differenzierten Gesellschaften existierte nur eine *partizipative* Idee von Identität. Nach Luhmann konstituierte Partizipation das Individuum und seine Identität:

> „Man griff nicht auf seine Individualität, sondern auf seine Beziehungen zu anderen
> zurück, auf eine soziale Konstellation: auf seine Familie und die Schichtlage seiner

---

2    Was keine Abnahme wechselseitiger Bedingtheit bzw. Abhängigkeit der Systeme bedeutet –
     im Gegenteil (vgl. Luhmann 1984: 30ff., 286ff.).

Familie, auf geographische Bestimmungen, auf Nationalität [...], auf Gefolgschaftszusammenhänge, Solidaritäten, Berufe" (Luhmann 1995: 126).

Insofern bedeutete individuelle Identität die Übereinstimmung mit einer bestimmten kollektiven Identität (vgl. Assmann 1993: 240ff.). Dies mag aus heutiger Perspektive als Mangel an Freiheit erscheinen, bot jedoch für den Einzelnen eine für heutige Verhältnisse außergewöhnliche Chance der Reduktion von Komplexität. Denn dieser hatte aus einem übersichtlichen, ihm im Grunde bereits durch seine Geburt auf wenige Möglichkeiten begrenzten Sammelbecken von Identitäten „auszuwählen" und die gewählte Identität im Anschluss auszufüllen. Dadurch konnte er auf „soziale Embleme" (Luhmann 1980b: 178) wie Schicht, Stand, Nation etc. zurückgreifen, wenn er auf seine Identität verweisen wollte.

Im Unterschied dazu bedeutet die funktionale Primärdifferenzierung moderner Gesellschaften für das Individuum, dass es seinen „sozialen Ort" nun nicht mehr in einer gesellschaftlichen Hierarchie oder in einer einfachen Gruppenmitgliedschaft findet. Vielmehr beziehen sich viele Funktionssysteme gleichzeitig auf das Individuum, und zwar mit ihren je eigenen Ansprüchen. Das Individuum wird somit einer deutlich höheren gesellschaftlichen Komplexität ausgesetzt als früher. Es wird heute innerhalb gesellschaftlicher Zusammenhänge gerade durch Mehrdeutigkeit, durch Teilbarkeit definiert, „um der Mehrheit sozialer Umwelten und der Unterschiedlichkeiten der Anforderungen gerecht werden zu können" (Luhmann 1980b: 223). Seine Verortung in der Gesellschaft und seine biografische Identität sind deshalb nicht mehr eindeutig festgelegt. Aufgrund der vielfältigen Inklusionen in verschiedene gesellschaftliche Subsysteme verliert der moderne Mensch nach Tenbruck „immer mehr die permanente soziale Gruppe, welche ihm der Spiegel seiner Identität ist" (Tenbruck 1986: 330).[3]

„Sein Handeln spielt sich weitgehend partiell in flüchtigen Begegnungen, voneinander isolierten und funktionssystemspezifischen Gruppen ab, die jeweils von dem Rest seiner Rollen und seines Daseins nichts wissen, nichts wissen wollen und nichts wissen können. Er wird deshalb von der sozialen Gruppe her nicht mehr zum Ausgleich und zur Harmonisierung seiner sozialen Rollen aufgefordert. [...] Weil ihm die Gesellschaft das Nach- und Nebeneinander seines Handelns nicht mehr im sozialen Spiegel zur Identität seines Selbst zusammenbindet, tritt ihm sein eigenes Handeln als ein bloßes Bündel von Tätigkeiten gegenüber" (Tenbruck 1986: 330).

---

[3] Vgl. zum Verhältnis Identität, Individuum und Gruppe auch Mead (1973).

Durch die Vielzahl der unterschiedlichen und voneinander unabhängigen Gruppen wird es dem Individuum folglich unmöglich, sich selbst auf ein einheitliches Selbst zu fixieren, d.h. eine biografische Identität zu entwickeln (vgl. Hahn 1982: 428).

Der mit dieser Entwicklung einhergehende Verlust von Eindeutigkeit und Sicherheit wird treffend durch Simmels Beschreibung des modernen individuellen Schicksals als das Austreten des Menschen aus einem sozialen Kreis hinein in den Schnittpunkt vieler derartiger Kreise erfasst (vgl. Simmel 1968: 305ff.). Dies birgt die Gefahr der Spaltung des als *in-dividuell* (unteilbar) gedachten Individuums, das *per definitionem* nicht zerlegt werden kann, ohne dass es zerstört wird (vgl. Luhmann 1995: 126, 1980b: 175), und zwingt zur Suche nach neuer biografischer Sicherheit (vgl. Kaufmann 1973: 169ff. und auch Kapitel 2 in diesem Band), d.h. nach *Einheit* und Eindeutigkeit. In der Moderne muss sich der Einzelne selbst diesem Problem widmen und kann sich nicht auf gesellschaftliche Institutionen verlassen: „Dem Individuum [selbst ist] die Reflexion seiner Einheit aufgegeben" (Luhmann 1980b: 226).

Uns soll hier der Begriff „biografische Identität" als „Ausdruck für jene kommunizierte, in Sonderkommunikationen thematisierte, synchrone und diachrone fiktive Einheit des sozialen Individuums gelten" (Bohn, Hahn 1999: 36), d.h. als *ganzheitliche Identität*. Von der ganzheitlichen Identität grenzen Bohn und Hahn die „partizipative Identität" (Hahn 1997) ab, die sich durch Zugehörigkeit, d.h. durch Partizipation an gesellschaftlichen Gruppen (nach Kategorien wie Geschlecht, Religion, Nation usw.[4]) oder gesellschaftlichen Funktionen (beispielsweise Beruf), herausbildet. Diese partizipativen Identitäten stehen anders als in vormodernen Gesellschaften in der Moderne nebeneinander und können sich unter Umständen widersprechen, so dass das Individuum daraus entstehende Inkonsistenzen integrieren muss, und zwar in seiner biografischen Identität.

Diese einheitliche biografische Identität und die damit einhergehende Eindeutigkeit sind für das Individuum und seine Handlungsfähigkeit notwendig.[5] Handeln setzt nämlich nach Schimank „so sonderbar das zunächst klingen mag, soziale Limitationen voraus, weil nur so bereits hinreichend viel Weltkomplexität für die Person reduziert worden ist, damit diese überhaupt sinnvoll wählen und diese Wahl sich selbst als Wahl zurechnen kann" (Schimank 2002: 17). Verfügt das Individuum über keine zugrundeliegende biografische Identität, die

---

4    Vgl. etwa zur Nation Hahn (1993).
5    Dies gilt aus der hier eingenommenen Perspektive ebenso wie aus der Perspektive biografischer Sicherheit. Vgl. dazu den Beitrag von *Fehr* und *Twork* zu biografischer (Un-)Sicherheit (Kapitel 2 in diesem Band).

der Inklusion in die Funktionssysteme bestimmte Grenzen vorgibt, erscheinen die Handlungsmöglichkeiten zunächst als unlimitiert. Jede Handlungsentscheidung würde dann intensive Vorleistungen benötigen.

Darüber hinaus muss das Individuum in der Lage sein, zu erkennen, in welchem Funktionssystem es jeweils handelt, um sein Handeln entsprechend anzupassen (vgl. Bohn, Hahn 1999: 34). Dies ist nicht ohne Selbstreflexion und Selbstverortung möglich, da jedes der spezifischen Subsysteme bestimmte Kompetenzen fordert und dem Einzelnen bestimmte Rollen[6] aufdrängt, die er ausfüllen muss. Er kann diese zwar interpretieren, sich den Erwartungen aber nicht dauerhaft widersetzen, ohne zugleich aus dem Funktionssystem auszubrechen und Irritationen zu provozieren. Dies bedeutet auch, dass je nach Funktionssystem nicht nur eine bestimmte Rolle gespielt werden muss, sondern dass sich darüber hinaus eine für das System spezifische Identität herausbilden muss, je nachdem, wie das Individuum seine Rolle ausgestaltet. Da sich der moderne Mensch tagtäglich in verschiedensten Kontexten bzw. Funktionssystemen bewegt, ist es naheliegend, dass das Individuum in diesem Sinne zunächst nicht mehr ist als die Summe seiner teilsystemspezifischen Identitäten.[7] Oder, um mit Simmel zu sprechen: Es ist aus gesellschaftlicher Perspektive nicht mehr als der Schnittpunkt der sozialen Kreise, in denen es sich bewegt.

Damit jedoch ist der Einzelne in der schizophrenen Situation, im Unklaren darüber zu sein, wer er denn nun eigentlich „wirklich" ist, d.h. was sein „innerstes Wesen" ist, welches der Grund all jener partizipativen Identitäten ist, die sich in ihm kreuzen.[8] Gleichviel, ob es dieses „innere Wesen" im ontologischen Sinne tatsächlich geben kann: Wichtig für die Verortung im sozialen Kontext und damit für die Handlungsfähigkeit innerhalb der Gesellschaft ist, dass dieses Wesen – die biografische Identität – für den Einzelnen real *erscheint*, da das Bild des eigenen Selbst nach Schimank (2002: 19) als „Metastruktur der anderen Persönlichkeitsstrukturen (Bedürfnisse und Identifikationen auf der motivationalen, Einstellungen und Wissen auf der kognitiven Seite)" dient, die sich in der Gesellschaft entfalten. Im gesellschaftlichen Kontext kann auf eine einheitliche Identität und das Bewusstsein dieser Identität demnach nicht verzichtet werden:

---

6     Vgl. zur hier verwendeten Rollendefinition beispielsweise Bahrdt (1984: 67): „,Soziale Rolle' wird verstanden als ein aus speziellen Normen bestehendes Bündel von Verhaltenserwartungen, die von einer Bezugsgruppe (oder mehreren Bezugsgruppen) an Inhaber bestimmter sozialer Positionen herangetragen werden."

7     Luhmann spricht diesbezüglich von „Mischexistenzen" (Luhmann 1980a: 30).

8     Vgl. zum Problem der Schizophrenie bezüglich gesellschaftlicher Interaktionen Krappmann (1969: 174). Er unterstreicht durch die von ihm erbrachten Belege die Notwendigkeit einer „balancierten Identität", d.i. die Teilidentitäten ausgewogen integrierende Identität, für den gesellschaftlichen Umgang.

Biografische Identität ist insofern „nicht als Hemmnis erfolgreichen Rollenhandelns anzusehen, sondern gerade als dessen Bedingung", folgert Krappmann (1969: 97, vgl. 97ff.). Auch aus gesellschaftlicher Perspektive scheint es notwendig, Individuen funktionssystemübergreifend als Einheit aufzufassen. Offensichtlichstes Merkmal hierfür sind die Eigennamen der Individuen, durch die eine solche Einheit suggeriert, wenn nicht gar (kontrafaktisch) erzwungen wird, und zwar über Systemgrenzen und Zeithorizonte hinausgehend (vgl. Bourdieu 1990: 77ff.). Durch seine biografische Identität kann der Einzelne besser mit den Erwartungen, die an seine Rollen herangetragen werden, umgehen. Durch sie gelingt es ihm leichter, „als effizienter Akteur in verschiedene Felder" (Bourdieu 1990: 81) einzugreifen. Biografische Identität ist demnach Bedingung der Möglichkeit der Teilnahme des Individuums an gesellschaftlichen Kommunikations- und Interaktionsprozessen (vgl. Krappmann 1969: 32ff.).

Aus dem gezeichneten Verständnis der modernen Gesellschaft folgt jedoch, dass das in ihr lebende Individuum in seiner „Komposition" zwar einzigartig ist, allerdings an keinem sozialen Ort, in keinem sozialen System als Einheit, d.h. mit *seiner* Identität repräsentiert ist (vgl. Luhmann 1982: 13ff.). Diese ist in den spezifischen Systemkontexten schlicht nicht kommunikabel. Einzig die jeweilige „Systemidentität" kann kommuniziert werden, und zwar ausschließlich im jeweiligen Funktionssystem. Biografische Identität kann unter diesen Voraussetzungen nicht hergestellt werden, weil es dem Individuum nicht möglich ist, sich in irgendeinem sozialen Kontext als Ganzes zu thematisieren: „Das heißt in aller Konsequenz: daß der Mensch in dem, was ihn letztlich ausmacht, im sozialen Verkehr, nicht mehr bestimmt werden kann" (Luhmann 1980b: 185). Das Individuum braucht für sein Selbst-Bewusstsein aber „jene Situationen, in denen sich die Identität direkt ausdrücken kann" (Mead 1973: 185).[9] Wenn es diese Situationen jedoch nicht mehr innerhalb der Gesellschaft gibt, ist das Individuum nur noch in Spezialkontexten außerhalb der Funktionssysteme als Einheit thematisierbar. Individualität und Identität können in der Moderne nur noch als *Exklusionen* gedacht werden, die außerhalb der Gesellschaft stehen müssen, weil sie in ihr keinen Platz mehr finden (Exklusionsidentität) (vgl. Luhmann 1980b: 159). Die Herstellung von Identität benötigt demzufolge einen eigenen, spezifischen sozialen Ort.

Dieser „Ort" kann durch spezielle Institutionen gebildet werden, welche imstande sind, die Aufgabe der Identitätskonstruktion zu bewältigen: durch sogenannte „Biografiegeneratoren" (Hahn, 1987). Zu diesen zählen z.B. die Beichte

---

9    Vgl. dazu auch Simmel (1984: 202): „Die immer wachsende Arbeitsteilung verlangt vom Einzelnen eine immer einseitigere Leistung, deren höchste Steigerung seine Persönlichkeit als ganze oft genug verkümmern lässt."

oder die Psychoanalyse (vgl. Willems 1999, Hahn 1982). Eine weitere Möglichkeit ist die schriftliche, autobiografische Mitteilung. Alle diese Institutionen bilden, so die These, soziale Orte, an denen „biographische Identität zum Ereignis wird. Nur hier läßt sie sich thematisieren, hier entsteht sie als kommunikative Wirklichkeit" (Bohn, Hahn 1999: 35).

Verschiedene Formen von modernen Selbstbekenntnissen tragen als Biografiegeneratoren dazu bei, dass sich das Individuum – außerhalb der Gesellschaft – finden und seiner selbst versichern kann. Diese Formen werden im nächsten Abschnitt unter Bezug auf die jeweilige historisch-gesellschaftliche Situation vorgestellt.

## 4.2 Wandelnde Formen der Bekenntnisrituale

Es gibt eine Vielzahl unterschiedlichster Bekenntnisrituale. Für alle ist charakteristisch, dass sie – wie oben erwähnt – eng mit dem jeweiligen historisch-gesellschaftlichen Kontext verknüpft sind. Im Folgenden sollen *exemplarisch* verschiedene Formen von Selbstbekenntnissen präsentiert werden, an denen dies gut veranschaulicht werden kann. Eine ganz grundlegende und sehr frühe Form des Selbstbekenntnisses ist die Beichte. Sie wird hier ausführlicher behandelt, da bei ihr die Verknüpfung zur gesellschaftlichen Entwicklung besonders deutlich wird (4.2.1). Im nächsten Schritt werden die Psychoanalyse (4.2.2) und daran anschließend die Gruppentherapie (4.2.3) beschrieben. Kapitel 4.2.4 befasst sich mit neueren Formen von Bekenntnisritualen, die immer mehr an Bedeutung gewinnen. In der Zusammenfassung werden die für unser Forschungsprojekt wichtigsten Erkenntnisse des Kapitels angeführt (4.3).

## 4.2.1 *Die Beichte*

Die Beichte kann, abgesehen von einigen Biografien, die es schon im Altertum und in der Antike gab, als eine der ersten Formen des Selbstbekenntnisses verstanden werden.[10] Nichtsdestotrotz kann man sagen, dass Selbstreflexionen – und damit verbunden auch Sinnstiftungskrisen – bis zum Hochmittelalter der Mehrheit der Menschen im Okzident verschlossen blieben. Mit dem Aufkommen der Beichte sollte sich dies grundlegend ändern und die Zeit beginnen, in der

---

10  Man denke zum Beispiel an die höchsten Beamten im alten Ägypten, die nach der Frühzeit des Reiches sehr wohl über sich selbst reflektierten und anfingen, Autobiografien zu schreiben oder Individualgräber zu bauen (vgl. Assmann 1987: 208 ff).

jeder über sich, seinen Platz in der Welt und sein Handeln nachdenken musste. Eine mögliche Antwort darauf, wie es dazu kam, soll der folgende Abschnitt geben.

Bestimmte Urformen der Beichte gab es bereits im Urchristentum (Johannes, Kap. 20,21-23, und Matthäus, Kap. 16,19), da schon den Menschen der Antike bekannt war, wie gewinnbringend es sein kann, sich einer Person anzuvertrauen und ihr das mitzuteilen, was einem auf dem Herzen liegt. Schließlich können Antworten und Ratschläge dieser Person besonders interessant, hilfreich und seelsorgerisch sehr heilsam sein. Dies liegt darin begründet, dass die entsprechende Person, sozusagen der Beichtvater, über fast alles schweigt und somit die Bereitschaft fördert, ihm mehr zu erzählen oder auch über Intimes zu sprechen.

Die tiefgreifenden politischen, wirtschaftlichen und kulturellen Veränderungen, die unter Karl dem Großen in Westeuropa stattfanden, bewirkten im neunten Jahrhundert einschneidende Veränderungen innerhalb der katholischen Kirche, was dazu führte, dass die Beichte *peu à peu* zum festen Bestandteil der Kirche und letztlich als Sakrament anerkannt wurde. Dies bedeutete für alle gläubigen Katholiken, dass sie in gewisser Weise mit einem „Biografiegenerator" konfrontiert wurden, da sie sich nun – zumindest unregelmäßig – spezifischen Teilaspekten ihres individuellen Lebens – ihren Sünden – widmen und diese in ein individuelles Sinngefüge einordnen mussten.

Die Beichte des frühen Mittelalters war zunächst eine Beichte mit *äußerer* Schuldauffassung, d.h. in erster Linie ging es darum, das zu beichten, was man wirklich getan hatte, was in der physischen Welt geschah (vgl. Hahn 1982: 408). Darüber hinaus war die Beichte zu dieser Zeit noch eine reine „Tarifbeichte", was bedeutet, dass die Sünden gebeichtet und dann eine Strafe in Relation zur Schwere der Tat empfangen wurde. In der Sündenlehre ging es also nicht darum, die inneren Motive des Sünders zu erforschen, sondern in der Hauptsache um die Wiedergutmachung eines Schadens, eine *satisficatio*, sowohl vor Gott als auch für die geschädigte Partei. *In Nuce* ging es nicht um das Bekenntnis an sich, sondern immer (noch) um das Prinzip „Auge um Auge".

Ab dem 12. Jahrhundert verschob sich der Schwerpunkt in der Sündenanalyse von einer reinen Reflexion der äußeren Sünden hin in Richtung der *Reflexion der Intentionen*, die zu den Sünden geführt hatten. Wichtig für diese Entwicklung war der Kirchentheoretiker Abälard, für den nicht die „eigentliche" Sünde an sich, sondern der intentionelle Akt der Zustimmung zur Sünde entscheidend war (vgl. hierzu Hahn 1982: 408). Erst durch diesen Akt macht sich die Seele vor Gott schuldig und „verdient" sich damit ihre Verdammnis,[11] so lautet Abälards Argumentation nach Hahn.[12]

Das heißt also, dass die Beichte zu dieser Zeit zwar dazu führte, dass die Menschen sich mit sich selber auseinandersetzen mussten, jedoch nur insoweit, als sie sich überlegen mussten, welche Sünden sie begangen hatten.[13] Hinzu kam, dass nicht alle Menschen erfasst wurden und die Beichte nicht regelmäßig stattfand. Die Menschen jedoch, die zur Beichte gingen, mussten sich nun viel tiefer und eingehender mit sich selbst und mit ihrem „Wesen" beschäftigen als jemals zuvor. Sie mussten sich eindringlich die Frage stellen, was zu ihrem sündigen Verhalten geführt hatte und wie sie dieses in Zukunft vermeiden könnten.

Im Laufe des 12. Jahrhunderts kam es parallel dazu zu umfassenden Umwälzungen ökonomischer, politischer und sozialer Art. Erwähnenswert sind hier z.B. eine starke Zunahme des überregionalen Handels, damit verbunden ein Aufblühen der Städte, und eine stärkere Differenzierung der einzelnen Berufsgruppen innerhalb der Städte. Auch nahm für viele Teile der Bevölkerung die persönliche Freiheit zu. So hieß es für viele Leibeigene, die sich in die Stadt flüchteten: „Stadtluft macht frei."[14] Dies ist in unserem Zusammenhang von Interesse, weil Menschen ein Mindestmaß an Spielraum (materielle Sicherheit, freie Zeit, etc.) brauchen, um die Notwendigkeit zu verspüren, über sich selbst nachzudenken und zu reflektieren (vgl. Bonß 2006).

Alles in allem wurde das Individuum Anfang des 13. Jahrhunderts so wichtig wie niemals zuvor. Dies wird dadurch unterstrichen, dass auf dem vierten Laterankonzil im Jahre 1215 die Pflicht jedes Christen herausgestellt wurde, mindestens einmal im Jahr beim Ortspfarrer die Beichte abzulegen (vgl. Hahn

---

11    Was an sich eine logische Entwicklung ist, denn sonst würde der Einzelne auch durch von ihm verursachte Unfälle Schuld auf sich laden.

12    Folgerichtig muss man, wenn man sich nach Abälard richten will, nicht nur nach den Sünden, sondern vor allem nach deren Zustandekommen und damit den Intentionen des Sünders fragen. Auf Seiten der Buße findet hier nun eine revolutionäre Entwicklung statt. Von nun an ist es nicht mehr so, dass der sündige Büßer einfach seine Schuld beichtet, seine Strafe empfängt und sie ableistet. Jetzt besteht seine einzige Hoffnung in einer verinnerlichten Buße. „Die eigentliche Verzeihung erlangt der Sünder dadurch, daß er die innere Wirklichkeit der Sünde tilgt, durch die Negation der Intention, die in der reuigen Zerknirschung des Sünders besteht" (Hahn 1982: 408). Der Sünder muss sich also solange „zerknirschen", bis er seine Taten bereut. Diese Reue ist wiederum ein Geschenk Gottes, was folglich dazu führt, dass wahre Reue Schuld und Strafe aufhebt.

13    Interessant ist in diesem Zusammenhang, dass man hier die Anfänge von Tagebüchern verorten kann. So wurden die Gläubigen angehalten, über ihre Sünden Buch zu führen, damit sie beim Beichten nichts vergessen (vgl. Kapp 1987).

14    Leibeigene, die sich in die Städte geflüchtet hatten, erhielten nach einem Jahr das Bürgerrecht und konnten nicht mehr durch ihren früheren „Besitzer" zurückgefordert werden (vgl. Mitteis 1976).

1999: 409). Die Beichte wurde dadurch – anstatt wie zuvor nur auf einige Schichten beschränkt zu sein – als gesamtgesellschaftliche Instanz zur sozialen Kontrolle, als Sinnstiftungsmoment und Disziplinierungsinstrument wirksam. Die Individuen wurden damit in einem bis dahin unübertroffen starken Maße zur Selbstreflexion angehalten.[15]

Im 13. und 14. Jahrhundert setzte sich der Trend zu mehr Handel und einer Ausdifferenzierung der Stadtbevölkerung weiter fort. In Verbindung mit einer gestiegenen Bedeutung der Beichte[16] führte dies zu einer fortlaufenden Individualitätssteigerung und zu einer erhöhten Selbstreflexion in der Bevölkerung.

Gleichzeitig änderte sich durch die zunehmende Individualisierung auch die Einstellung der Menschen zum Sterben (vgl. Hahn 1999: 411f.). Wurde der Tod bis dahin als kollektives Erlebnis erfahren, so gewann er nun nach und nach eine bedrohliche *persönliche* Komponente, die das Individuum an sich auszulöschen suchte. Dies führte zu der Vorstellung, dass sich Seele und Leib nach dem Tod trennen und die Seele durchs Fegefeuer müsse, weswegen die Vorsorge für das eigene Seelenheil im Beichtstuhl und die Verantwortung für das eigene Handeln umso wichtiger wurden.[17]

Auch soll nicht unerwähnt bleiben, dass die Beichte in einem ganz anderen gesellschaftlichen Bereich dieser Zeit enormen Bedeutungszuwachs erhielt: in der Rechtsprechung.[18] Vom 12. Jahrhundert an wurden die sogenannten Gottesurteile, zum Beispiel die Feuerprobe oder der gerichtliche Zweikampf, immer

---

15   Gleichzeitig nutzte die katholische Kirche die Beichte, um ihren Einfluss auf ihre Gläubigen und deren Gedankenwelt geltend zu machen. Die weite Verbreitung und der Zwang, wenigstens einmal pro Jahr zur Beichte zu gehen, war so tief in der Bevölkerung verankert, dass man auf den Synoden von Toulouse und Port Audemer Personen, die nicht zur Osterbeichte erschienen, als Suspectus de haeresi bezeichnete. D.h. jeder, der nicht im Beichtbuch seines Ortspfarrers aufgeführt war, galt als potentieller Ketzer (vgl. Hahn 1999: 410).

16   Diese rührte daher, dass sich die Ansicht durchsetzte, dass man alle Todsünden zu beichten hatte, und zwar möglichst bald, und dass das Verschweigen einer Todsünde automatisch die Beichte hinfällig machte und dem Sünder außerdem eine weitere hinzufügte (vgl. Hahn 1982: 411).

17   Zu dieser Zeit entstanden auch die sogenannten Summen. Dabei handelt es sich um Handbücher, die dem Beichtvater Handlungssicherheit in einer komplexer werdenden Welt vermitteln und ihm bei der Beurteilung der Schwere der Sünden in Relation zu unterschiedlichen Intentionen und äußeren Tatumständen halfen sollten. Diese Summen waren bereits so weit entwickelt, dass sie den Beichtvater anwiesen, auch auf Herkunft und Beruf der Sünder Rücksicht zu nehmen (vgl. Hahn 1982: 413).

18   Der Bereich der Rechtsprechung war zu dieser Zeit noch nicht klar von der Religion getrennt. Als Beispiel hierfür lassen sich die Hexenverbrennungen der Inquisition anführen.

weiter diskreditiert und zurückgedrängt.[19] Es stellt sich die Frage, warum hier nun ein Umdenken einsetzte und man das alte Recht und seine Praktiken nicht einfach fortsetzte. Hahn argumentiert, dass das neue Handlungs- und Schuldverständnis, das sich im Zusammenhang mit der religiösen Beichte herausgebildet hatte, nun auch in den Rechtsraum hinein interpretiert wurde (vgl. Hahn 1982: 415). Damit reichte nun nicht mehr nur eine äußerliche Verknüpfung zwischen Tat und Täter. Wichtig wurde die Intention bzw. das Motiv für die Tat. Damit verlagerte sich auch in der Rechtsprechung die Perspektive auf das Innenleben des Einzelnen statt bei äußeren Betrachtungen Halt zu machen.

All diese Entwicklungen führten zu einem bis dahin nicht gekannten Gefühl der Einzigartigkeit des Individuums, was sich beispielsweise auch in der Individualisierung der Grabplastiken dieser Zeit widerspiegelt (ebd.: 411).

Der nächste große Entwicklungsschritt der Beichte vollzog sich mit dem Aufkommen der Reformation und den massiven Umwälzungen, die diese in Europa nach sich zog. Da sie das gesamte soziale, kulturelle, ökonomische und politische Gefüge in Europa veränderte, hatte sie natürlich auch Auswirkungen auf die Biografiegeneratoren und die rituellen Bekenntnisformen ihrer Zeit, sowohl in ihrem als auch im gegenreformatorischen Bereich.

Eine der wichtigsten Veränderungen gegenüber dem Katholizismus war der Verlust des sakramentalen Charakters der Beichte, wodurch der ortsansässige Priester seine herausgehobene Stellung als schuldtilgender Mittler zu Gott verlor. Diese Veränderung war eine logische Folge der Prädestinationslehre, ohne die es – wie Weber (2010) in seiner Protestantischen Ethik darlegt – keine okzidentale Moderne gegeben hätte. Aus dieser Ethik folgt, dass jedem Menschen schon vorherbestimmt ist, ob er für das Jenseits auserwählt ist oder nicht, und dass dies im Diesseits anhand des Erfolgs – vor allem des wirtschaftlichen Erfolgs – der Person ablesbar ist. Die Konsequenz daraus war, dass jeder Protestant, der der Prädestinationslehre folgte, versuchte, so viel Erfolg in seinem Leben zu haben wie nur irgend möglich, um sich selbst seiner Auserwähltheit zu versichern.

Die Protestanten schafften die Beichte in der Kirchengemeinde dennoch nicht ab. So ist zwar eigentlich nur die Beichte vor Gott notwendig, jedoch argumentierte Luther, dass jemand, der schon vor Gott die Beichte abgelegt hat, sich auch getrieben fühlen wird, mit einem christlichen Bruder über seine Sünden zu sprechen. Neu war dabei allerdings, dass man nun auch vor Laien seine Beichte ablegen konnte (vgl. Hahn 1982: 417).

---

19   Grund hierfür war die Vorstellung, dass man Gott nicht zwingen dürfte, Wunder zu vollbringen, da man ihn auf diese Weise herausfordern würde. Außerdem sprachen auch empirische Erfahrungen gegen eine Rechtsfindung mit diesen Mitteln.

Letztlich führte die Reformation zu einem enormen Umbruch in der Selbstreflexion der Gläubigen, im Sinne einer verstärkten Selbstkontrolle und Disziplinierung. War die Beichte vorher in gewisser Hinsicht sogar zum Vergessen gut,
da man ja, vereinfacht ausgedrückt, mit Sünden in den Beichtstuhl hineingehen
und reinen Geistes wieder herauskommen konnte, so war jetzt gerade das Gegenteil der Fall (vgl. Sabean 2001: 145ff). Folglich mussten die Gläubigen jetzt sehr
viel mehr über das eigene Handeln reflektieren. Die protestantische Ethik führte
zu einer Systematisierung des gesamten Lebens der Gläubigen und verstärkte im
Endeffekt den zivilisatorischen und disziplinierenden Effekt der Beichte auf die
einzelne Person. Geld und vor allem Zeit galten jetzt als knappes Gut, und der
Beichtende musste sich persönlich für ihren Gebrauch rechtfertigen.

Jeder Protestant musste sich also immer wieder, mit oder ohne Pfarrer, die
Frage stellen: „Ist mein Leben als Ganzes so, daß es als das eines Erwählten
erscheint?" (Hahn 1982: 419) Zwar war dies im Prinzip auch vorher der Fall,
aber sowohl Quantität als auch Qualität bzw. Tiefe der Selbstreflexion erreichten
ein nie zuvor dagewesenes Ausmaß. „Man rechnet sozusagen nicht alle Ostern
oder alle Monate ab, sondern man führt seelisch Buch auch über die kleinsten
moralischen Ausgaben und zieht den Schlußstrich darunter täglich" (Schücking
1929: 11f).

### 4.2.2  Die Psychoanalyse

Natürlich stellte die puritanische Heilslehre nicht das Ende der Entwicklung der
Biografiegeneratoren dar. Diese entwickelten sich innerhalb der nächsten 400
Jahre genauso weiter wie die gesellschaftlichen Bedingungen, aus denen sie
hervorgehen. Damit verbunden entwickelten sich auch die Ideen und Gedankenwelten der Menschen weiter und nach und nach bekamen große Teile der Bevölkerung einen Sinn für Individualität und für ihr unverwechselbares Selbst.

Am Ende des 19. Jahrhunderts galt für fast jeden Westeuropäer, dass er sich
als Individuum verstand und dass er sich mit seiner Einzigartigkeit auseinandersetzen musste. Für viele war diese Vorstellung jedoch auch zugleich beängstigend, gerade in Bezug auf die Idee des eigenen Todes, der ja gerade die Individualität zu vernichten drohte (vgl. Hahn 1999: 411f).

Durch die immer stärkeren Auswirkungen der Industrialisierung – in Form
der Differenzierung – auf die Gesellschaft kam bei vielen Menschen gerade
dadurch, dass sie sich nicht mehr als ganzheitliches Wesen in die Gesellschaft
einbringen konnten und häufig von den Endprodukten ihrer Arbeit getrennt wurden, ein starkes Gefühl der Deplatzierung oder genauer der Nicht-Platzierung
oder Exklusion aus ihrer Umwelt auf. Es war ihnen einfach nicht möglich, einen

Platz in der Gesellschaft zu finden oder die Frage zu beantworten: Wer bin ich? Auch die alten Biografiegeneratoren wie die Beichte oder das Tagebuch konnten ihnen nicht hinreichend helfen. Letztlich war es Freud, der mit der Psychoanalyse, die er ab den 1890er Jahren entwickelte, vielen eine Antwort auf ihre Fragen und damit neuen Sinn geben konnte.

Die Psychoanalyse gleicht in vielen Punkten der Beichte, jedoch versucht sie durch verschiedene Techniken – wie zum Beispiel dem freien Assoziieren – die Tiefen des Bewusstseins zu erreichen, die für viele Aspekte des Selbst von enormer Wichtigkeit sind (vgl. Willems 1994). Diese Tiefen werden gemeinsam mit dem Psychoanalytiker erforscht, da sie normalerweise unbewusst und dem Menschen daher nicht zugänglich sind. Durch die Psychoanalyse erhält der Patient mehr Informationen über sich selbst, die ihm wichtige Entscheidungsgrundlagen für zukünftiges Handeln liefern können (vgl. Bonß 1997: 28f). Unter Anleitung des Psychotherapeuten kann, durch die Auswahl spezieller Erinnerungen und deren Deutung, versucht werden, ein kohärentes Bild bzw. eine in sich geschlossene Biografie des Patienten zu erzeugen und ihm damit eine Verortung in der Gesellschaft zu ermöglichen bzw. ihm einen individuellen „Sinn" zurückzugeben.

Zusammenfassend lässt sich sagen, dass die Psychoanalyse einen wesentlichen Beitrag zum Zivilisationsprozess[20] Westeuropas, das heißt zur Selbstbeherrschung oder Affektkontrolle der Individuen, geleistet hat, der in einer sich immer weiter industrialisierenden Welt um 1900 von größter Wichtigkeit war.

### 4.2.3  Die Gruppentherapie

Die Gruppentherapie ist ein weiteres Beispiel für die Institution eines Biografiegenerators. Im Wesentlichen ist sie eine Weiterentwicklung der Psychoanalyse und kann als eine Psychotherapie für die Gruppe bezeichnet werden. Sie ist eine Gesprächsrunde für Patienten, die sich mit ähnlichen psychischen Problemen belastet sehen wie die bei der Psychoanalyse beschriebenen. Die Gruppentherapie weist keine qualitativen Unterschiede zur Einzelsitzung in der Psychoanalyse auf. Nur ist sie aufgrund eines anderen Patienten-Therapeuten-Verhältnisses eine andere Form des Biografiegenerators.

Die Gruppentherapie entwickelte sich in der Zwischenkriegszeit unter dem Eindruck des Ersten Weltkriegs, des Börsencrashs von 1929 und der Massenarmut nach diesen beiden Ereignissen. Darüber hinaus entwickelten sich die In-

---

20   Nach Elias ist der Zivilisationsprozess ein Vorgang wachsender innerer und äußerer Selbstbeherrschung (vgl. Elias 1997).

dustriestaaten Westeuropas weiter, und es kam zu einer intensivierten Ausdifferenzierung aller Teilsysteme der modernen Gesellschaft. Diese Ereignisse und
Entwicklungen lösten bei vielen Betroffenen Psychosen aus, die behandelt werden mussten. So entstand die Idee, eine Psychoanalyse mit einer ganzen Gruppe
von Menschen gleichzeitig durchzuführen. Das hatte den Vorteil, dass man auch
mit einer begrenzten Anzahl von Therapeuten alle erkrankten Personen gleichzeitig behandeln konnte.[21]

Im Laufe der Zeit zeigte sich, dass das Reden in einer Gruppe von Peers
von den Patienten als heilsamer erfahren wird und für den Therapeuten auf-
schlussreicher ist als bei einer Einzelbehandlung. Das liegt zum Teil daran, dass
sich die Patienten unter ihresgleichen wohler fühlen, dass ihnen die Erfahrung,
nicht allein zu sein, Sicherheit gibt, und dass Menschen, die ihnen ähnlich sind,
auch für sie bessere Fragen stellen können und so den anderen Patienten das
Selbstbekenntnis erleichtern (vgl. Willems 1994).[22]

Wichtig in unserem Zusammenhang ist, dass spätestens seit den 1980er Jahren in der Gruppenpsychoanalyse zunehmend der Ansatz vertreten wird, bewusst
auf das Konstrukt einer ganzheitlichen Biografie zu verzichten und stattdessen
davon auszugehen, dass das Leben zu zufällig und zu komplex ist, um sinnvoll
einen kohärenten Lebensweg zeichnen zu können. Es wird angenommen, dass es
für die Patienten auch heilsam – und vielleicht sogar noch heilsamer – ist, eine
Biografie zu konstruieren, die nur einen bestimmten Lebensabschnitt umfasst,
der aber dafür in sich kohärent ist und damit besser Identität und Sinn stiften
kann, als eine Biografie, die vergeblich versucht, das gesamte Leben in einen
kohärenten Zusammenhang zu bringen. Diesen Gedankengang verfolgen einige
Psychotherapeuten sehr konsequent, weil sie annehmen, dass in Zukunft sogar
nur kleinere Zeitabschnitte bzw. Projekte im Leben der Patienten als sinnstiftend
erlebt und konstruiert werden können (vgl. Hahn 1982, Willems 1994).

---

21  Außerdem zeigte sich, dass sich die Gruppenpsychoanalyse auch zum Beobachten von grup-
    pendynamischen Prozessen innerhalb von Kleingruppen hervorragend eignet.
22  Außerdem wird oftmals bemängelt, dass der Einfluss des Therapeuten in Einzelsitzungen auch
    negativ sein kann, da er das Gespräch lenkt und damit mehr oder weniger die Einzelerinnerun-
    gen auswählt, mit denen später ein kohärentes Lebensbild gezeichnet werden soll (vgl. Willems
    1994: 100ff). Dies findet so nicht in der Gruppentherapie statt, da man normalerweise den Dia-
    log mehr fließen lässt, und bei ein bis zwei Therapeuten für drei bis zwölf Patienten ist der Ein-
    fluss von Seiten des Lenkers der Kommunikation nicht so überwältigend groß.

## 4.2.4 Andere Formen von Bekenntnisritualen

Natürlich gibt es weit mehr Biografiegeneratoren als die drei hier vorgestellten, und es ist anzunehmen, dass sich in Zukunft mit der weiter fortschreitenden funktionalen Ausdifferenzierung der Gesellschaft auch noch weitere herausbilden werden. Dies ergibt sich allein aus der Notwendigkeit, für jedes Individuum einen passenden sozialen Ort zur Verfügung zu stellen, in dem es sich als Gesamtheit, als Person im „klassischen" Sinne – wenigstens für Teile oder zeitliche Abschnitte seines Lebens – konstruieren kann (vgl. Bohn 1999b: 45f).

Die Geschichte zeigt, dass neue Formen von Biografiegeneratoren bzw. Bekenntnisritualen auch durch Zufall auftauchen oder sich aus schon vorhandenen Generatoren entwickeln können. Hahn betont: „Oft sind Selbstbekenntnisse nur Vorbereitungen zu vor dem religiösen oder psychoanalytischen Beichtvater zu leistenden Berichten, bisweilen aber entwickeln sie sich auch zu vollständig eigenen Formen aus, etwa zum Tagebuch oder zur Autobiographie" (Hahn 1982: 417). So ist das Tagebuch ursprünglich zur Vorbereitung auf die Beichte entstanden, und die Autobiografie ist eine Kombination aus Generalbeichte und Tagebuch.

Auf die Gegenwart bezogen wäre es beispielsweise interessant zu untersuchen, ob nicht viele der heutigen Reality-TV-Sendungen, wie z.B. Peter Zwegat oder die Super Nanny, auch als Biografiegeneratoren verstanden werden können, da sie potenziell zur Selbstreflexion anregen.[23] Möglicherweise können sie bei der Selektion von den Erinnerungen helfen, die dann später zu einer kohärenten Lebensbeschreibung zusammengefügt werden.

Viel wichtiger in der reflexiven Moderne – und insbesondere in den letzten Jahren – ist unserer Meinung nach aber die Entwicklung von Biografiegeneratoren und Bekenntnisritualen im *Internet*. Wie wir schon in der Einleitung zu unserem Buch deutlich gemacht haben, haben Tenbruck und Mead darauf aufmerksam gemacht, dass der Mensch sich seiner selbst versichern muss, indem er sich in den Handlungen seiner sozialen Interaktionspartner wiederfindet bzw. erkennt (vgl. Tenbruck 1960: 131, Mead 1973). Aus dieser Perspektive wird verständlich, dass autobiografische Dokumente erst und gerade durch ihre „Veröffentlichung" ihre besondere stabilisierende, identitäts- und sinnstiftende Wirkung entfalten. Und wo ist mehr Öffentlichkeit vorhanden als im World Wide Web? Man muss nur Institutionen wie Facebook, Xing, Youtube oder StudiVZ nennen, und jedem dürfte klar sein, dass mehr Öffentlichkeit kaum vorstellbar ist und dass im Netz die Chancen am größten sind, live zu erleben, wie andere Men-

---

23   Ob dies dann auch wahrgenommen wird, sei dahingestellt.

schen via Blogs oder den angesprochenen Internetportalen auf die eigene Person und ihre Aktion reagieren bzw. ihre „comments posten". Und natürlich bilden sich auch hier immer neue Formen von Generatoren heraus. So könnten z.B. auch das internationale Kunstprojekt Postsecret und seine Internetpräsenz (Postsecret.com) als eine neue Art der Beichte verstanden werden.

Ein weiteres wichtiges Beispiel sind natürlich die Autobiografischen Updates, mit denen wir uns in diesem Buch beschäftigen. Diese gibt es schätzungsweise seit den späten 1970er Jahren, jedoch haben sie erst im digitalen Zeitalter durch die Möglichkeit, einfach und schnell sehr viele Personen als Empfänger entsprechender Emails einzusetzen, an immenser Verbreitung und damit an Wichtigkeit für die Identitätsstiftung in der reflexiven Moderne gewonnen.


## 4.3  Zusammenfassung

Als wesentlich für unsere Forschungsfrage gilt es festzuhalten:

Die Notwendigkeit zur Konstruktion einer biografischen Identität wird durch die funktionale Ausdifferenzierung der Gesellschaft und durch den vor allem in der reflexiven Moderne erkennbaren und zu dieser Entwicklung parallel verlaufenden Individualisierungsschub erzeugt. Da sich das Individuum in der Moderne nicht mehr mit seiner ganzheitlichen Identität in der Gesellschaft thematisieren kann, muss es sich seine Identität in der Exklusion selbst bilden, um damit wenigstens einen gewissen Grad an „Erwartbarkeit, Planbarkeit und Vorhersehbarkeit des eigenen Lebenslaufs" und damit biografische Sicherheit (vgl. Bonß, Hohl, Jakob 2001: 155) zu erlangen.

Biografiegeneratoren erzeugen Selbstreflexionen, die sich in verschiedenen Formen von Bekenntnissen manifestieren. Sie entwickeln sich nicht aus sich selbst heraus, sondern immer nur in Wechselbeziehung mit dem gesellschaftlichen Kontext. Das heißt, wenn sich die Gesellschaft nicht weiterentwickelt hätte und individualisierter geworden wäre, gäbe es auch nicht die zahlreichen Formen von Bekenntnisritualen und deren unterschiedliche Ausprägungen, wie wir sie heute haben.

Da die funktionale Differenzierung der Gesellschaft in den letzten Jahrzehnten weiterhin tendenziell zunimmt und sich der Individualisierungsprozess weiter radikalisiert, ist damit zu rechnen, dass auch weiterhin neue Formen von Bekenntnisritualen entstehen, die den Menschen bei der Erschaffung von Identität durch selektive Erinnerung helfen. Eine dieser neuen Formen sind unserer Meinung nach die hier behandelten Autobiografischen Updates.

## 4.4  Literatur

Assmann, Aleida (1993): Zum Problem der Identität aus kulturwissenschaftlicher Sicht, in: Leviathan 2/1993, 238–253

Bahrdt, Hans Paul (1984): Schlüsselbegriffe der Soziologie. Eine Einführung mit Lehrbeispielen, München: C.H. Beck

Beck, Ulrich/Bonß, Wolfgang (Hrsg.) (2001): Die Modernisierung der Moderne, Frankfurt/Main: Suhrkamp

Bohn, Cornelia/Hahn, Alois (1999): Selbstbeschreibung und Selbstthematisierung: Facetten der Identität in der modernen Gesellschaft. In: Hahn/Willems (1999): 33–61

Bonß, Wolfgang (1997): Die gesellschaftliche Konstruktion von Sicherheit. In: Lippert/Prüfert/Wachtler (1997): 21–41

Bonß, Wolfgang/Hohl, Joachim/Jakob, Alexander (2001): Die Konstruktion von Sicherheit in der Moderne. In: Beck/Bonß (2001): 147–159

Bonß, Wolfgang (2006): Geleitwort, in: Pelizäus-Hoffmeister (2006): V-VIII

Bourdieu, Pierre (1990): Die biografische Illusion. In: BIOS 1/1990, 75–81

Dülmen, Richard van (Hrsg.) (2001): Entdeckung des Ich. Die Geschichte der Individualisierung vom Mittelalter bis zur Gegenwart, Köln: Böhlau

Elias, Norbert (1997): Wandlungen der Gesellschaft – Entwurf zu einer Theorie der Zivilisation, Suhrkamp-Taschenbuch Wissenschaft

Goldschmidt, Dietrich/Greiner, Franz/Schelsky, Helmut (Hrsg.) (1960): Soziologie der Kirchengemeinde, Stuttgart

Haase, Carl (Hrsg.) (1976): Die Stadt des Mittelalters. Band 2: Recht und Verwaltung. 2., erw. Aufl., Darmstadt: Wissenschaftliche Buchgesellschaft

Hahn, Alois/Willems, Herbert (Hrsg.) (1999): Identität und Moderne. Frankfurt/Main: Suhrkamp

Hahn, Alois (1982): Zur Soziologie der Beichte und anderer Formen institutionalisierter Bekenntnisse. Selbstthematisierung und Zivilisationsprozeß, in: Kölner Zeitschrift für Soziologie und Sozialpsychologie 3/34, 407–434

Hahn, Alois (1987): Identität und Selbstthematisierung. In: Hahn/Kapp (1987): 9–24

Hahn, Alois/Kapp, Volker (Hrsg. (1987): Selbstthematisierung und Selbstzeugnis: Bekenntnis und Geständnis, Frankfurt/Main: Suhrkamp

Hahn, Alois (1993): Identität und Nation in Europa, in: Berliner Journal für Soziologie 3., 293–303

Hahn,Alois (1997): Partizipative Identitäten. In: Münkler/Ladwig (1997): 115–158

Hahn, Alois/Willems, Herbert (Hrsg.) (1999): Identität und Moderne, Frankfurt/Main: Suhrkamp

Kaufmann, Franz-Xaver (1973): Sicherheit als soziologisches und sozialpoliti-
    sches Problem. Untersuchungen zu einer Wertidee hochdifferenzierter Ge-
    sellschaften, 2. umgearbeitete Auflage, Stuttgart: Enke
Krappmann, Lothar (1969): Soziologische Dimensionen der Identität. Strukturel-
    le Bedingungen für die Teilnahme an Interaktionsprozessen, Stuttgart:
    Klett-Kotta
Lippert, Ekkehard/Prüfert, Andreas/Wachtler, Günther (Hrsg.) (1997): Sicherheit
    in der unsicheren Gesellschaft, Opladen: Westdeutscher Verlag
Luhmann, Niklas (1980): Gesellschaftliche Struktur und semantische Tradition.
    In: Luhmann (1980): 9–71
Luhmann, Niklas (Hrsg.) (1980): Gesellschaftsstruktur und Semantik. Studien
    zur Wissenssoziologie der modernen Gesellschaft, Band 1, Frankfurt/Main:
    Suhrkamp
Luhmann, Niklas (1980): Individuum, Individualität, Individualismus. In: Luh-
    mann (1980): 149–258
Luhmann, Niklas (Hrsg.) (1980): Gesellschaftsstruktur und Semantik. Studien
    zur Wissenssoziologie der modernen Gesellschaft, Band 3, Frankfurt/Main:
    Suhrkamp
Luhmann, Niklas (1982): Liebe als Passion. Zur Codierung von Intimität, Frank-
    furt/Main: Suhrkamp
Luhmann, Niklas (1984): Soziale Systeme. Grundriß einer allgemeinen Theorie,
    Frankfurt/Main: Suhrkamp
Luhmann, Niklas (1995): Die gesellschaftliche Differenzierung und das Indivi-
    duum. In: Luhmann (1995): 125–141
Luhmann, Niklas (Hrsg.) (1995): Soziologische Aufklärung. Die Soziologie und
    der Mensch, Opladen: Westdeutscher Verlag
Mead, George Herbert (1973): Geist, Identität und Gesellschaft aus der Sicht des
    Sozialbehaviorismus, Frankfurt/Main: Suhrkamp
Mitteis, Heinrich (1976): Über den Rechtsgrund des Satzes „Stadtluft macht
    frei". In: Haase (1976)
Münkler, Herfried/Ladwig, Bernd (Hrsg.) (1997): Furcht und Faszination. Facet-
    ten der Fremdheit, Berlin: Akademie Verlag
Pelizäus-Hoffmeister, Helga (Hrsg.) (2006): Biographische Sicherheit im Wan-
    del? Eine historisch vergleichende Analyse von Künstlerbiographien, Wies-
    baden: DUV Verlag
Sabean, David Warren (2001): Selbsterkundung. Beichte und Abendmahl. In:
    Dülmen (2001): 145–162
Schimank, Uwe (2002): Das zwiespältige Individuum. Zum Person-Gesellschaft-
    Arrangement der Moderne, Opladen: Leske + Budrich

Schücking, Lewin (1929): Die Familie im Puritanismus. Studien über Familie.
    Literatur in England im 16., 17. und 18. Jh., Leipzig und Berlin: Teubler
Simmel, Georg (1968): Soziologie. Untersuchungen über die Formen der Verge-
    sellschaftung, Berlin: Duncker & Humblot
Simmel, Georg (1984): Die Großstädte und das Geistesleben. In: Simmel (1984):
    192–204
Simmel, Georg (Hrsg.) (1984): Das Individuum und die Freiheit. Essais, Berlin:
    Wagenbach
Tenbruck, Friedrich H. (1960): Die Kirchengemeinde in der entkirchlichten
    Gesellschaft. Ergebnisse und Deutungen der „Reutlingen-Studie". In: Gold-
    schmidt/Greiner/Schelsky (1960)
Tenbruck, Friedrich H. (1986): Geschichte und Gesellschaft, Berlin: Duncker &
    Humblot
Weber, Max (2010): Die protestantische Ethik und der Geist des Kapitalismus,
    Vollständige Ausgabe, Herausgegeben und eingeleitet von Dirk Kaesler, 3.
    durchgeseh. Auflage, München: C.H. Beck
Willems, Herbert (1994): Psychotherapie und Gesellschaft, Voraussetzungen,
    Strukturen und Funktionen von Individual- und Gruppentherapien, Opladen:
    Westdeutscher Verlag
Willems, Herbert (1999): Institutionelle Selbstthematisierungen und Identitäts-
    bildungen im Modernisierungsprozess. In: Hahn/Willems (1999): 62–101

# 5 Schriftlichkeit und biografische Sicherheit

*Christian Pohl*

Ziel dieses Kapitels ist es aufzuzeigen, inwiefern die schriftliche Fixierung auto-biografischer Äußerungen zur Stabilisierung der biografischen Identität und damit zur biografischen Sicherheit beitragen kann. Dies ist notwendig, da die Bedeutung des Autobiografischen Updates für das Individuum der reflexiven Moderne im Hinblick auf seine biografischen Sicherheitskonstruktionen erst auf dieser Grundlage plausibel erklärt werden kann. Einführend wird auf die besondere Bedeutung schriftlicher Lebensbeschreibungen – insbesondere vor dem Hintergrund des Modernisierungsprozesses – eingegangen (5.1). Anschließend wird das Autobiografische Update als eine neue Textgattung innerhalb der verschiedenen bekannten autobiografischen Dokumente verortet und mit seinen spezifischen Eigenschaften vorgestellt (5.2). Im letzten Abschnitt wird erörtert, wieso sich das Autobiografische Update als ein spezifisches Phänomen der reflexiven Moderne interpretieren lässt (5.3).

## 5.1 Zur Bedeutung schriftlicher Lebensbeschreibungen

Eine wesentliche Ursache für das Entstehen schriftlich fixierter Lebensbeschreibungen (autobiografischer Dokumente) ist nach Gusdorf (1989: 121f.) und nach Hahn (1987: 16f.) in den spezifischen kulturellen und gesellschaftlichen Bedingungen des Modernisierungsprozesses des Okzidents zu suchen, da derartige Schriften – mit einigen Ausnahmen – lange Zeit unbekannt waren, bis durch kulturelle Diffusionsprozesse das Bedürfnis nach Lebensgeschichten auch in anderen Weltregionen wach wurde. Dieses Bedürfnis scheint folglich keine anthropologische Konstante zu sein, nichts, dessen der Mensch notwendig bedarf.

Die gesellschaftlichen und kulturellen Bedingungen, die zur schriftlich fixierten Beschreibung des eigenen Lebens geführt haben, sind unseres Erachtens die gleichen, die auch – und zwar vorrangig – dazu geführt haben, dass sich der Mensch als ein einzigartiges Individuum wahrnimmt. Konkreter: Es ist das Gefühl der Relevanz des eigenen individuellen Lebens, das ein Bedürfnis nach schriftlichen Selbstbeschreibungen entstehen lässt (vgl. auch Schmitz-Emans 1995: 5ff.).

Dies bedeutet, dass erst eine Gesellschaft, in der Individualität und Einzigartigkeit des Einzelnen – und nicht Unterordnung unter bestimmte gruppenspezifische Rollenmuster – positiv konnotiert werden, autobiografische Schriften
hervorbringt. Diese Gesellschaft muss zudem, um autobiografische Schriften als
„Normalphänomen" aufzuweisen, egalitär sein. Andernfalls blieben sie ein Elite-
phänomen, da in elitären Gesellschaften nur zur Elite zählende Personen individuelle Relevanz beanspruchen können (vgl. Hahn 1987: 17). Erst in einer Gesellschaft gleichberechtigter Mitglieder wird auch das Einzelschicksal des „Normal-
bürgers" wichtig. Der Einzelne kann sich folglich als Mittelpunkt der Welt empfinden, ohne die Ächtung der Gesellschaft fürchten zu müssen. Nur hier wird er
sich überhaupt seiner Einzigartigkeit bewusst und sieht sich selbst nicht nur als
beliebig austauschbares Zahnrädchen im großen „Uhrwerk" der Gesellschaft, zu
dessen Funktionieren er, als Sinn seines Lebens und Quelle seiner Identität, lediglich seinen Beitrag zu leisten hat.

Neben kulturellen und gesellschaftlichen Voraussetzungen müssen aber
auch metaphysische Bedingungen erfüllt sein. Das bedeutet u.a., dass Zeit nicht
mehr als ewiger Kreislauf gedacht werden darf, in dem sich alles immerfort
wiederholt. Eine solche Vorstellung würde implizieren, dass es zwischen diesen
Kreisläufen keine Veränderungen gibt und sich alles wieder so ereignet, „wie es
schon immer war". Erst mit der Linearität und Zukunftsoffenheit der Zeit wird
die Existenz des Einzelnen wichtig, weil er zur Geschichte der Gesellschaft seinen eigenen Beitrag leisten kann und leisten muss (vgl. Gusdorf 1989: 224ff.).

Die bereits in den vorherigen Kapiteln entwickelten Erkenntnisse zum konkreten gesellschaftlichen Wandel im Zuge der Modernisierung sollen an dieser
Stelle noch einmal zusammengefasst werden, um darauf aufbauend die besondere Bedeutung der schriftlichen Lebensgeschichten erläutern zu können:

Mit dem Wandel der gesellschaftlichen Primärdifferenzierung zur funktionalen Differenzierung im Zuge der Modernisierung kann das Individuum sich
nicht mehr auf *eine* gesellschaftliche Rolle allein beschränken. Die Gesellschaft
rechnet ihm weder eine spezifische Rolle zu, noch ist eine solche Beschränkung
in der Moderne sinnvoll, denn: Die Individuen „müssen Zugang zu allen Funktionssystemen gewinnen, um anspruchsgemäß leben zu können" (Luhmann 1995:
139).[1] Da die moderne Gesellschaft insofern keine engen Grenzen für die individuelle Identität vorgibt, entsteht ein Zwang zur Selbstinszenierung. Zu sich
selbst zu finden – oder, um es für die Moderne adäquat zu formulieren, sich
selbst zu *erfinden* (vgl. Beck, Bonß, Lau 2001: 44) – ist dem Einzelnen nicht

---

1    In vormodernen Gesellschaften hingegen konnte jedem Einzelnen ein relativ klares Rollenmus-
     ter zugeordnet werden. Abweichungen hiervon wurden negativ konnotiert und waren der Iden-
     tität des Einzelnen abträglich, da er diese in der Ausfüllung der Rolle fand.

mehr möglich, indem er sich einem vordefinierten Rollenideal annähert. Vielmehr muss er sich als eine einzigartige Persönlichkeit selbst inszenieren. Damit wird die Identitätsfindung einer weitgehenden Beliebigkeit überantwortet: „Das psychische Selbst [wird] zur terra incognita – unbeständig, unidentisch (...) und *beschreibungsabhängig*" (Luhmann 1980: 185; kursiv nicht im Original).[2]

Unter diesen Umständen, welche die „Kontingenz des individuellen Daseins dramatisieren" (Bohn, Hahn 1999: 43)[3], wird, so die These von Bohn und Hahn, „*Schriftlichkeit*, das heißt neue Formen des Schreibens und Lesens, zu einem ausgezeichneten Biographiegenerator" (ebd.: 39f., kursiv nicht im Original). Ausgezeichnet bedeutet in diesem Sinne, dass es sich im Vergleich zu Beichte und Psychoanalyse bei autobiografisch orientierten *Schriften* um diejenigen Biografiegeneratoren handelt, die den modernen Gegebenheiten am angemessensten erscheinen, da es den Individuen mit der schriftlichen Fixierung von Lebensbeschreibungen nun möglich ist, sich eine biografische Identität außerhalb der Gesellschaft zu erschaffen, innerhalb derer diese keinen Platz mehr findet. Der operative Nutzen dabei ist, dass durch die Schrift Sinn fixiert und damit der „Möglichkeitshorizont und [die] Virtualisierungskapazität allen Sinnerlebens" (Bohn 1999: 37) erweitert werden kann. Das heißt, dass die Grenze zwischen dem, was ich bin und was ich nicht bin, deutlich herausgearbeitet und leichter vor Augen geführt werden kann. Dementsprechend können Erlebnisse und Eindrücke zur eigenen Person in Beziehung gesetzt werden.

---

2   Vgl. zur Notwendigkeit einer Einheit des Bewusstseins bereits Kant (1977: 140): „Die synthetische [d.i. künstlich zusammengefügte anstatt natürlich gegebene] Einheit des Bewußtseins ist [...] eine objektive Bedingung aller Erkenntnis [man kann hinzufügen: daher auch aller modernen Sozialität des Einzelnen], nicht deren ich bloß selbst bedarf, um ein Objekt zu erkennen, sondern unter der jede Anschauung stehen muß, um für mich Objekt zu werden, weil auf andere Art, und ohne diese Synthesis, das Mannigfaltige sich nicht in einem Bewußtsein vereinigen würde." Für das hier vorliegende Problem kann daraus gefolgert werden, dass die Vereinigung des mannigfaltigen sozialen Selbst als Identität zum einen der Erkenntnis im Allgemeinen, und also der Erkenntnis über und von sich selbst, die sich als Selbst-Bewusstsein manifestiert, dient. Diese Synthese ist mithin auch Bedingung der Möglichkeit funktionierender gesellschaftlicher Integration des Einzelnen. Es kann dabei nicht von einer natürlich gegebenen Einheit ausgegangen werden: Zu ihrer Synthetisierung bedarf es der Erbringung einer Leistung. Fraglich ist, durch welche Mittel es dem Einzelnen möglich ist, diese Leistung erbringen zu können.

3   Vgl. dazu Beck, Bonß, Lau (2001: 56f.): „Traditionale Vergemeinschaftungen und Solidarisierungszusammenhänge werden aufgelöst. [...] Auch die Subjekte können sich nicht mehr per se an vorgegebenen biographischen Sicherheiten orientieren und erleben die Notwendigkeit, für die eigene Lebensorganisation Muster in Eigeninitiative zu entwickeln. Denn die Vorstellungen von Lebenssicherheit, sozialem Rang, innerfamiliärer Arbeitsteilung oder identitätsstiftender Qualität der Erwerbsarbeit werden als kontingent erfahren und angezweifelt."

In der Moderne gewinnt die „Biographie als Selbstidentifikation [...] seine [sic!] besondere Dringlichkeit" (Bohn, Hahn 1999: 43). Hier stellt gerade die *schriftliche autobiografische Äußerung* für das Individuum eine erstklassige Möglichkeit dar, sich selbst im von Kontingenz gezeichneten gesellschaftlichen Dasein einen festen Grund zu schaffen, da sie eine Form der Selbstverewigung darstellt. Um nämlich „eine solche Sozialordnung aushalten zu können", wie sie die Moderne aufweist, so Luhmann (1995: 132), muss das Selbst zum Zwecke der Verewigung in feste Formen gegossen werden, um nicht mit dem Strom der Zeit in der Vergänglichkeit und damit in der Beliebigkeit zu ertrinken. Unter den Bedingungen des beständigen Wandels muss davon ausgegangen werden, dass Identität im Laufe der Zeit durch Vergessen verblasst. Ohne Erinnerung jedoch kann – nach Mead – keine Identität aufrechterhalten werden (vgl. Mead 1973: 213). Durch die Schrift kann insofern die Vergangenheit des Selbst festgehalten werden, wenngleich nur als Momentaufnahme. Die biografische Identität kann von ihrem zeitlichen Schicksal errettet und gleichsam für die Ewigkeit konserviert werden. Die Schrift durchbricht folglich das ständige Absterben und Wiederauferstehen der individuellen Identität, die in Wirklichkeit stets amorph ist und sich jeden Augenblick verändert (vgl. Bohn, Hahn 1999: 56ff.). Damit wird Identität vom flüssigen, immer in der Handlung selbst neu konstruierten, unwillkürlichen Nebenprodukt zum greifbaren und dauerhaften Objekt.

Die Schriftlichkeit hat nach Bohn und Hahn darüber hinaus einen weiteren Vorteil: Durch die Schrift kommt es zu einer Entkoppelung von Kommunikation und Kommunizierenden. Das heißt, die Kommunikation ist nicht mehr abhängig von der Anwesenheit des Kommunizierenden. Vielmehr werden beide durch die Schrift voneinander entbunden, sowohl zeitlich als auch räumlich (vgl. Bohn, Hahn 1999: 47). Schrift wird dadurch zum Medium, das eine viel weiter reichende Selbstdarstellung bzw. -erfindung ermöglicht als herkömmliche Kommunikationsmittel.

Diese beiden Faktoren – Selbstverewigung und Entkopplung von Kommunikation und Kommunizierendem – ermöglichen es dem Einzelnen, eine zeitweilig konstante Biografie zu konstruieren (oder dies zumindest zu suggerieren). Dies kann nicht in Interaktion geschehen, d.h. in direkter Kommunikation, in welcher der Kommunizierende stets als Rollenträger auftritt und mit Individuen kommuniziert, die ihrerseits jeweils spezifische Rollen ausfüllen. Hier kann sich der Einzelne nicht als Ganzes artikulieren, da die Interaktion durch die „Wahrheit über das moderne Individuum überfrachtet" (Bohn, Hahn 1999: 48) würde. Diese „Wahrheit" (die „vollständige" biografische Identität) kann nur durch die Schrift in Gänze aufgenommen werden. Erst durch die Schrift erhält das sozial exkludierte, in der Gesellschaft nicht kommunizierbare Individuum die Möglichkeit, seine Identität adäquat auszudrücken. Autoren werden dabei zu Konstrukteuren ihrer biografischen Identität, die zunächst außerhalb jeder Kommunikation und damit außerhalb der Gesellschaft liegt.

Erst durch die Schrift „hat sich also in der Moderne überhaupt die Möglichkeit eröffnet, eine Identität jenseits aktueller Bestätigung durch soziale Kommunikation in einiger Komplexität zu rekonstruieren" (Bohn, Hahn 1999: 53). Da sich unser modernes Leben „sowohl synchron als auch diachron [...] vor anderen Publika" (ebd.) vollzieht, verstehen uns nicht nur die anderen nicht mehr, sondern auch wir selbst werden uns, weil wir viele verschiedene Identitäten zu vereinen gezwungen sind, unverständlich (vgl. Hahn 1989: 136). Die Schrift kann also als Brücke zwischen diesen verschiedenen Formen des Selbst fungieren, die die moderne Gesellschaft hervorbringt. [4]

Das autobiografische Schreiben ist außerdem deshalb so wertvoll, weil durch die darin implizierte Selbsterfindung der *Entfremdung* von sich selbst, dem Sich-Selbst-Fremdsein, etwas Wesentliches entgegengesetzt werden kann (vgl. Hahn 1989: 136, vgl. hierzu auch Schmitz-Emans 1995: 17f.). Selbstbeschreibung ermöglicht es, sich selbst kennenzulernen und zu verstehen, wodurch die Selbstverortung des Individuums in der Gesellschaft erleichtert wird. Erst vor diesem Hintergrund, so Krappmann (1969: 56ff.), kann das Individuum seine Identität angemessen balanciert in die Interaktionszusammenhänge einbringen.

Erst durch eine schriftlich fixierte Selbstbeschreibung ergibt sich die Möglichkeit der Begegnung des Individuums mit sich selbst, indem das Selbst zunächst nach außen „projiziert" wird. Projiziert muss in diesem Zusammenhang allerdings nicht als bloße Abschrift von bereits Vorhandenem, sondern vielmehr als interpretative Veräußerung des Individuums verstanden werden. Gleich dem Künstler, der das Bild aus seinem Geiste auf die Leinwand bringen muss, schafft sich das Individuum ein *alter ego* außerhalb seiner selbst. Es kreiert eine „Als-ob-Identität" (vgl. Krappmann 1969: 70ff.)[5], die es als Wirklichkeit über sich selbst betrachtet. Damit kann sich das Individuum die in der Gesellschaft verloren gegangene Reflexionsebene (die in den Primärgruppen bestand) (vgl. Mead 1973) selbst zurückgeben.

---

4    Dabei sollte nicht außer Acht gelassen werden, dass die Exklusion der Schrift auch eine negative Lesart ermöglicht. Nach dieser würde die Distanz des Individuums zur Gesellschaft gerade durch Schrift erst vergrößert. Schrift kann dann nach Rousseau neben den Medien Geld und Macht zur Kategorie der „Exklusionsmaschinen" gezählt werden (vgl. Bohn, Hahn 1999: 47).

5    Wenngleich Krappmanns Auffassung von Als-ob-Identität auf das Herstellen einer Balance zwischen personaler (dem Wesen des Individuums eigener) und sozialer Identität rekurriert, und nicht auf die Balance zwischen den partizipativen Identitäten, die selbst die biografische Identität ist. Vgl. dazu Mead (1973), der zwischen „Me" als partizipativer Identität und „I" als dahinter liegendem eigentlichem Selbst unterscheidet.

In der Erfindung dieses *alter ego* greift das Individuum auf bestimmte, ihm vertraute Muster zurück, gleichviel, ob bewusst oder unbewusst, gleichviel, ob diese Muster noch faktische Evidenz haben oder nicht. Es wird zum Hersteller seiner Biografie „im Rahmen der vorgegebenen Muster von Beruf, Betrieb, Familie, Geschlecht, Nachbarschaft und Nation" (Beck, Bonß, Lau 2001: 42). In der hier durchgeführten Untersuchung gilt es daher u.a. zu ermitteln, welcher Muster sich der Autor jeweils bedient. Auf verschiedene Muster, aus denen er letztlich seine Rolle in der Geschichte seines Lebens zusammenschreibt und deren Synthese er forthin als seine biografische Identität versteht, wird er nicht nur in dem Moment des Niederschreibens rekurrieren. Vielmehr dient diese Konstruktion ihm dazu, sich seiner selbst „bewusst" zu werden. Er kann auf sie Bezug nehmen, wenn er sich innerhalb der gesellschaftlichen Subsysteme bewegt und in diesen handeln muss.

In der schriftlichen autobiografischen Darstellung kann das Individuum eine Ordnung seiner Identität konstruieren, um in die Unbestimmtheit dessen, was denn nun eigentlich diese Identität in Wirklichkeit ist, Struktur und Sinn hinein zu interpretieren. So kann es Klarheit schaffen, wo zuvor nur vage und dunkle Ahnungen bestanden. Es kann eine Einheit und *Identität* herstellen, die ein Lebenslauf im Grunde niemals zulässt, da, wie Gusdorf sich ausdrückt, „das Kind, der Jüngling, der reife Mann von einst verschwunden sind" und folglich „nur der Mensch von heute zu Wort" kommt (Gusdorf 1989: 137).[6]

Das „Wesen" des Autors scheint damit klarer zu werden, sowohl für ihn selbst als auch für andere: Schriftliche autobiografische Äußerungen sind gleichermaßen ein Mittel der Erkenntnis und der Selbsterkenntnis und können, ähnlich dem Schicksal eines Helden im Verlaufe des Romans, einen Sinn im Lebenslauf des Autors suggerieren (vgl. Schmitz-Emans 1995). Darin liegt ihre „Erbsünde": Dass sie nachträglich „logische Kohärenz und [...] Vernunftmäßigkeit" (Gusdorf 1989: 138; vgl. Bourdieu 1990) in ein Leben einschreiben, das oftmals wohl mehr durch Zufälligkeiten geprägt war als durch vernunftmäßige Entscheidungen des freien Willens. Dass sie somit selektiv und keinesfalls objektiv sind, sagt jedoch nichts über den Wert der autobiografischen Dokumente aus, der vielmehr „jenseits von falsch und richtig" liegt (Gusdorf 1989: 141). Durch die Suggestion logischer Kohärenz wird die Biografie zwar selektiv, sie wird darum aber nicht weniger interessant. Vielmehr ist die Selektion als solche interessant! Für die empirische Untersuchung bedeutet das, nicht danach zu fra-

---

6    Dieser generelle „Fehlschluss", der im Grunde nichts anderes ist als eine handlungsnotwendige
     Reduktion von Komplexität, wird allein dadurch hervorgerufen, dass diese verschiedenen Per-
     sonen zeitlebens unter dem gleichen Namen subsumiert werden, was deren Übereinstimmung,
     deren Identität bereits durch die Semantik suggeriert (vgl. Hahn 1987: 14).

gen, inwiefern der jeweilige Text etwas über die dahinter liegende „objektive" Wahrheit berichtet (vgl. Rahkonen 1991). Was einzig zählt, ist die Wirklichkeit des Textes *selbst*, der schließlich im Zentrum des Interesses steht. Ob der Autor lügt oder nicht, ist zunächst irrelevant; relevant dagegen ist, was er mit den Aussagen über sich zu sagen beabsichtigt oder implizit aussagt und wie er sich dadurch biografische Sicherheit konstruieren kann. Viel mehr als jede dahinter liegende Wahrheit gilt es dies – freilich interpretativ – herauszuarbeiten: Es ist eine „andere Wahrheit (...) die nicht mehr den Dingen, sondern der Person entspricht" (Gusdorf 1989: 142). Denn dass das Geschriebene etwas über den Autor aussagt, kann schwerlich angezweifelt werden, wenngleich sein „Kunstwerk" – und darum handelt es sich bei der autobiografischen Schrift, die keine rein neutrale Transkription des Wesens des Autors darstellt – nicht dem entspricht, was der „objektive" Beobachter beobachten würde. Darüber hinaus muss die Wirklichkeit des Textes auch anerkannt werden, weil sie für den Autor selbst der Wirklichkeit entspricht und auf seine zukünftige Existenz als Wirklichkeit wirkt. Autobiografische Schriften müssen in dieser Hinsicht als „performative Erzählungen" aufgefasst werden, die „als solche wahr" sind (Rahkonen 1991: 244; vgl. auch Austin 1962).

Es lässt sich zusammenfassen, dass erst eine Gesellschaft, in der Individualität und Einzigartigkeit des Einzelnen – und nicht Unterordnung unter bestimmte gruppenspezifische Rollenmuster – positiv konnotiert sind, autobiografische Schriften hervorbringt. Und diese wiederum tragen in besonders hohem Maße dazu bei, dass sich das Individuum seiner eigenen biografischen Identität versichern kann.

## 5.2 Das Autobiografische Update als neue Textgattung

Ziel dieses Abschnitts ist eine detaillierte Beschreibung dieser neuen Textgattung und ihre Abgrenzung zu anderen autobiografischen Texten.

Beim Autobiografischen Update handelt es sich um eine noch recht junge Form des autobiografischen Dokuments, die sich zudem durch einige Besonderheiten auszeichnet. Unter Autobiografischen Updates verstehen wir Briefe, die in regelmäßigen Abständen und dann jeweils identisch in Form und Inhalt (d.h. nicht personalisiert) an ein begrenztes Publikum des persönlichen Bekannten- und Verwandtenkreises verschickt werden. Es handelt sich um sogenannte Jahres- oder Weihnachtsbriefe. Der Inhalt dieser Briefe umfasst eine kurze Zeitspanne der eigenen biografischen Vergangenheit, im Regelfall ein Jahr. Thematisiert wird, was der Autor als relevante Ereignisse seines persönlichen Lebens während dieses Zeitraumes erachtet. Insbesondere berufliche und familiäre Dinge, Urlaub und sonstige außergewöhnliche Ereignisse bilden die Schwerpunkte. Bilder ergänzen meist die schriftlichen Äußerungen.

Damit sind bereits die wichtigsten Unterschiede zur typischen Autobiografie benannt. Während diese mehr oder weniger auf den gesamten bisherigen Lebenslauf zurückgreift und aus diesem geformt wird, bleibt das Autobiografische Update zeitlich beschränkt. Die zeitliche Begrenzung hat für den Autor mehrere Vorteile: Erstens ist der Aufwand bei einer solchen „Abschnitts"-Biografie wesentlich geringer als bei einer Gesamtbiografie. Zweitens ermöglicht die Regelmäßigkeit des Schreibens eine häufige Aktualisierung und Selbstvergewisserung, die bei der Gesamtautobiografie nur für einen einmaligen Augenblick gewährleistet sind. Letztere vermag es im Gegensatz zum Autobiografischen Update auch nicht, den eigenen Bekannten- und Verwandtenkreis auf dem jeweils neuesten Stand zu halten. Gerade unter den heutigen Bedingungen der Beschleunigung (vgl. Rosa 2005) und raum-zeitlichen Distanz ist dies aber besonders dringlich. Hier kann das Autobiografische Update eine wichtige Funktion übernehmen, die weit über die Herstellung eines Sinnzusammenhanges im individuellen Lebensschicksal, wie dies in der Autobiografie vor allem geschieht, hinausgeht.

Die kurzen, überschaubaren Abschnitte, die in den Jahresbriefen zu finden sind und die als Äquivalente der Selbstverortung im sozialen Kontext gelten können, sind einerseits für die Adressaten bequemer und einfacher zu lesen als eine „große" Lebensgeschichte. Und für den Autor selbst können sie andererseits ähnliche Bedeutung erlangen wie die parzellierten Erkenntnisse in einer Gruppentherapie: Indem „aus der großen biographischen Erzählung [...] viele kleine Erzählungen [werden], in die man sich je nach aktuellem Bedarf ‚einbringen' kann und für die man Resonanz in Anspruch nehmen darf" (Willems 1999: 92), kann sich der Autor einfacher und schneller daran orientieren. Die „zerstückelten" Erzählungen sind schneller zur Hand als eine unübersichtliche Großerzählung des „Was-bin-Ich?" und können, da sie deutlich weniger komplex sind, leichter zur psychischen Vorstrukturierung des Selbst im Alltag herangezogen werden.

Auch das Publikum einer Autobiografie ist ein anderes als das des Autobiografischen Updates. Während es bei der Veröffentlichung der Autobiografie gänzlich unbekannt bleibt, ist der Adressatenkreis des Jahresbriefes dem Autor durchaus gut bekannt. Dennoch ist es keine in der Wirklichkeit existierende Bezugsgruppe, wie sie etwa die Arbeitskollegen oder die Nachbarn oder die Schulkameraden bilden können. Es ist eine Gruppe, die in dieser Form lediglich für den Briefschreiber selbst existiert, da er sie selbst als Gruppe konstituiert hat. Durch die regelmäßige Konstruktion dieser fingierten Gruppe, wie sie durch die Jahresbriefe stattfindet, wird sie für den Schreiber zur festen Institution. Damit kann unter Umständen der Mangel einer gesellschaftlichen Gruppe, die dem Einzelnen als Reflexionsebene zur Identitätsbildung zur Verfügung steht, ausgeglichen werden.

Von einfachen persönlichen Briefen (vgl. Mattenklott, Schlaffer, Schlaffer 1989) unterscheidet sich das Autobiografische Update insofern, als es in identischer Form an viele Adressaten geschickt wird. Erst damit kann sich die abstrakte Gruppe als besonderes modellhaftes soziales Gegenüber formieren. Der Autor nimmt keine Rücksichten, er achtet nicht auf individuelle Besonderheiten der Adressaten, da sonst die als Empfänger der Jahresbriefe vereinte Gruppe nur wieder geteilt würde. Auch wird, anders als beim persönlichen Brief, weder eine direkte Antwort erwartet noch ist es wahrscheinlich, dass es dazu kommt. Wenn überhaupt, wird der Jahresbrief bzw. sein Inhalt meist in späterer Kommunikation als Thema aufgegriffen. Es handelt sich hier also nicht um Kommunikation im üblichen Sinne unter Beteiligung von *alter* und *ego*, die durch einen wechselseitigen Informationsaustausch aufrechterhalten wird. Die Information wird lediglich, gleich den modernen Massenmedien, verschickt, ohne eine direkte Rückmeldung hervorzurufen.

Da Autobiografische Updates im Vergleich zu Briefen nur selten und für alle Angeschriebenen nur ein einziges Mal angefertigt werden müssen, bieten sie sich unter den Bedingungen der modernen Gesellschaft zudem eher zur Informationsvermittlung an. Die für einen persönlichen Brief nötige und nur durch ein ausreichendes Maß an verfügbarer Zeit gegebene Muße fehlt in der hektischen Betriebsamkeit des modernen Lebens: Das „Spazierengehen des Geistes" (Mattenklott, Schlaffer, Schlaffer 1989: 11) kann nicht mehr stattfinden.

Abschließend soll das Autobiografische Update noch von der Kategorie der institutionellen Jahresbriefe unterschieden werden. Länger als die privaten Jahresbriefe gibt es bereits Jahresbriefe öffentlicher Organisationen. Möglicherweise entstammt dieser öffentlichen Darstellung auch die Praxis der persönlichen Jahresbriefe bzw. Autobiografischen Updates, in denen ebenfalls der kurze Zeitraum des vergangenen Jahres rekonstruiert wird und ein einheitlicher Text an einen bestimmten Personenkreis gerichtet ist. Die Praxis des Verschickens von Jahresbriefen von Organisationen – wie beispielsweise Kirchengemeinden – lässt sich bis zum Beginn des 20. Jahrhunderts zurückverfolgen. Die Übernahme dieses Phänomens in den Bereich des Privaten ist dagegen wesentlich jünger und hat ihre Anfänge wahrscheinlich in den 1970er Jahren.

## 5.3   Das Autobiografische Update als Genre der reflexiven Moderne

Im Folgenden werden zum einen mögliche gesellschaftliche Bedingungen erörtert, die in der reflexiven Moderne das Autobiografische Update hervorbringen konnten (5.3.1). Zum anderen werden die funktionalen Bedingungen aufgezeigt, die diese Art des autobiografischen Dokumentes erst ermöglicht haben (5.3.2).

### 5.3.1   Gesellschaftliche Bedingungen

Unsere These lautet, dass durch zunehmende biografische Unsicherheiten in der reflexiven Moderne höhere Anforderungen an den Einzelnen gestellt werden, da dieser nun aktiv für sich selbst einen gewissen Grad an biografischer Sicherheit und Gewissheit herstellen muss.[7] Aber schon in der ersten Moderne geht der Blick des Individuums bei der Suche nach biografischer Sicherheit in sein Innerstes hinein. Schon zu dieser Zeit wird es gezwungen, sich selbst, seinen eigenen Lebensverlauf und seine gesellschaftliche Position vor sich selbst immerfort zu rechtfertigen und einen Sinn zu suchen, den außerhalb seiner selbst zu finden ihm zunehmend verwehrt wird.

Was also unterscheidet das Schicksal des Individuums in der reflexiven Moderne von jenem, dem es in der ersten Moderne ausgesetzt war? Ganz im Sinne der Theorie reflexiver Modernisierung[8] gehen wir von einem weiteren umfassenden Individualisierungsschub aus, der zugleich ein starkes Anwachsen biografischer Unsicherheiten und Ungewissheiten nach sich zieht. Dadurch entsteht für den Einzelnen ein Übermaß an Handlungsmöglichkeiten bei deutlich gesunkenen institutionellen Grenzziehungen. Bonß beschreibt die Veränderungen folgendermaßen:

> „Unter den Bedingungen der Zweiten [reflexiven] Moderne [wachsen] die Handlungsspielräume, und zwar im positiven wie negativen Sinne. Denn neben und mit den Kontingenzen nehmen auch die Uneindeutigkeiten zu, und weil die neuen Möglichkeiten mit Gefährdungen einhergehen können und Erwartungsstrukturen uneindeutig werden, rückt die Herstellung von Sicherheit und Eindeutigkeit in immer mehr Bereichen der Gesellschaft ins Zentrum der Selbstthematisierung" (Bonß et al. 2004: 211; vgl. Bonß 1997).

---

7    Vgl. hierzu auch Kapitel 2 von *Fehr* und *Twork*.
8    Vgl. hierzu auch Kapitel 1 von *Fehr* und *Twork*.

Konnte man sich in der ersten Moderne noch auf mehr oder weniger verfestigte Formen berufen, in denen das Leben ablief, so ist heute alles möglich: „Schließlich stehen auch tief eingeschliffene Muster von Normalbiographie, Normalarbeit und Normalfamilie auf dem Prüfstand und müssen neu ausgehandelt werden" (Beck, Bonß, Lau 2001: 19). Das heißt, das unhinterfragte Selbstverständnis bei der biografischen Gestaltung geht verloren, gleichviel, wofür man sich letztlich entscheidet. Was aber nicht mehr selbstverständlich ist, muss durch das Individuum selbst begründet oder doch wenigstens klargestellt werden.[9] Dem individuellen Schicksal muss aktiv ein Bezugsrahmen gegeben werden, beispielsweise die „Normalbiographie", gleichviel, ob dieser Bezugsrahmen faktische Evidenz hat oder nicht (vgl. Pelizäus-Hoffmeister 2006: 62ff.). Diese Veränderungen zeigen sich besonders deutlich bei einem der wichtigsten Pfeiler des individuellen Lebenslaufes: der individuellen „Berufswahl".[10] Es ist beispielsweise nicht mehr selbstverständlich, im Allgemeinen nicht einmal mehr üblich, dass Kinder den Beruf ihrer Eltern übernehmen. Welchen Weg sie gehen, hängt einzig von ihren individuellen Fähigkeiten und Entscheidungen ab. Auch gibt es keine ständischen Zuordnungen mehr, die eine Voreinschränkung dieser Wahl leisten, so dass bestimmte Berufsmöglichkeiten (vor allem in der gesellschaftlichen Hierarchie höher liegende) von vornherein ausgeschlossen würden. Und nicht zuletzt haben sich auch die ehemaligen geschlechtsspezifischen Grenzen aufgelöst. Formal gibt es keine Männer- und Frauenberufe mehr, selbst wenn von einer faktischen Gleichheit nicht ausgegangen werden kann: Prinzipiell steht beiden Geschlechtern mittlerweile jeder Beruf offen.[11] Aus diesen Feststellungen

9 „Durch gesellschaftliche Individualisierungs- und individuelle Biographisierungsprozesse [werden] bisherige Selbstverständlichkeiten in (tatsächliche oder scheinbare) Entscheidungen verwandelt. Lebensläufe erscheinen nicht mehr unbedingt vorgegeben, sondern entscheidungsabhängig, und vor diesem Hintergrund steigt der Druck für jeden einzelnen, sich in dem Chaos der Möglichkeiten ‚richtig' zu entscheiden. Systematisch gesehen muß biographische Sicherheit in dem Maße aktiv hergestellt werden, wie das Verhältnis zwischen denkbaren Möglichkeiten und praktischen Wirklichkeiten der Biographiegestaltung unübersichtlich wird und klare klassen-, schicht- oder geschlechtsspezifische Normalbiographien allenfalls ex post rekonstruierbar sind" (Bonß et al. 2004: 212f.).

10 Klar ist freilich auch, dass von einer einmaligen „Berufswahl" längst nicht mehr ausgegangen werden kann. Dies wäre ja gerade mit dem Phänomen Normalbiografie impliziert, welches nicht mehr als Normalphänomen hingenommen werden kann. An die Stelle einer einmaligen Berufswahl tritt unter der Semantik der Flexibilität und Anpassungsfähigkeit die ständige Orientierung am Arbeitsmarkt. So ist nicht nur die Entscheidung zur Berufswahl viel offener als früher, man muss sich wahrscheinlich noch dazu viel öfter neu entscheiden.

11 Vgl. Beck, Bonß, Lau (2001: 55ff.): „Immer mehr Menschen sind mehr oder weniger ‚beschäftigt', zeitweise arm, zeitweise reich und wechseln zwischen verschiedenen Formen privaten Zusammenlebens. Solche Lebensläufe verweisen auf eine Sozialstruktur der Uneindeutigkeit (…). In immer größeren Teilen der Gesellschaft regieren also Unsicherheit und Uneindeu-

folgt, dass die Gestaltung der Biografie nun mehr denn je beim Individuum
selbst liegt und gegenüber anderen legitimierungs- und erklärungsbedürftig wird.
Sowohl das Individuum als auch die Personen, denen es begegnet, müssen
schließlich wissen, mit wem sie es zu tun haben:[12]

> „Es gibt keine festen Subjektgrenzen mehr. Es kommt zu einer Pluralisierung der
> Ab- und Eingrenzungspraktiken und dementsprechend, je nach Kontext, zu unter-
> schiedlichen Abgrenzungen. Die Frage: was gehört zu mir? kann nicht länger
> kollektiv nach den vorgegebenen sozialen Mustern, sondern muß individuell beant-
> wortet werden" (Beck, Bonß, Lau 2001: 43).

Folglich müssen in der reflexiven Moderne stärker denn je selbst Subjektgrenzen
gezogen und biografischer Sinn und Eindeutigkeit hergestellt werden. Unsere
darauf aufbauende These lautet, dass insbesondere das Verfassen Autobiografischer Updates eine ausgezeichnete Möglichkeit darstellt, um gerade diese Grenzziehungen und Klarstellungen der eigenen Identität vornehmen zu können. Insbesondere durch ihre zeitliche Begrenzung auf (nur) ein Jahr sollte es möglich
sein, eine zumindest für diesen Zeitraum konsistente Biografie zu basteln. Einen
größeren Zeitraum zu erfassen, scheint vor dem Hintergrund steigender Unsicherheiten immer weniger möglich. Das Autobiografische Update kann dazu
beitragen, dass es nicht nur dem Verfasser, sondern auch den Adressaten erleichtert wird, seine biografische Identität zu erkennen und anzuerkennen. Damit kann
sich der Einzelne als einzigartige Person inszenieren, für die gilt:

> „Als Person wird das Individuum soziale Adresse, wird Garant seiner eigenen
> Identität im sozialen Verkehr. [...] Es muß Probleme, die es mit sich selbst und
> deshalb mit anderen hat, exponieren [...]. Es braucht dann eine (notfalls fingierte,
> oder doch ergänzte) Biographie, um in der Gesellschaft leben zu können. Es muß
> eine eingeübte Selbstbeschreibung mit sich herumtragen" (Luhmann 1980: 251f.).

---

tigkeit – und hierauf müssen die Mitglieder der Gesellschaft Antworten finden. (...) Je mehr
Arbeitsbeziehungen (...) ‚dereguliert' und ‚flexibilisiert' werden, desto schneller verwandelt
sich die Arbeitsgesellschaft biographisch, sozial und politisch in eine Risikogesellschaft mit
schwindenden Sicherheiten und neuen sozialen Ungleichheiten. Für die Lebensführung des
einzelnen [...] gibt es keine kalkulierbaren Gestaltungsmuster mehr."

12   Vgl. Luhmann (1980b: 254): „Je mehr Verhaltenserwartungen durch Bezug auf individuelle
     Personen gebündelt werden, desto mehr muß es in der Gesellschaft auch andere Möglichkeiten
     geben, zuverlässige Erwartungen zu bilden. Ein hoher Grad an Individualisierung von Erwar-
     tungssicherheit setzt genaue und konkrete Personenkenntnis [sic!] voraus."

## 5.3.2  Funktionale Bedingungen

Es existieren aber – neben den erörterten gesellschaftlichen Ursachen – auch funktionale Notwendigkeiten, ohne die das Auftreten Autobiografischer Updates eher unwahrscheinlich wäre.

*Erstens*: Die stets zunehmende raum-zeitliche Distanz macht es unmöglich, mit allen Personen, die man an seinem Leben teilhaben lassen möchte, stets in direktem Kontakt zu stehen. Die moderne Arbeitsgesellschaft zwingt unter den Prämissen der Flexibilität und Mobilität häufig zum Ortswechsel, will man nicht berufliche und finanzielle Nachteile erleiden. Das zieht zugleich, bis auf wenige Ausnahmen, einen Wechsel des direkten sozialen Umfeldes nach sich. So verbleiben viele Verwandte, Freunde und Bekannte mit der räumlichen Trennung zugleich in der Vergangenheit, da sich die Aufrechterhaltung des Kontaktes in der vorherigen Intensität als unmöglich erweist. Erst diese zweifache Distanz macht es überhaupt notwendig, den Bekannten- und Verwandtenkreis mit aktuellen Informationen über das eigene Selbst zu versorgen und diese somit an der Entwicklung der eigenen Person teilhaben zu lassen.

> „In einer Gesellschaft, in der man nicht von der Wiege bis zum Grabe stets mit den gleichen Menschen Umgang hat, wo man nicht sein ganzes Leben am selben Ort und unter den Augen derselben Gruppe verbringt, entstünde eine Individualität, von der die anderen nichts wissen können. (...) Weil sich unser Lebenslauf in verschiedenen Welten abspielt, sind wir verschiedene Welten. Unsere Mitmenschen, selbst unsere nächsten Angehörigen, kennen nur Ausschnitte unseres Lebens. Welchen Sinn diese Fragmente für uns haben, ergibt sich nur für uns, und zwar aus dem Gesamtzusammenhang unserer Biographie, die wir selbst anders konstruieren als jeder andere" (Hahn 1989: 129).

Insbesondere durch das Verschicken Autobiografischer Updates ergibt sich so die Möglichkeit, räumliche wie zeitliche Trennungen zu überwinden. Die schriftliche Äußerung kann zum einen – und insbesondere unter den heutigen technischen Bedingungen – raum-zeitliche Brücken bilden. Zum anderen kann sie den Lauf der Zeit aussetzen, weil das Niedergeschriebene jeweils erst beim Lesen gegenwärtig wird, als würde es gerade kommuniziert: Schriftlichkeit transzendiert daher Raum und Zeit (vgl. Bohn 1999: 120ff.).

*Zweitens*: Aus dieser Gegebenheit, die freilich dem ohnehin gegebenen täglichen und vielfachen Wechsel zwischen den Funktionssystemen und den entsprechenden Personenkreisen zusätzlich hinzugefügt werden muss, folgt für den Einzelnen zudem, dass er sich zu keiner größeren Gruppe zugehörig empfindet. Alle Bezugsgruppen müssen als mehr oder weniger instabil betrachtet werden. Selbst die Kernfamilie, die als nächststehende Personengruppe noch am ehesten

Stabilität gewährt, kann längst nicht mehr als unhinterfragbarer Dauerzustand begriffen werden. Viel eher ist auch diesbezüglich „Flexibilität" zur gesellschaftlichen „Normalform" geworden. Mit dem Adressatenkreis des Autobiografischen Updates wird dagegen eine relativ stabile Gruppe erzeugt, die diesen Mangel ausgleichen kann.

*Drittens:* Zu den funktionalen Notwendigkeiten kommen funktionale Voraussetzungen, Bedingungen, die das Verfassen und Verschicken Autobiografischer Updates ermöglichen. Es handelt sich dabei in erster Linie um technische Neuerungen, die diese Praxis, wenn nicht ermöglichen, so doch radikal erleichtern. Noch vor dreißig Jahren wäre der Aufwand, an mehrere Dutzend Personen ein und denselben Brief zu schicken, verglichen mit dem heutigen, immens gewesen. Am bedeutendsten diesbezüglich sind zum einen die Entwicklungen im PC-Bereich und, bereits zuvor, der Kopiergeräte, die die Anfertigung und Vervielfältigung der Briefe drastisch erleichtert haben. Zum anderen hat insbesondere die Entwicklung des Internets mittels E-Mail und http dazu beigetragen, die Konnektivität zwischen räumlich und auf konventionellem Wege auch zeitlich weit entfernten Personen in ungekannte Höhen zu treiben. Infolge dieser Entwicklung wurden die Voraussetzungen für das Entstehen Autobiografischer Updates deutlich verbessert.

## 5.4 Zusammenfassung

Zusammenfassend kann festgehalten werden, dass biografische Identität unter Bedingungen funktional differenzierter Gesellschaften nur noch *außerhalb* der Gesellschaft – als Exklusionsidentität – erzeugt werden kann. In der Gesellschaft, d.h. in der Kommunikation der Subsysteme, wird die ganzheitliche Identität des Individuums inkommunikabel. Sie braucht daher einen neuen sozialen – oder vielmehr einen extrasozialen – Ort, an dem sie als Identität zum Ereignis wird.

Der schriftlichen Fixierung von Lebensbeschreibungen kommt dabei eine besondere Bedeutung zu. Indem sie keine Form der Kommunikation ist, die auf Anwesenheit und direkter Reziprozität beruht und gleichzeitig konservierend wirkt, kann sie außerhalb gesellschaftlicher Interaktion zur Identitätskonstruktion beitragen.

Das Autobiografische Update wird dabei von uns als eine neue Form schriftlich fixierter Lebensgeschichte, als ein neues autobiografisches Dokument *sui generis* betrachtet. Es umfasst einen kurzen Zeitraum, meist ein Jahr, und richtet sich in jährlicher Wiederholung und in jeweils identischer Form an eine vom Autor bestimmte Gruppe von Personen. Durch diese Eigenschaften kann es die biografische Identität des Autors für ihn selbst und für die Adressaten stets aktuell halten. Der Autor kann darin verdeutlichen, wer er ist und wie er sich in der Welt verortet.

Die gesellschaftlichen Bedingungen der reflexiven Moderne werden als ein Grund angesehen, weshalb Autobiografische Updates etwa seit den 1970er Jahren und nicht früher zur relativ verbreiteten Praxis der individuellen Sinnstiftung und Identitätskonstruktion geworden sind. Die vom Arbeitsmarkt geforderte Flexibilität macht ein stabiles soziales Umfeld meist unmöglich. Verbindung zu halten wird damit ebenso nötig wie die stete Verortung der eigenen Person in der Welt. Unterstützt wird das Autobiografische Update als Form dieser Verbindung und Selbstvergewisserung dabei durch technische Innovationen wie PC und Internet, die das Entstehen dieser Praxis und ihre Durchführung in den vergangenen Jahren begünstigt haben.

## 5.5  Literatur

Austin, John Langshaw (1962): How to do things with words, London: Clarendon Press

Beck, Ulrich/Bonß, Wolfgang/Lau, Christoph (2001): Theorie reflexiver Modernisierung – Fragestellungen, Hypothesen, Forschungsprogramme. In: Beck/ Bonß (2001): 11–59

Beck, Ulrich/Bonß, Wolfgang (Hrsg.) (2001): Die Modernisierung der Moderne, Frankfurt/Main: Suhrkamp

Beck, Ulrich/Lau, Christoph (Hrsg.) (2004): Entgrenzung und Entscheidung: Was ist neu an der Theorie reflexiver Modernisierung?, Frankfurt/Main: Suhrkamp

Bohn, Cornelia (1999): Schriftlichkeit und Gesellschaft. Kommunikation und Sozialität in der Neuzeit, Opladen: Westdeutscher Verlag

Bohn, Cornelia/Hahn, Alois (1999): Selbstbeschreibung und Selbstthematisierung. Facetten der Identität in der modernen Gesellschaft. In: Hahn/ Willems (1999): 33–61

Bonß, Wolfgang (1997): Die gesellschaftliche Konstruktion von Sicherheit. In: Lippert/Prüfert/Wachtler (1997): 21–41

Bonß, Wolfgang/Eßer, Felicitas/Hohl, Joachim/Pelizäus-Hoffmeister, Helga/Zinn, Jens (2004): Biographische Sicherheit, In: Beck/Lau (2004): 211–233

Bourdieu, Pierre (1990): Die biografische Illusion. In: BIOS 1/1990, 75–81

Gusdorf, Georges (1989): Voraussetzungen und Grenzen der Autobiographie. In: Niggl (1989): 121–147

Hahn, Alois (1987): Identität und Selbstthematisierung. In: Hahn/Kapp (1987): 9–24

Hahn, Alois (1989): Das andere Ich. Selbstthematisierung bei Proust. In: Proust/Kapp (Hrsg.): 127–141

Hahn, Alois/Kapp, Volker (Hrsg.) (1987): Selbstthematisierung und Selbstzeugnis: Bekenntnis und Geständnis, Frankfurt/Main: Suhrkamp

Hahn, Alois/Willems, Herbert (Hrsg.) (1999): Identität und Moderne, Frankfurt/Main: Suhrkamp

Kant, Immanuel (1977): Werke in zwölf Bänden, Band 3, Herausgegeben von Wilhelm Weischedel, Frankfurt/Main: Suhrkamp

Krappmann, Lothar (1969): Soziologische Dimensionen der Identität. Strukturelle Bedingungen für die Teilnahme an Interaktionsprozessen, Stuttgart: Klett-Kotta

Lippert, Ekkehard/Prüfert, Andreas/Wachtler, Günther (Hrsg.) (2004): Sicherheit in der unsicheren Gesellschaft, Opladen: Westdeutscher Verlag

Luhmann, Niklas (1980): Individuum, Individualität, Individualismus. In: Luhmann (1980): 149–258

Luhmann, Niklas (Hrsg.) (1980): Gesellschaftsstruktur und Semantik. Studien zur Wissenssoziologie der modernen Gesellschaft, Band 3, Frankfurt/Main: Suhrkamp

Luhmann, Niklas (1995): Die gesellschaftliche Differenzierung und das Individuum, in Luhmann (1995): 125–141

Luhmann, Niklas (Hrsg.) (1995): Soziologische Aufklärung. Die Soziologie und der Mensch, Opladen: Westdeutscher Verlag

Mattenklott, Gert/Schlaffer, Hannelore/Schlaffer, Heinz (1989): Einleitung der Herausgeber. In Mattenklott/Schlaffer/Schlaffer (1989): 7–18

Mattenklott, Gert/Schlaffer, Hannelore/Schlaffer, Heinz (Hrsg.) (1989): Deutsche Briefe 1750–1950, Frankfurt/Main: S. Fischer

Mead, George Herbert (1973): Geist, Identität und Gesellschaft aus der Sicht des Sozialbehaviorismus, Frankfurt/Main: Suhrkamp

Niggl, Günter (Hrsg.) (1989): Die Autobiographie. Zu Form und Geschichte einer literarischen Gattung, Darmstadt: Wissenschaftliche Buchgesellschaft

Pelizäus-Hoffmeister, Helga (2006): Biografische Sicherheit im Wandel? Eine historisch vergleichende Analyse von Künstlerbiographien, Wiesbaden: Deutscher Universitäts-Verlag

Proust, Marcel/Kapp, Volker (Hrsg.) (1989): Geschmack und Neigung (=Erlanger romanistische Dokumente und Arbeiten; Bd. 4), Tübingen: Stauffenburg Verlag

Rahkonen, Keijo (1991): Der biographische Fehlschluss. Einige kritische Bemerkungen. In: BIOS 2/1991, 243–245

Rosa, Hartmut (2005): Beschleunigung. Die Veränderung der Zeitstrukturen in der Moderne, Frankfurt/Main: Suhrkamp

Schmitz-Emans, Monika (1995): Das Leben als literarisches Projekt. Über biographisches Schreiben aus poetischer und literaturtheoretischer Perspektive. In: BIOS 1/1995, 1–27

Willems, Herbert (1999): Institutionelle Selbstthematisierungen und Identitätsbildungen im Modernisierungsprozess. In: Hahn/Willems (1999): 62–101

# 6 Methodisches Vorgehen

*Dominik Weber, Anton Schatz*

Ziel dieses Kapitels ist es, zunächst einen Überblick über das gesamte For-schungsdesign zur Textanalyse zu geben (6.1.1). Im Anschluss daran werden die zentralen Forschungsfragen genannt, die aus dem heuristischen Rahmen des Kapitels 3 abgeleitet wurden (6.1.2), und die Auswahl der Fälle erläutert (6.1.3). Im nächsten Schritt wird zunächst allgemein das Verfahren der „Grounded Theo-ry" beschrieben (6.1.4), mit dessen Hilfe die Autobiografischen Updates ausge-wertet wurden, um daran anknüpfend das aus verschiedenen Gründen etwas abgewandelt realisierte Forschungsvorgehen zu schildern (6.1.5).

Darüber hinaus wird eine spezifische Methode zur Bildinterpretation vorge-stellt (6.2.1), mit der einige der in den Jahresbriefen enthaltenen Fotos im Hin-blick auf die darin möglicherweise implizierten Sicherheitskonstruktionen analy-siert wurden. Auch hier unterschied sich das realisierte Forschungsvorgehen von den allgemeinen Vorgaben, was der Autor ausführlich erläutert und begründet. Darüber hinaus zeigt er auf, mit welchen Herausforderungen er während des Forschungsprozesses konfrontiert war (6.2.2).

Es handelt sich bei unserem methodischen Vorgehen insofern um eine *Triangulation der Methoden*, mit dem Ziel, aus unterschiedlichen Quellen mög-lichst viel über unseren Forschungsgegenstand zu erfahren.

Dominik Weber präsentiert die Angaben zur Textanalyse, während Anton Schatz die Methode der Bildinterpretation erörtert.

## 6.1 *Dominik Weber*: Die Textanalyse

### 6.1.1 *Überblick über das Forschungsdesign*

Wir haben uns zu folgendem Vorgehen entschlossen: Um das vorliegende Mate-rial intensiv auswerten zu können, haben wir uns für eine qualitative For-schungsmethode entschieden. Denn nur mit einem qualitativen Verfahren kön-nen die subjektiven Überzeugungen der Verfasser Autobiografischer Updates differenziert erfasst und erklärt werden. Zur Anwendung kommt hier die Metho-de der Grounded Theory. Sie sieht das genaue Lesen und Analysieren jedes ein-zelnen Briefes vor. Durch die genaue Betrachtung und die lange Beschäftigung mit den Briefen und deren ständigen Vergleichen konnten wir aus der Fülle der Daten einzelne Idealtypen herausarbeiten, die charakteristisch für den Umgang mit biografischer Unsicherheit sind. Die ermittelten Befunde wollen und können keinen Anspruch auf Repräsentativität erheben. Vielmehr ging es uns darum, eine „Gegenstandstheorie" zu generieren, mit der die Strategien im Umgang mit biografischer Unsicherheit aufgezeigt und erklärt werden können.

### 6.1.2  Forschungsfragen

Der in Kapitel 3.4 entwickelte heuristische Rahmen zur Analyse der Wahrnehmung von Unsicherheit und zur Konstruktion biografischer Sicherheit ist die theoretische Grundlage für die folgenden Forschungsfragen. Diese sollen als „sensibilisierende Konzepte" dienen, die uns Forscher in die Lage versetzen, die relevanten Aspekte der biografischen Konstruktionen herauszuarbeiten.

*Fragen zur Perzeption von Unsicherheit*

- Wem werden biografische Unsicherheiten zugerechnet? Werden sie dem eigenen Handlungshorizont oder dem Außen zugerechnet?
- Werden die Unsicherheiten als Risiken, Gefahren oder als doppelte Uneindeutigkeiten wahrgenommen?
- Wird die Welt als Möglichkeitsraum für eigene Handlungen oder als Bedrohung wahrgenommen, der man ausgeliefert ist?
- Wird dem Selbst bei der Gestaltung biografischer Sicherheit eine hohe Bedeutung zugewiesen, oder fühlt sich der Mensch unfähig, Unsicherheiten aktiv zu bewältigen?

*Fragen zum Umgang mit biografischer Unsicherheit*

- An welchen zentralen Bezugspunkten sind die biografischen Konstruktionen orientiert? An den eigenen Vorstellungen und Wünschen (Selbst ) oder an Aspekten des Außen wie der „Normalbiografie", der Familie oder dem Beruf?
- Welche zeitlichen Perspektiven haben die biografischen Konstruktionen? Sind sie langfristig orientiert oder eher kurzfristig, teleologisch oder ungerichtet, kontinuierlich oder diskontinuierlich? Erscheint die Zukunft als offen oder als geschlossen?

## 6.1.3 Auswahl der Fälle

Als Datenbasis sollten uns Autobiografische Updates dienen, die unserem eigenen sozialen Umfeld entstammten. Die Anzahl der Dokumente wurde vorab nicht festgelegt, sondern sollte sich in Form des *„ theoretical sampling*" aus dem Forschungsprozess ergeben (vgl. Strauss, Corbin 1996, Strauss 1991). Allerdings stieß das Auffinden von Briefen auf unerwartete Schwierigkeiten. Zwar gibt es in vielen Familien eine Person, die solche Briefe verfasst. Doch oft bestanden Vorbehalte, diese an fremde Personen weiterzureichen. Da in der kurzen „Suchphase" (während des Trimesters) auf diese Weise keine größere Menge an Briefen beschafft werden konnte, haben wir unsere Suche auf das Internet ausgedehnt. Insgesamt haben wir die Briefe von 32 Personen gesammelt und mindestens einen Brief pro Person analysiert.

Unser Ziel war es, im Sinne des „theoretical sampling" nach Strauss und Corbin (1996: 150) die Fälle bzw. die Jahresbriefe zur Interpretation heranzuziehen, die sehr viele Informationen zu den oben angegebenen Forschungsfragen enthielten, von denen wir uns insofern eine hohe theoretische Relevanz erwarteten. Das diente uns dazu, eine Theorie zu generieren, die den Umgang mit biografischer Unsicherheit plausibel beschreiben und erklären konnte. Ziel war also nicht die statistische Repräsentativität, sondern die detaillierte Ausarbeitung einer gegenstandsorientierten Theorie (vgl. auch Strübing 2004: 31). Es wurde nicht generalisiert, sondern spezifiziert, also beispielsweise gefragt: Wann treten bestimmte Phänomene auf? Worauf beziehen sie sich? Was sind ihre Konsequenzen? Die Frage, wie oft ein Phänomen auftritt, war – wenn überhaupt – untergeordnet (ebd.: 33).

## 6.1.4 Datenauswertung mit dem Verfahren der Grounded Theory

Die Sozialwissenschaften begreifen sich als empirische Wissenschaften, das heißt, dass ihre Theoriebildung und die daraus resultierenden Ergebnisse auf Daten oder Beobachtungen beruhen, die gemäß einheitlicher, festgelegter Verfahren gewonnen werden und dadurch den Anspruch von Repräsentativität oder Allgemeingültigkeit für sich beanspruchen können. Als Folge davon kommt quantitativen Analysemethoden große Bedeutung zu. Dabei gilt in der Regel der Grundsatz, dass eine größere Menge von Daten oder Ergebnissen die Repräsentativität erhöht. Zudem werden sämtliche Daten vollständig ausgewertet, um sich nicht dem Vorwurf der Unwissenschaftlichkeit auszusetzen.

Diese quantitativen Methoden bringen aber auch Nachteile mit sich, da sie zu einer gewissen „Blindheit" gegenüber dem eigenen Forschungsgebiet führen können.

> „Previous books on methods of social research have focused mainly on how to verify theories. This suggests an overemphasis in current sociology on the verification of theory, and a resultant de-emphasis on the prior step of discovering what concepts and hypotheses are relevant for the area that one wishes to research" (Glaser, Strauss 1979: 2).

Den quantitativ arbeitenden Sozialwissenschaftlern fehlt also manchmal der Blick auf die reale Welt, die durch standardisierte Daten nur begrenzt in ihren Nuancen abbildbar ist.

Abhilfe verspricht hier der Gebrauch *qualitativer Methoden*, bei denen nichtstandardisierte Daten erhoben und mittels interpretativer und hermeneutischer Methoden ausgewertet werden. Eine der Methoden qualitativer Analyse ist die *„Grounded Theory"* von Glaser und Strauss (1979), die wir bei unserer Fragestellung eingesetzt haben. Sie steht in der Tradition der Chicagoer Schule sowie des Department of Sociology an der Columbia University und deren Lehren bis in die 1950er/1960er Jahre. An diesen beiden Universitäten sind Strauss und Glaser ausgebildet worden. Sie entwickelten die Methode der Grounded Theory „während einer Feldstudie in den 1960er Jahren darüber, wie Klinikpersonal mit sterbenden Patienten umgeht" (Strübing, Schnettler 2004: 434).

Die Grounded Theory bietet den Vorteil, dass sie die Komplexität der Wirklichkeit nicht ausblendet, sondern im Gegenteil dabei hilft, Zusammenhänge zwischen einzelnen Phänomenen abzubilden. Diese Vorgehensweise ist zum Teil schwieriger und arbeitsintensiver als quantitative Methoden, macht es dem Forscher aber einfacher, durch intensive Auseinandersetzung mit den Daten neue Theorien zu entwickeln, anstatt lediglich bereits vorhandene anhand der Daten zu testen. Im Folgenden werden nun die konkreten Arbeitsschritte der Methode vorgestellt.

*Offenes Kodieren*

Das offene Kodieren stellt (nach oder schon während der Datenerhebung) den ersten Arbeitsschritt dar. Kodieren bezeichnet dabei den Prozess der Datenanalyse, das offene Kodieren wird als ein Prozess des Aufbrechens, Untersuchens, Vergleichens und Konzeptualisierens von Daten beschrieben (vgl. Strauss, Corbin 1996: 43). Strauss und Corbin verstehen darunter Folgendes:

„Mit Aufbrechen und Konzeptualisieren meinen wir das Herausgreifen einer Beobachtung, eines Satzes, eines Abschnitts und das Vergeben von Namen für jeden einzelnen darin enthaltenen Vorfall, jede Idee, jedes Ereignis – für etwas, das für ein Phänomen steht oder es repräsentiert. Wie gehen wir dabei vor? Wir stellen über jede Einheit Fragen, wie: Was ist das? Was repräsentiert es? Wir vergleichen bei unserem weiteren Vorgehen Vorfall mit Vorfall, so daß ähnliche Phänomene denselben Namen bekommen können." (ebd.: 45)

Man verschafft sich also einen ersten Zugang zu den Daten, indem man zunächst als wichtig erachtete Phänomene mit einem Namen (Konzept) versieht und dann die Fälle daraufhin prüft, inwiefern und unter welchen Bedingungen dieses Konzept Bedeutung erhält. Hierbei ist es, wie auch für den gesamten restlichen Arbeitsprozess, essenziell, dass der Forscher nicht nur sein Fachwissen, sondern auch sein Alltagswissen bzw. seine persönlichen Erfahrungen mit einfließen lässt. Dieses Wissen wird als „Kontextwissen" bezeichnet. Nach Strübing und Schnettler gilt: „Das Kontextwissen ist ein wesentlicher Datenfundus, weil es nicht nur die Sensitivität bei der Theoriebildung erhöht, sondern eine Fülle von Möglichkeiten liefert, um Vergleiche anzustellen, Variationen zu entdecken" (Strübing, Schnettler 2004: 440). In unserem Fall war bereits eine Reihe von Konzepten vergeben, bevor wir mit dem Kodieren begannen, was uns natürlich nicht davon abhielt, weiter nach neuen zu suchen.

Die Schwierigkeit dieses Arbeitsschrittes besteht am Anfang darin, für die Konzepte abstrakte Bezeichnungen zu finden und sie nicht zu stark zu spezifizieren. So lassen sich beispielsweise mit dem Konzept „zeitliche Perspektiven" eine ganze Reihe von Phänomenen zusammenfassen, die sich zwar unterschiedlich darstellen (z.B. Dauer, Ausrichtung etc.), aber dasselbe Merkmal beschreiben.

Gerade in der Anfangsphase der Arbeit lässt sich auf diese Weise eine Vielzahl von Konzepten identifizieren, die allerdings noch kaum miteinander in Verbindung stehen. Deswegen gilt es von Anfang an, die Konzepte zu sortieren und zu *gruppieren*. Diesen Prozess nennen Strauss und Corbin (1996: 47) *„Kategorisieren"*. Eine Kategorie ist ein Oberbegriff, der mehrere Konzepte zusammenfasst. Einer Kategorie können außerdem bereits Attribute oder Bedingungen zugeschrieben werden, die sie kennzeichnen. Die Benennung all dieser Merkmale und der Kategorien selbst bleibt dem Forscher überlassen. Es können hierzu bereits existierende Fachbegriffe genutzt werden, wenn diese passend erscheinen. Hierbei geht man nach Strauss und Corbin aber ein Risiko ein, denn: „[g]eborgte Konzepte sind oftmals mit allgemein vertretenen Bedeutungen und Assoziationen verbunden" (ebd.: 50). Solche ungewollten Assoziationen können in manchen Fällen hinderlich sein, da sie sowohl den Forscher als auch den späteren Leser der Arbeit beeinflussen und zu ungewollten Erwartungen oder Schlussfolgerungen führen können. Deshalb sollte man versuchen, eigene Begriffe für die gefundenen Kategorien zu finden, und auf bereits etablierte Begriffe nur nach sorgfältiger Prüfung zurückgreifen. Eine weitere Möglichkeit der Bezeichnung stellen nach Strauss und Corbin die sogenannten „In-vivo-Kodes" dar (ebd. 50). Hierbei handelt es sich um Begriffe, die aus dem Datenmaterial selbst stammen. Sie können zum Beispiel einem Jahresbrief entnommen sein.

Hat man eine Kategorie erfolgreich benannt, kann man damit beginnen, sie zu dimensionalisieren. Dies erfolgt hinsichtlich der Eigenschaften der Kategorie. In unserem Fall haben wir beispielsweise für die Kategorie *„Wahrnehmung biografischer Unsicherheiten"* folgende Eigenschaften gefunden: Zurechnung, Weltdeutung, Selbstdeutung und Unsicherheitsperzeption. Wie sich zeigt, besitzen viele Kategorien mehrere unterschiedliche Ausprägungsmöglichkeiten, die in ihrer Kombination spezifische Muster ergeben, die je spezifischen Eigenschaften.

Das offene Kodieren ist der detaillierteste Analyseschritt, da man das Datenmaterial (und nicht zu vergessen das jeweilige Dokument in seiner Gesamtheit) Zeile für Zeile und Satz für Satz genau untersucht und alle Ergebnisse miteinander vergleicht. Dementsprechend umfangreich sind die Ergebnisse, was gerade am Anfang des Forschungsprozesses eine große Hilfe darstellt. Es ist eine sehr aufwändige und zeitintensive Arbeit, und auch bei großer Sorgfalt läuft der Forscher mitunter Gefahr, seine Ergebnisse zu verfälschen, weil seine *theoretische Sensibilität* eventuell nicht hoch genug ist. Strauss und Corbin (vgl. ebd.: 56) sprechen hier von „Scheuklappen". Hiermit meinen sie bereits vorhandene Erwartungen oder Annahmen, Wissen oder Erfahrungen, die die Ergebnisse beeinflussen können, ohne dass dies dem Forscher bewusst wird.

Um die theoretische Sensibilität zu verbessern, kann auf mehrere Methoden zurückgegriffen werden. Die einfachste ist zunächst einmal das Stellen der grundlegenden Fragen: Wer? Wann? Wo? Was? Wie? Wieviel? Warum?[1] Das sollte auch und gerade dann geschehen, wenn man glaubt, einen Sachverhalt bereits zu verstehen. Durch diese Fragen wird man gewissermaßen gezwungen, sich intensiv mit diesen Themen auseinanderzusetzen, was mitunter zu überraschenden Ergebnissen führen kann, weil es sich eben doch anders verhält, als man im ersten Augenblick gedacht hatte.

Außerdem sollte man sich der Mehrdeutigkeit vieler Wörter und der mit ihnen verbundenen Assoziationen bewusst sein. Hierzu gehört auch, dass nicht alle Menschen die gleichen Assoziationen mit demselben Begriff verbinden, was schnell zu Missverständnissen führen kann. Solche Differenzen lassen sich am besten in Gesprächen und Diskussionen mit anderen Leuten aufspüren.

---

1    Vgl. die sechs „W" des Journalismus.

Eine weitere Methode, die man anwenden kann, ist die sogenannte „Flip-Flop-Technik" (vgl. ebd.: 64). Hierbei beschäftigt man sich mit dem „Gegenteil" des untersuchten Sachverhaltes und stellt Vergleiche an, um Denkblockaden zu umgehen und neue Erkenntnisse zu gewinnen. Beschäftigt man sich mit biografischer Unsicherheit, kann man diese etwa mit technischer Sicherheit vergleichen, oder man vergleicht Sicherheitskonstruktionen der reflexiven Moderne mit solchen der ersten Moderne. Gibt es Gemeinsamkeiten? Was sind die Unterschiede? Die Vergleiche, die man anstellt, können durchaus auch weit hergeholt sein und gerade dadurch zu neuen Erkenntnissen führen.

Zu guter Letzt bleibt noch das sogenannte „Schwenken der Roten Fahne" (vgl. ebd.: 70). Dieser Ausdruck versinnbildlicht das Misstrauen, das der Forscher immer haben sollte, wenn bei der Analyse bestimmte Begriffe auftauchen, die bestimmte Sachverhalte kategorisch ausschließen oder von deren Selbstverständlichkeit man ausgeht. Wenn also Sätze wie: „So etwas passiert nie!" oder „Jeder weiß, dass ..." fallen, sollte man genauer hinsehen.

*Axiales Kodieren*

Der Schritt, der auf das offene Kodieren folgt, ist das axiale Kodieren. Hierbei werden die Daten, die man beim offenen Kodieren gewonnen hat, neu zusammengesetzt. Man versucht die Bedingungen, die ein Phänomen verursachen, offenzulegen und zu ergründen, welche Reaktionen das Phänomen auslöst oder wie es bewältigt wird. Strübing beschreibt es folgendermaßen: „Man kann sich axiale Kodierungen wie ‚Schnitte' durch das Material vorstellen: Es wird nur die ‚dünne Schicht' der Zusammenhänge rund um eines von einer ganzen Reihe von Phänomenen herausgearbeitet" (Strübing 2004: 28). Um die Daten korrekt in Bezug zueinander zu setzen, greift man auf das paradigmatische Modell zurück (Kodierparadigma), das einen Satz von Beziehungen darstellt. Dieses stellt sich wie folgt dar: Ursächliche Bedingungen führen zu einem Phänomen, das in einen bestimmten Kontext eingebettet ist, von intervenierenden Bedingungen beeinflusst wird, Handlungs- und interaktionale Strategien hervorruft und Konsequenzen nach sich zieht (vgl. ebd.: 26).

In unserer Untersuchung ergab sich folgender Zusammenhang: Es konnte herausgearbeitet werden, dass die Strategien im Umgang mit biografischer Unsicherheit in direktem Zusammenhang mit der Wahrnehmung von Unsicherheit standen. Schwieriger ist hingegen die Identifikation der ursächlichen Bedingungen. Man muss sich stets im Klaren sein, welches Phänomen man untersuchen will, da viele ursächliche Bedingungen ebenfalls als Phänomene erscheinen können. In vielen Fällen gibt es außerdem mehrere ursächliche Bedingungen, die mitunter erst in Kombination das untersuchte Phänomen hervorrufen. Im Hinblick auf unsere Forschung ergab die Untersuchung beispielsweise, dass die jeweiligen Strategien der Briefeschreiber zur Bewältigung von Unsicherheit insbesondere vor dem Hintergrund ihrer spezifischen Unsicherheitsperzeptionen entwickelt wurden.

Hinzu kommen intervenierende Bedingungen, die die Handlungs- oder Bewältigungsstrategien fördern oder einengen können. Hierzu zählen allgemeine Faktoren wie Zeit, Raum, Kultur, sozialökonomischer Status, technologischer Status, Karriere oder die individuelle Biografie. In unserer Studie waren folgende Aspekte von Bedeutung: Ist der Verfasser des Jahresbriefes beruflich erfolgreich oder eher nicht? Ist er gar arbeitslos? Welche Ausbildung bzw. Schulbildung hat er genossen? Ist er religiös? Ist er verheiratet, hat er Kinder? Wohnt er zur Miete oder besitzt er ein Haus? Hat oder hatte er Krankheiten oder „Schicksalsschläge" zu erleiden? Diese Bedingungen galt es zu identifizieren und zu prüfen ob, und wenn ja, in welcher Weise sie Einfluss auf die biografischen Sicherheitskonstruktionen hatten.

Auch beim axialen Kodieren arbeitet man vor allem mit Vergleichen und dem Stellen von Fragen. Allerdings beginnt man nun damit, Hypothesen über die Beziehungen einzelner Phänomene und Kategorien aufzustellen und diese anhand der Daten zu verifizieren. Aber es gilt zugleich: „Bei unserer Suche in den Daten nach Hinweisen zum Verifizieren unserer Hypothesen über Beziehungen suchen wir gleichzeitig auch nach Gegenbeispielen, denen zufolge diese nicht haltbar sind" (Strauss, Corbin 1996: 87). So erlangt man ein tieferes Verständnis der Daten, und die Theorie erhält Variation und Dichte. Das axiale Kodieren erfordert also einen steten Wechsel zwischen deduktiver und induktiver Denkweise. „Es ist ein konstantes Wechselspiel zwischen Aufstellen und Überprüfen" (ebd.: 89).

Hieran wird deutlich, dass es sich um einen komplexen Prozess handelt, eine Folge der Komplexität der Wirklichkeit. Wie aber soll man bei dieser Komplexität den Überblick behalten? Hier kommen wir zu einem weiteren Kennzeichen der Grounded Theory, nämlich dem Schreiben von Memos, das den gesamten Arbeitsprozess von Anfang bis Ende begleitet.

> „Ähnlich dem von Kleistschen Diktum von der ‚allmählichen Verfestigung der Gedanken beim Reden' zielt auch der Vorschlag, die analytische Arbeit durch einen fortgesetzten Schreibprozess zu unterstützen, auf die Schaffung von Bedingungen, die der Kreativität bei der Theoriegenese förderlich sind. Schreiben als ‚Denkzeug'. Mehr aber noch geht es um Aspekte wie fortgesetzte Ergebnissicherung, Entlastung von ‚Nebengedanke', Erleichterung von Teamarbeit, Theorie als Prozess und Unterstützung von Entscheidungsprozessen in der Theorieentwicklung" (Strübing 2004: 15).

Das Schreiben sollte also nicht nur die Ergebnisse am Ende des Arbeitstages zusammenfassen, sondern ständig erfolgen; es war integraler Teil des Arbeits-

prozesses. Um dengrößtmöglichen Nutzen aus solchen Memos ziehen zu können, sollten diese in ganzen Sätzen oder übersichtlichen Diagrammen verfasst
werden, damit Gedankengänge und Verbindungen nicht nur für den Verfasser,
sondern auch für andere Teammitglieder verständlich und nachvollziehbar sind
(vgl. ebd.: 34). Somit bleiben Ideen und Gedanken erhalten und können, auch
wenn sie sich zu Beginn als fruchtlos erwiesen haben, zu einem späteren Zeitpunkt vielleicht doch noch von Nutzen sein. Man sollte alte Memos also nicht
abheften und vergessen, sondern sie auch später zu Rate ziehen.

Bei unserer Forschung zeigte sich eine tabellarische Auflistung aller Fälle
mit ihren jeweiligen Eigenschaften als besonders hilfreich, da hiermit zum einen
die (vorläufigen) Ergebnisse dokumentiert werden konnten, zum anderen die
gesamte Forschergruppe immer wieder über den jeweiligen Stand der Auswertung informiert wurde. Erst auf dieser Basis war eine gemeinsame und intensive
Diskussion über einzelne Fälle möglich. Zugleich war die Tabelle die Grundlage
zur Entwicklung einer Typologie.

*Selektives Kodieren*

Den gewissermaßen letzten Arbeitsschritt stellt das selektive Kodieren dar. Hier
wird aus der Vielzahl der Kategorien und ihrer Beziehungen zueinander eine
einzelne Theorie geformt. Dieser Vorgang ähnelt dem axialen Kodieren, findet
aber auf einer höheren, abstrakteren Ebene statt (vgl. Strauss, Corbin 1996: 95).
Erforderlich ist zum einen das Identifizieren der sogenannten „Kernkategorie"
und zum anderen das „Offenlegen des Roten Fadens der Geschichte, der
Storyline" (ebd.: 96).

Um überhaupt die „Geschichte" identifizieren zu können, muss sich der
Forscher die Frage stellen: Was halte ich für das Hauptproblem? (vgl. ebd.: 97)
Diese Frage sollte möglichst knapp beantwortet werden. Es gilt einen Überblick
zu erlangen. Durch analytisches Vorgehen sollte man einen zentralen Punkt
ausmachen können, um den sich alles dreht. Dieses zentrale Phänomen ist die
Kernkategorie. Im Idealfall handelt es sich dabei um eine der bereits vorhandenen Kategorien; es kann aber auch nötig sein, dieses zentrale Phänomen einzeln
zu benennen, weil keine der vorhandenen Kategorien alle Aspekte des Kernphä-
nomens ganz erfasst. Bei uns hieß die Kernkategorie „Wahrnehmung von Unsicherheit" und war in all ihren Ausprägungen schon ausgearbeitet.

Die Kernkategorie muss also genauso ausgearbeitet werden wie alle anderen Kategorien. Man muss ihre Eigenschaften definieren und sie wie diese di-
mensionieren. Danach muss man alle anderen Kategorien mit ihr verbinden.
Hierzu greift man wieder auf das Paradigma aus Bedingungen, Kontext, Strategien und Konsequenzen zurück, das schon beim axialen Kodieren zum Einsatz

gekommen ist. Ebenfalls hilfreich beim Ordnen der Daten sind bereits bei den vorhergegangenen Arbeitsschritten entdeckte „Muster". Wir entdeckten in unseren Fällen vier verschiedene Muster im Umgang mit Unsicherheit. Diese bildeten eine je eigene Geschichte bzw. hatten einen je eigenen „roten Faden". Diese unterschiedlichen Muster dienten uns als Basis zur Entwicklung einer idealtypisch konstruierten Typologie.

Im Anschluss gilt es wiederum, alles anhand der Daten zu validieren und die Theorie zu entwerfen und auszuformulieren. Ist dies dem Forscher gelungen, kann er sich daranmachen, eventuell noch bestehende Lücken oder Unklarheiten in den Kategorien zu füllen.

### 6.1.5  Realisiertes Forschungsverfahren

Wie bereits angedeutet, mussten wir in unserem empirischen Vorgehen etwas von dem gängigen, oben beschriebenen Verfahren der Grounded Theory abweichen. Die Abweichung lag vor allem in unserem akuten Zeitmangel begründet, denn das gesamte Forschungsprojekt musste innerhalb von zwei Trimestern – neben den anderen Veranstaltungen – vollständig durchgeführt werden. Dies machte es nötig, den Auswertungsprozess etwas zu straffen.

Da unsere Forschungsfrage „Bewältigung biografischer Unsicherheit" der eines bereits durchgeführten empirischen Projektes (vgl. hierzu Pelizäus-Hoffmeister 2006) entsprach, konnten wir an bereits existierende Ergebnisse anknüpfen. In der genannten Untersuchung wurde im Rahmen einer Analyse ausführlicher narrativer Interviews eine Vielzahl von Konzepten und Kategorien zu den Themen „Wahrnehmung von Unsicherheit" und „Strategien im Umgang mit Unsicherheit" entwickelt, die gleichfalls für unsere Analyse von Bedeutung waren und daher von uns übernommen werden konnten. Zwar haben wir damit die Chance „verschenkt", möglicherweise etwas völlig „Neues" zu entdecken, aber zumindest waren wir dadurch in der Lage, die Vielzahl unserer Jahresbriefe sehr ausführlich und differenziert analysieren zu können. Mit diesem Vorgehen haben wir den ersten und besonders aufwändigen Arbeitsschritt des offenen Kodierens etwas abkürzen können und konnten uns gleich auf das „Vergleichen" und „Fragestellen an den Text" konzentrieren.

Es zeigte sich, dass einige der bereits existierenden Konzepte für die Analyse der Jahresbriefe nicht geeignet waren, da sie im Gegensatz zu den ausführlichen Interviews nicht immer genügend Informationen bereitstellten. So wurde z.B. die „Basis der Konstruktionen (Emotionen – Kognitionen)" (vgl. Pelizäus-Hoffmeister 2006: 67) in unserer Untersuchung nicht berücksichtigt.

Darüber hinaus entwickelten wir die vorgegebenen Konzepte und Kategorien weiter, so dass wir schlussendlich in der Lage waren, eine komplexe Typologie zu erstellen, die idealtypisch vier verschiedene, von uns entdeckte Muster im Umgang mit Unsicherheit abbildet. Sie umfasst sowohl die ursächlichen Bedingungen des Phänomens „Umgang mit Unsicherheit" als auch intervenierende Variablen und die jeweiligen Strategien mit ihren Konsequenzen.

Insgesamt lässt sich festhalten, dass das von uns verwendete Verfahren sich nicht wesentlich von der oben beschriebenen Grounded Theory unterscheidet.

### 6.1.6 Literatur

Glaser, Barney/Strauss, Anselm (1979): The Discovery of Grounded Theory, New York: Aldine Publishing Company

Strauss, Anselm/Corbin, Juliet (1996): Grounded Theory. Grundlagen Qualitativer Sozialforschung, Weinheim: Beltz Psychologie Verlags Union

Strübing, Jörg/Schnettler, Bernt (Hrsg.) (2004): Methodologie interpretativer Sozialforschung, Konstanz: UVK Verlagsgesellschaft

Strübung, Jörg (2004): Grounded Theory, Wiesbaden: VS Verlag für Sozialwissenschaften

### 6.2 *Anton Schatz*: Die Bildinterpretation

In die Jahresbriefe, die der Untersuchung zugrunde liegen, sind zum überwiegenden Teil Fotos eingearbeitet. Wir gehen davon aus, dass diese nicht allein der Illustration dienen sollen, sondern dass der jeweilige Autor mit ihnen eine bestimmte Botschaft transportieren will. Daher verstehen wir die Fotos als weitere Äußerungen, die uns – ebenso wie der Text – Hinweise auf die spezifischen biografischen Konstruktionen der Autoren geben können. Um diese Hinweise systematisch herausarbeiten zu können, haben wir uns entschlossen, einige der Fotos (zwei Familienfotos) mit Hilfe des Regelschemas von Beck (2003) zu analysieren. Insofern geht es uns darum, aus unterschiedlichen Quellen – und durch Methodentriangulation – möglichst viel über die jeweiligen biografischen Konstruktionen zu erfahren.

Ziel dieses Abschnitts ist es zum einen, das Verfahren der Bildinterpretation nach dem Beckschen Regelschema vorzustellen, zum anderen, die von uns angewendete Methode, die von der vorgenannten etwas abweicht, zu präsentieren und die Notwendigkeit der Abweichung zu begründen (6.2.1). Darüber hinaus

werden die Probleme dargestellt, mit denen der Forscher während des Analyse-
prozesses zu kämpfen hatte (6.2.2).

### 6.2.1  Bildinterpretation in Anlehnung an Beck

Fotos konstruieren Wirklichkeit auf zweierlei Weise (vgl. Beck 2003: 57). Zum
einen werden rein technisch durch den Akt der Aufnahme alle im Sichtbereich
des Objektivs befindlichen Personen und Gegenstände in dem Zustand aufgenommen, den sie zum Zeitpunkt der Aufnahme innehatten. Zum anderen kann
das Betrachten des Bildes einem Beteiligten die Situation wieder ins Gedächtnis
rufen oder einen Unbeteiligten zum Nachdenken über die dargestellte Szenerie
anregen. Hierdurch tritt eine zweite, eine fiktive Wirklichkeitskonstruktion zutage. Mimik wie Gestik der Abgebildeten werden ebenso in Bezug zueinander
gesetzt wie die editorischen Beschaffenheiten des Fotos sich mit dem soziokulturellen Vorwissen des Betrachters zu gedanklichen Assoziationen und individuellen Gefühlszuschreibungen vereinen. Uns interessierte vor dem Hintergrund
unserer Forschungsfrage die zweite Form der Wirklichkeitskonstruktion, die der
Verfasser mit dem Foto bei den Adressaten der Autobiografischen Updates na-
hezulegen beabsichtigt.

Wir haben uns für das Becksche Interpretationsverfahren entschieden, da
mit seinen interpretationsleitenden Kriterien die vorliegenden Fotos in einfacher
und gelungener Weise analysiert werden konnten.

Aus den bei Beck kategorisierten Fotoarten sind für uns insbesondere die
Knipserfotografie und die fotografische Selbstinszenierung von Bedeutung, da
sich diese in den Jahresbriefen finden lassen (vgl. Beck 2003: 60). Die *Knipserfotografie* lässt sich anhand zweier Merkmale identifizieren: Einerseits ist die
ästhetische Ebene eines Knipserbildes technisch wie gestalterisch eher unzurei-
chend, wodurch die eigentliche Intention des Fotografen nicht immer adäquat
wiedergegeben werden kann. Andererseits agieren Knipser aus privatem Interesse, ohne beruflichen oder erwerbsmäßigen Anlass (vgl. Brüning 2009). Dass der
kommerzielle Nutzen der verwendeten Bilder verschwindend gering ist, steht
außer Frage, ob es den Fotos aber an Qualität und Tiefgründigkeit mangelt, ist
im weiteren Verlauf noch zu prüfen. *Fotografische Inszenierungen* sind aufgrund
ihrer besonders individuell gestalteten Ausdrucksweise interessant. Die Intention
und damit verbunden die Subjektivität des Fotografen kommen deutlich zum
Ausdruck (vgl. Beck 2003: 60). Für uns ist allerdings die Frage ausschlaggebend, warum gerade bestimmte Fotos für den Jahresbrief ausgewählt wurden.
Gefragt wird nach dem Sinn und Zweck, den der Autor mit der Aufnahme des
Bildes in den Jahresbrief erreichen will.

Im Folgenden werden die von Beck vorgeschlagenen interpretationsleitenden Aspekte (Kriterien) beim konkreten empirischen Vorgehen präsentiert. Es werden allerdings nur diejenigen erläutert, die zur Beantwortung unserer Forschungsfrage beitrugen. Eine Anwendung aller Kriterien bot sich nicht an, da einige nicht dem Sinn unserer Forschungsfrage entsprachen. Das bedeutet konkret: Von den von Beck vorgeschlagenen interpretationsleitenden Aspekten waren für uns nur folgende von Bedeutung:

*a)   Bildbeschreibung (Versprachlichung)*
Die versprachlichte Beschreibung der Bildinhalte ist die Grundlage für eine vom eigentlichen Medium Bild losgelöste wissenschaftliche Weiterbearbeitung. Im vorliegenden Projekt stand die Versprachlichung des Bildinhalts an erster Stelle, da die Fotos aus datenschutz- und urheberrechtlichen Gründen nicht veröffentlicht werden dürfen. Bei diesem Schritt musste die richtige Übernahme des im Foto enthaltenen Sinngehalts jeweils durch alle Seminarteilnehmer überprüft werden.

*b)   Systematisch-schematisches Betrachten*
Um nichts zu übersehen, musste unter großer Konzentration jedes einzelne Detail des Bildes erfasst werden. Zwar gab es keine vorgeschriebene Reihenfolge der Beschreibung, jedoch war ein schematisches Vorgehen der Garant dafür, dass nichts übersehen und damit von Anfang an irrtümlich aus der Interpretation ausgeschlossen wurde.

*c)   Bildgattung*
Darüber hinaus galt es die Frage zu klären, ob das zu beurteilende Bild gestellt wurde oder als Schnappschuss quasi aus der Situation heraus entstanden war. Ein gestelltes Foto transportiert offensichtlicher als ein spontanes die vom Fotografen gewünschten Informationen. Ein Schnappschuss kann hingegen eher versteckte, vom Autor nicht intendierte Informationen enthalten. Dieser Punkt wurde hier nicht mit Fokus auf dem jeweiligen Fotografen bearbeitet, sondern im Hinblick auf die vom Briefautor beim Auswahlprozess vorhandenen Sinnzuschreibungen interpretiert.

Wenn das Bild aus einem dem Interpreten vertrauten soziokulturellen Umfeld entstammte, was hier der Fall war, war ferner eine korrekte Deutung hinsichtlich der kulturspezifischen Verschiedenheiten möglich. Die Frage, ob alles mit dem Gesamtkonzept des Bildes übereinstimmt, diente dazu, das Dargestellte besser einzuschätzen. Diese Erkenntnisse ließen Rückschlüsse auf die Umstände der im Foto festgehaltenen Situation zu, wodurch die in einem Bild nicht sichtbaren Botschaften zutage traten. Insbesondere wenn scheinbare „Abweichungen" existierten, wurde es interessant. Dann stellte sich die Frage, weshalb diese mit festgehalten und das Foto gerade für den Jahresbrief verwendet worden war. In Bezug auf das Forschungsprojekt gaben diese Abweichungen vom „Normalen" Hinweise auf die Sinnkonstruktionen des Autors.

### d)    Interpretation des Nichtvorhandenen

Das Fehlen eines vom Interpreten aufgrund der Situationsdarstellung eigentlich erwarteten Details ließ weitere Rückschlüsse zu. Daraus ergab sich die Frage, ob es sich um eine bewusste Vernachlässigung üblicher Gebräuche handelte oder ob das Erwartete einfach vergessen wurde.

### e)    Beachten von Kontextinformationen

Kontextinformationen konnten die ohnehin im Bild enthaltenen Lesarten erweitern. Allerdings wurden andere als die im Foto enthaltenen Informationen erst hinzugezogen, als die Bildinterpretation weitgehend abgeschlossen war. Es besteht nämlich die Gefahr, dass in einer subsumtionslogischen Vorgehensweise die im Bild enthaltenen Inhalte durch die ergänzende Informationsquelle überlagert werden. Im Hinblick auf das Forschungsprojekt wurde daher im ersten Schritt allein das Bildmaterial ausgewertet.

Da wir keine allgemeine Fotoanalyse anstrebten, sondern konkrete Informationen zu den biografischen Konstruktionen der Autoren der Jahresbriefe herausarbeiten wollten, mussten wir weitere Analyseschritte anschließen:

Zunächst haben wir das durch die Becksche Analyse gewonnene Zwischenergebnis anhand unserer eigenen Auswertungskriterien zur biografischen Sicherheit[2] weiter bearbeitet. Im Anschluss daran haben wir die gewonnenen Erkenntnisse mit den Informationen aus der Textanalyse konfrontiert.

### 6.2.2   Herausforderungen bei der Interpretation der Fotos

Während der Bearbeitung musste auf verschiedene Probleme in Bezug auf eine möglichst objektive Interpretation geachtet werden. Allen voran betraf dies die Rekonstruktion der Perspektivität (vgl. Bohnsack 2009: 57). Anhand der bearbeiteten Familienfotos war es nicht einfach, Einblicke in die Perspektive des Autors zu gewinnen, bzw. wurde nicht immer klar, was der Autor mit dem Einbezug des jeweiligen Fotos in den Jahresbrief aussagen oder beim Adressaten zu erreichen suchte. Zwar ließen die familiären Szenen ebenso wie eine scheinbar entspannte Atmosphäre der Abgebildeten diverse Rückschlüsse zu, dennoch waren dies in

---

2    Vgl. hierzu Kapitel 3.4 von *Fehr* und *Twork*.

erster Linie Annahmen, die hin und wieder nicht hinreichend begründet werden konnten.

In Bezug auf den familiären Hintergrund der herangezogenen Fotos hatte sich eine weitere Hürde bei der Interpretation aufgetan: Zwar entstammten alle Bildquellen dem abendländisch-christlichen Kulturkreis, die abgebildeten Familienszenen waren aber für Außenstehende wie den Forscher nicht immer zweifelsfrei zu entschlüsseln. Bohnsack bezeichnet diese Diskrepanz als den Unterschied zwischen kommunikativ-generalisiertem Wissen und konjunktivem Erfahrungswissen: Während Erstgenanntes auf eine öffentliche oder gesellschaftliche Bedeutungszuschreibung abzielt, bewegt sich das konjunktive Erfahrungswissen in einem stark eingeschränkten Kreis, da es nicht-öffentlich und milieuspezifisch ist (vgl. Bohnsack 2009: 74). Familieninterne Wissensbestände bleiben dem externen Beobachter und damit auch dem Forscher verschlossen, wenn nicht quasi ein Mitwisser zur korrekten Dekodierung beitragen kann.

Zudem bestand die Gefahr, dass textliches Vorwissen, das alle Seminarteilnehmer hatten, in das Bild hineininterpretiert wurde. Zwar sollte dies durch ein objektives Herangehen an die Materie und die Systematisierung der Informationsgewinnung möglichst vermieden werden, ganz ausgeschlossen werden konnte es aber nicht.

Ein weiteres Problem trat bei der Untersuchung auf: Meist fanden sich nicht für alle Analysekriterien, die bei der Textanalyse eingesetzt wurden, entsprechende Hinweise in den Fotos, was z.T. in der schlechten Qualität der Fotos oder ihrer geringen Größe begründet lag, so dass nicht alle Details klar erkennbar waren. So war es hin und wieder nötig, vage Schlüsse zu ziehen, die nur auf einem einzigen im Bild gefundenen Indiz basierten.

### 6.2.3 Literatur

Bohnsack, Ralf (2009): Qualitative Bild- und Videointerpretation. Die dokumentarische Methode, Opladen: Barbara Budrich Verlag
Beck, Christian (2003): Fotos wie Texte lesen. Anleitung zur sozialwissenschaftlichen Fotoanalyse. In: Ehrenspeck/Schäffer (2003): 55–72
Brüning, Jan (2009): Das Drama auf der Hinterbühne. In: Ziehe/Hägele (2009): 57–72
Ehrenspeck, Yvonne/Schäffer, Burkhard (Hrsg.) (2003): Film- und Fotoanalyse in der Erziehungswissenschaft, Opladen: Leske + Budrich Verlag
Ziehe, Irene/Hägele Ulrich (Hrsg.) (2009): Digitale Fotografie: Kulturelle Praxen eines neuen Mediums, Münster: Waxmann Verlag

# Teil II: Empirische Ergebnisse

Im Folgenden werden unterschiedliche empirische Ergebnisse präsentiert: *Stefan Oska* und *Laura Schmidt* stellen im 7. Kapitel eine Typologie vor, in der sie vier verschiedene „Muster" im Umgang mit biografischen Unsicherheiten präsentieren, die sich aus ihrer Analyse der Einzelfälle ergeben haben. Diese Typen werden zunächst allgemein charakterisiert, um sie anschließend anhand einiger Fallbeschreibungen zu veranschaulichen.

Typologisierungen werden von uns im Sinne Webers (1922) verstanden. Das bedeutet: Wichtige Aspekte eines Phänomens werden in widerspruchslos gedachten Zusammenhängen konstruiert, durch gedankliche Steigerung der Elemente, die als besonders wichtig erachtet werden, durch Zusammenschluss diffuser Aspekte und durch die Vernachlässigung als unwichtig angesehener Elemente (vgl. Weber 1922: 191). Folglich können als unwesentlich erachtete biografische Konstruktionen ausgeblendet werden, ohne dass damit behauptet werden soll, dass diese in der Empirie nicht auftreten.

Im 8. Kapitel beschäftigt sich *Anton Schatz* mit der Interpretation einiger Fotos aus den Jahresbriefen. Er kann herausarbeiten, dass sich in den Bildern viele der schriftlichen Äußerungen der „Briefeschreiber" widerspiegeln. Insofern können durch seine vorgenommene Methodentriangulation die empirischen Ergebnisse weiter bestätigt werden.

Das 9. Kapitel von *Fritz Kessel* und *Martin Klusmann* widmet sich einem Gesamtüberblick über das Sample. Die Autoren können anhand einer sozialstrukturellen Verortung der einzelnen Fälle aufzeigen, dass die „Briefeschreiber" keinen Querschnitt durch die Gesamtbevölkerung darstellen, sondern sich einer spezifischen Schicht zuordnen lassen. Darüber hinaus können sie durch eine inhaltliche Analyse der Jahresbriefe herausarbeiten, dass mehr oder weniger alle Autoren biografische Sicherheit erzeugen, indem sie ihr Leben als ein „gelungenes Leben" in Anlehnung an die sogenannte „Normalbiografie" mit den darin implizierten Rollenvorstellungen inszenieren.

## Literatur

Weber, Max (1922): Gesammelte Aufsätze zur Wissenschaftslehre, Tübingen: Mohr Verlag

# 7  Zwischen „Ausgeliefertsein" und „Alles im Griff"

*Stefan Oska, Laura Schmidt*

Ziel dieses Kapitels ist die Präsentation unserer empirischen Ergebnisse zu verschiedenen „Mustern" im Umgang mit biografischen Unsicherheiten. Um die Ergebnisse besonders prägnant darstellen zu können, haben wir eine Typologie entwickelt. Die darin aufgeführten Typen werden als idealtypisch konstruierte Muster des Umgangs mit biografischer Unsicherheit verstanden und sind nicht mit Realtypen zu verwechseln. Ziel der Typologie ist es, die empirischen Regelmäßigkeiten und die Korrelationen in ihrem Sinn und ihrer Bedeutung zu verstehen und zu erklären.

Zur Konstruktion der Typologie sind wir folgendermaßen vorgegangen: Zunächst wurde von allen 32 Verfassern von Jahresbriefen jeweils ein besonders prägnanter Brief zur Analyse herangezogen und hinsichtlich der im theoretischen Teil entwickelten Untersuchungskonzepte[1] interpretiert[2]. Diese beziehen sich auf die biografischen Unsicherheitsperzeptionen und auf die darauf aufbauenden Strategien zur Entwicklung biografischer Sicherheit bzw. Eindeutigkeit. So entstanden 32 ausführliche Fallanalysen, deren Ergebnisse in einem weiteren Schritt stichpunktartig und übersichtlich in einer Tabelle zusammengefasst wurden. Anhand dieser Tabelle konnten besonders deutlich die Gemeinsamkeiten und Unterschiede der verschiedenen Fälle herausgearbeitet werden. Nun wurden all *die* Fälle zu je einem Typus zusammengefasst, deren biografische Konstruktionen sich auf allen Untersuchungsebenen stark ähnelten. In der Konsequenz konnten dadurch drei bzw. vier Idealtypen entwickelt werden, die differierende Muster im Umgang mit biografischer Unsicherheit repräsentieren.

Im Folgenden werden nun die einzelnen Typen vorgestellt, indem in einem ersten Schritt eine allgemeine Beschreibung der besonderen Charakteristika des jeweiligen Typs erfolgt. Anschließend werden ausführlich je zwei Fallbeispiele erläutert, um die Besonderheiten des jeweiligen Typus besonders deutlich herausarbeiten und veranschaulichen zu können.

---

1    Vgl. hierzu Kapitel 3.4 von *Fehr* und *Twork*.
2    Vgl. zur Methode Kapitel 6.1 von *Weber*.

## 7.1 Typ 1: Der Glaubende: „Nichts, was uns begegnet, ist ohne Bedeutung"

Diesem Typus wurden sieben Personen unseres Samples zugeordnet.

Charakteristisch ist eine Unsicherheitsperzeption in Form der *Fremdzurechnung*. Das heißt die in diesem Typus verorteten Personen nehmen Unsicherheit als eine Bedrohung wahr, die von außen auf sie einwirkt und die sie nicht mit eigenen Mitteln bewältigen können. Im Sinne der theoretischen Überlegungen[3] kann hier von einer *Gefahrenperzeption* gesprochen werden. Da das Gefühl vorherrscht, der Bedrohung selbst nicht begegnen zu können, wird das eigene Selbst als eher unbedeutend für die biografische Gestaltung eingestuft.

Der zentrale Bezugspunkt bzw. die Stütze der Biografiekonstruktion muss daher – logisch konsequent – im „Außen" liegen. Biografische Eindeutigkeit wird hergestellt, indem sich die Personen stark an bestimmten Gegebenheiten ihres Außens orientieren, sei es an ihrem sozialen Umfeld mit seinen „Regeln" oder beispielsweise an besonderen religiösen Vorstellungen, denen große Bedeutung beigemessen wird. Betrachtet man ihre Konstruktionen hinsichtlich der Zeitperspektive, dann zeigt sich, dass diese Personen ihre Zukunft als geschlossen betrachten, auch wenn sie nicht wissen, was konkret auf sie zukommt. Die Geschlossenheit ergibt sich für sie dadurch, dass die Zukunft gewissermaßen schon von äußeren, unbeeinflussbaren Bedingungen „vorbestimmt" ist. Sie sehen ihren Lebenslauf zudem als linear an und haben keinerlei teleologische Orientierung, d.h. sie erleben ihr Leben nicht als einen Entwicklungsprozess, sondern als reine Reaktion auf nicht vorhersehbare Ereignisse. Ihrem „Schicksal" sehen sie sich insofern hilflos ausgeliefert, was dazu führt, dass sie alle Ereignisse eher passiv hinnehmen. Zentral ist beispielsweise der Gedanke: *„Wir danken Gott für alles, was uns in diesem Jahr begegnet ist, nicht nur für das, was uns Freude gemacht hat – nichts ist ohne Bedeutung"* (P5, B1, S2, Z45–46)[4]. Aktive Strategien zum Umgang mit schicksalhaften Ereignissen werden eher nicht entwickelt. Stattdessen hoffen die Personen dieses Typus, dass das Schicksal hin und wieder auch einmal positive Ereignisse mit sich bringt. *„Die Seele ernährt sich von dem, was sie erfreut"* (P9, B1, S2, Z16). Bei diesem Typus lässt eine Art „Gottvertrauen" – als zentrale Deutungslogik – die Personen selbst in ihrer Unbedeutendheit und ihrem Ausgeliefertsein nicht völlig hilflos erscheinen. *„Lobe den Herrn, meine Seele, und vergiss nicht, was er dir Gutes getan hat"* (P5, B1, S1, Z1). Biografische Eindeutigkeit bzw. Sicherheit wird dadurch erzeugt, dass die

---

3    Vgl. hierzu Kapitel 3.4.1 von *Fehr* und *Twork*.
4    Die Quellenverweise lassen sich folgendermaßen aufschlüsseln: P steht für Person, B für Brief, S für Seite und Z für Zeile.

Personen an die „Richtigkeit" der von ihnen als nicht steuerbar wahrgenommenen zukünftigen Ereignisse *glauben*.

### 7.1.1 Das Beispiel Erna Müller

Frau Müller[5] ist – das geht aus ihrem Brief hervor – verheiratet, hat mehrere
Kinder und befindet sich im Rentenalter. Sie ist ein sehr familienorientierter
Mensch. Ausführlich schreibt sie beispielsweise über ihre Sorgen, die sie auf-
grund ihres kranken Mannes quälen. Aber auch ihre Kinder und Enkelkinder
haben für sie große Bedeutung, was sich darin zeigt, dass sie voller Stolz und
Freude viel über diese berichtet.

*a)   Perzeption von Unsicherheit*
An vielen ihrer Äußerungen und insbesondere an ihrer Wortwahl lässt sich able-
sen, dass sich Frau Müller als einem unbestimmten Schicksal ausgeliefert begreift. So beschreibt sie beispielsweise die schwere Operation ihres Mannes als
ein *„Ereignis, das die Familie noch heute im Griff hat"* (P9, B1, S1, Z3–4). Dass
dadurch auch der 80. Geburtstag ihres Mannes *„ins Wasser"* fällt, ist für sie die
logische Konsequenz, auf die sie scheinbar keinen Einfluss hat (P9, B1, S1,
Z16). So entwickelt sie keine aktiven Strategien, um diesem Schicksal zu begegnen, wie beispielsweise das Nachfeiern des Geburtstags. Hier zeigt sich ihre
wahrgenommene Hilflosigkeit angesichts der Schicksalsschläge, mit denen sie
sich unhinterfragt selbstverständlich abfindet und diese nicht in Frage stellt.
    Theoretisch ausgedrückt, zeigt sich hier die Fremdzurechnung der Unsi-
cherheit in Form des Schicksals. Das Schicksal wird einerseits als unbeeinflussbar durch den Menschen wahrgenommen, andererseits als vorbestimmt durch
eine höhere Macht, durch Gott. So betont Frau Müller beispielsweise: *„Gottlob
war es keine Endocarditis"* (P9, B1, S2, Z1). Oder sie leitet ein Ereignis, das sie
auch als vom Schicksal vorbestimmt ansieht, mit den Worten ein: *„Wie das
Leben so spielt ..."* (P9, B1, S2, Z4). Bei ihr werden Schicksalsschläge aber
durchaus nicht immer negativ wahrgenommen. Vielmehr begreift Frau Müller
sie als Ereignisse, die für sie eine gottgewollte Herausforderung darstellen und
die sie als richtungweisend sieht. Dies zeigt sich besonders deutlich am Zitat des
heiligen Aurelius: *„Die Seele ernährt sich von dem, was sie erfreut."* Zusammenfassend kann festgehalten werden, dass Frau Müller sich als dem Schicksal

---

5    Die Namen sind frei erfunden, um die Anonymität der Verfasser der Autobiografischen Up-
     dates zu wahren.

ausgeliefert betrachtet, dies aber durchaus nicht als negativ – da „von Gott ge-
lenkt" – begreift.

*b)    Umgang mit biografischer Unsicherheit*
*Zentrale Bezugspunkte* im Leben von Frau Müller sind sowohl ihre Familie als
auch ihre Religiosität. Auf dieser Basis kann sie ihren Lebensverlauf als eindeutig und damit als sicher konstruieren. Indizien für ihre Religiosität ergeben sich
vor allem aufgrund ihrer häufigen Wortwahl wie zum Beispiel *„Gott lob"* (P9,
B1, S2, Z1) sowie der Tatsache, dass sie den heiligen Aurelius Augustinus zi-
tiert. Dass auch ihre Familie einen zentralen Bezugspunkt darstellt, zeigt sich
daran, dass diese ihre ganze Aufmerksamkeit – und damit große Teile des Jahresbriefes – in Anspruch nimmt. Für sie ist es zum einen selbstverständlich, dass
die Familie eine zentrale Stütze in schweren Lebenslagen – wie bei der Krankheit ihres Mannes – bildet. Aber auch freudige Familienereignisse stehen im
Mittelpunkt ihres Denkens und Handelns. Beispielsweise wird die Geburt der
zweiten Enkeltochter als wichtiges positives Ereignis beschrieben, das die
*„Großfamilie perfekt"* macht (P9, B1, S2, Z14). So bildet die Familie für sie
einen festen Orientierungsrahmen, der ihr Stabilität und Sicherheit verleiht. Diese unhinterfragte Selbstverständlichkeit bezüglich der Familienbande kann allerdings nicht auf die Festigkeit ihrer Freundesbeziehungen übertragen werden. Das
geht aus ihrem letzten Satz im Jahresbrief hervor: *„Wir danken für eure Freundschaft"*, der signalisiert, dass Freundschaft für sie nicht unhinterfragt selbstverständlich ist (P9, B1, S2, Z24).
       In den oben angesprochenen Aspekten ihrer biografischen Konstruktionen
wird deutlich, dass Frau Müller ihr Leben aus einer sehr langfristigen, generatio-
nenübergreifenden Perspektive betrachtet. Ihr eigenes Leben, das in enger Verbundenheit mit den Kindern und Enkelkindern gesehen wird, verweist auf einen
langfristigen Deutungshorizont. Ebenso ist der Glaube an Gott mit einer Langfristigkeit verbunden, die sogar das eigene Leben überdauern kann. Hinzu
kommt eine Kontinuität und Linearität ihrer biografischen Konstruktionen, die
sich aus ihren Vorstellungen von einer „Normalbiografie" speist, vor deren Hintergrund sie je nach Alter die Rolle der Mutter und später die der Großmutter
übernimmt. Ihre Zukunft betrachtet sie als geschlossen, da sie ihren weiteren
Lebensverlauf als durch Gott und die Familie vorbestimmt versteht. Dabei spielt
für sie die Rolle der Großmutter in einer *„Großfamilie"* eine herausragende
Rolle.
       Zusammenfassend kann festgehalten werden, dass sich Frau Müller als
durch das Schicksal (Gott und die Familie) bestimmt begreift, mit der Konsequenz, dass sie keine eigenen aktiven Strategien zur Bewältigung biografischer
Unsicherheiten entwickeln muss. Vielmehr sieht sie sich „aufgehoben" in diesen

Instanzen, die ihr Halt und Eindeutigkeit und damit biografische Sicherheit geben, unabhängig davon, ob sich die „Macht" dieser Instanzen in positiven oder
negativen Ereignissen widerspiegelt. So ist der Mensch in ihrer Wahrnehmung
nur ein Wesen, das völlig dem Schicksal ausgesetzt ist und nur daran *glauben*
kann, dass alle zukünftigen Entwicklungen ihre „Richtigkeit" haben. Aus dieser
Überzeugung ergibt sich die Unbedeutendheit ihrer eigenen Person. Das Stichwort zur Bewältigung dieser Fremdbestimmtheit lautet bei Frau Müller daher
Anpassung an eine Welt, der man hilflos ausgeliefert ist. Dazu erforderlich ist
die Bereitschaft, Schicksalsschläge hinzunehmen und sich von positiven Ereignissen über die schlechten hinwegtrösten zu lassen.

### 7.1.2  Das Beispiel Theodor Guttglaub

Herr Guttglaub hat einen Universitätsabschluss in BWL, ist vollerwerbstätig,
verheiratet und hat zwei Kinder. Auch er ist sehr religiös und stark familienori-
entiert. Ausführlich und voller Sorge beschäftigt er sich in seinem Jahresbrief
vor allem mit der Entwicklung seines Sohnes Stefan, der ein Vierteljahr zu früh
zur Welt kam. Der Brief wird durch eine Passage aus der Bibel eingeleitet, was
einen ersten Hinweis auf seine religiösen Überzeugungen vermittelt. Im weiteren
Verlauf des Briefes bestätigt sich diese Vermutung.

*a)     Perzeption von Unsicherheit*
Herr Guttglaub betrachtet biografische Unsicherheiten als eine Form des Schicksals. Diese Überzeugung wird in unserem Sample am deutlichsten von ihm vertreten. Daher kommt er dem Idealtypus hier besonders nahe. Unsicherheit wird
von ihm fremd zugerechnet und entspricht insofern unserem theoretischen Konstrukt einer *Gefahrenperzeption*. Als Schicksalsschlag gilt ihm beispielsweise die
Frühgeburt seines Sohnes: *„Vieles in dem ablaufenden Jahr 2000 ist für uns
anders gekommen als erwartet. Vieles, was wir gerne gemacht hätten, war nicht
möglich. Grund war vor allem unser ,Zwergle', das ein Vierteljahr zu früh auf
die Welt kam"* (P5, B1, S1, Z2–3). Ebenso wird die Krankheit des Sohnes als
Schicksal erfahren. *„Ein schwerer Schlag war die Diagnose der periventri-
kulären Leukomalazie, einer Folge der Frühgeburt und einer Gehirnblutung, mit
dem Risiko einer spastischen Schädigung"* (P5, B1, S1, Z23–24). Ein weiterer
Anhaltspunkt ist ein am Ende des Briefes erwähnter tragischer Todesfall im
CVJM (Christlicher Verein junger Menschen) (P5, B1, S2, Z41). Herr Guttglaub
hat das Gefühl, nicht aktiv gegen sein Schicksal ankämpfen zu können. Vielmehr
scheinen sich durch seine Vorstellung von höheren bestimmenden Mächten
sämtliche Ereignisse seinem Einflussbereich zu entziehen. Vor diesem Hinter-

grund nimmt Herr Guttglaub seine Umwelt vor allem als eine Bedrohung wahr.
Er sieht sich ihr ausgeliefert. Und wenn er sie dennoch hin und wieder als Chance begreift, dann, weil das Schicksal es manchmal auch gut mit ihm meint. Dann
betont er: *„Lobe den Herrn, meine Seele, und vergiss nicht, was er dir Gutes
getan hat"* (P5, B1, S1, Z10). Logisch konsequent betrachtet sich Herr Guttglaub
als eher unbedeutend für einen effektiven Umgang mit biografischer Unsicherheit. Dass er sich selbst als eher bedeutungslos wahrnimmt, wird zum Beispiel an
seiner Wortwahl sichtbar: Immer schreibt er in der *Wir*-Form und vermeidet
durchweg eine eigene, auf sein alleiniges Selbst bezogene Stellungnahme.

*b)    Umgang mit biografischer Unsicherheit*
Die zentralen Stützen in Herrn Guttglaubs Leben, die ihm zugleich Eindeutigkeit
und Sicherheit verschaffen, liegen im Außen. Sowohl seine intensiven, engen
Beziehungen zu Freunden und den Familienmitgliedern als auch seine Vereinstä-
tigkeit und seine christlichen Überzeugungen sind ihm ein großer Halt und helfen ihm, sich trotz der gefürchteten Ungewissheiten seines Lebensverlaufs zu
orientieren. Die regelmäßige Schilderung der Urlaube, des Vereinslebens und
auch der lineare Briefaufbau deuten zudem auf eine kontinuierliche und langfristig stabile Zeitperspektive von Herrn Guttglaub hin. Auch seine stabile und feste
Einbindung in die Familie und in seinen Bibelkreis lassen darauf schließen, dass
ihm Langfristigkeit und Kontinuität wichtige sicherheitsfördernde Parameter
sind. Seine Zukunft erscheint geschlossen, da er für sich nicht die Möglichkeit
sieht, aktiv und verändernd in zukünftige Geschehnisse eingreifen zu können.
Daher begegnet er biografischer Unsicherheit eher passiv und mit einem Glauben
an die „Richtigkeit" gottgewollter Geschehnisse.
    Gerade durch seinen starken Bezug auf religiöse Instanzen, der in vielen Zi-
taten deutlich wird, wird die große Ähnlichkeit seiner Überzeugungen mit denen
von Frau Müller deutlich. Zentral ist bei Herrn Guttglaub der Glaube an das
Schicksal, das sowohl positive als auch negative Ereignisse hervorbringen kann.
In dieser Deutungslogik wird der Einzelne zu einem passiven Wesen, das nur auf
die vorherbestimmten Ereignisse *re*-agieren kann. Für negative Ereignisse hat
dies zur Konsequenz, dass sich der Einzelne anpassen muss, aber daraus auch
etwas lernen kann. Zudem kann er an die Güte Gottes glauben, so dass das
Schicksal auch Positives bergen kann.
    Charakteristisch für Herrn Guttglaub ist sein Gottvertrauen. Er konstruiert
Gott als eine Instanz, die ihn und seine Familie nie im Stich lassen wird. Dadurch erreicht er einen hohen Grad an biografischer Eindeutigkeit und Sicherheit, was dazu führt, dass er auch plötzlich eintretende Ungewissheiten besser
ertragen kann. Er sagt: *„Manches ist nebensächlicher geworden. Ich wünsche
mir, dass wir diese Einstellung erhalten können. Wir danken Gott für alles, was*

*uns in diesem Jahr begegnet ist, nicht nur für dass, was uns Freude gemacht hat"* (P5, B1, S2, Z45–46). Darüber hinaus fasst Herr Guttglaub gottgewollte Schicksalsschläge als lehrreich für sein Leben auf. Er argumentiert: *„Hat sich für uns etwas verändert? Ich glaube ja. Unsere Zeit ist wertvoller geworden, gerade auch die Zeit, die wir gemeinsam verbringen dürfen"* (P5, B1, S2, Z42–44).

### 7.2  Typ 2: Der Ambivalente: „Vieles ist in Vorbereitung, manches wird einfach passieren"

Im Laufe der Auswertung traten bei einer Vielzahl von Personen immer wieder logische Widersprüche auf, wenn es darum ging, herauszuarbeiten, wie sie biografische Unsicherheiten attribuierten, d.h. wem sie die Unsicherheit zurechneten, sich selbst (als Risiko) oder dem Außen (als Gefahr). Häufig wurde Unsicherheit nämlich fremd zugerechnet, was „normalerweise" – und logisch konsequent – damit einhergeht, dass man dem Selbst hinsichtlich der biografischen Gestaltung keine große Bedeutung zumisst. Bei diesen Fällen aber zeigte sich, dass die Personen sich dennoch verantwortlich für ihren zukünftigen Lebensverlauf fühlten und damit ihrem Selbst bei der biografischen Gestaltung eher große Bedeutung zuwiesen. Aufgrund dieser „inneren" Widersprüchlichkeit haben wir diese Fälle zu einem eigenen Typus zusammengefasst, den wir als „Der Ambivalente" bezeichnen.

In theoretischen Begrifflichkeiten formuliert zeigt sich bei diesen Fällen ein Verschwimmen der Grenze zwischen Gefahr und Risiko, was eine doppelte Uneindeutigkeit hervorruft.[6] Denn die Zukunft wird einerseits als wenig kontrollierbar erlebt, andererseits wird aber von der Wirksamkeit eigener Handlungen bei der biografischen Gestaltung ausgegangen. Insofern wird die Welt zugleich als Möglichkeitsraum wahrgenommen, der mit seinen Chancen aktiv genutzt werden kann, während bestimmte Bereiche aber als außerhalb der eigenen Kontrolle erlebt werden. Der innere Widerspruch spiegelt sich auch in den Deutungslogiken der Personen wider: Auch wenn biografische Unsicherheiten meist als eher bewältigbar erlebt werden, zeigen sich dennoch an verschiedenen Stellen Spuren erlebter individueller Hilflosigkeit gegenüber dem „Schicksal". Eine Konsequenz ist die stark situationsabhängige Wahrnehmung und Bewertung von Ereignissen durch diese Personen.

---

6   Vgl. hierzu Kapitel 3.4 von *Fehr* und *Twork*.

Darüber hinaus zeigten sich aber innerhalb dieses Typus zum Teil erhebliche Unterschiede, was uns nach wiederholter, eingehender Betrachtung der Fälle und der Diskussion des Phänomens in der gesamten Forschergruppe zu dem Schluss kommen ließ, dass zwischen zwei unterschiedlichen Ausprägungen dieses Typus unterschieden werden muss. Auf der Basis dieser Erkenntnis haben wir zwei „Untertypen" gebildet, die wir als „Der Vertrauende" und „Der Hoffende" bezeichnet haben.

Im Folgenden werden nun diese beiden ambivalenten Typen idealtypisch dargestellt, indem wiederum im ersten Schritt eine allgemeine Beschreibung der besonderen Charakteristika des jeweiligen Typus erfolgt, um daran anschließend anhand jeweils zweier Fallbeispiele seine Besonderheiten zu veranschaulichen.

### 7.2.1   Typ 2.1: Der Hoffende: „Wir freuen uns auf das kommende Jahr"

Diesem Untertypus konnten sieben Personen unseres Samples zugeordnet werden.

Ähnlich wie die „Glaubenden" rechnen auch die „Hoffenden" biografische Unsicherheiten überwiegend dem Außen zu, d.h. sie sehen sich auf den ersten Blick eher weniger in der Lage, zukünftige Unsicherheiten selbst bewältigen zu können. Ausdruck hierfür ist ihre Wahrnehmung einer eher geringeren Bedeutung des Selbst bei der biografischen Gestaltung. Aber sie betrachten die Welt dennoch – und hierin kommt ihre ambivalente Überzeugung zum Ausdruck – als einen Möglichkeitsraum, der ihnen zumindest einen gewissen Grad an aktiver Handlung erlaubt. Während sich die „Glaubenden" ganz auf ihren Glauben verlassen, um biografische Eindeutigkeit und Sicherheit zu erzielen, gilt für die „Hoffenden", dass es zudem noch eines gewissen Grades an Eigeninitiative bedarf, um zum Ziel zu gelangen.

Bei der biografischen Gestaltung bedienen sie sich vielfältiger Stützen im Außen, die ihnen Orientierung und Halt geben: Sei es, dass sie sich stark an ihren familiären Bezugspersonen orientieren, was z.B. darin zum Ausdruck kommt, dass sie ständig in der „Wir-Form" schreiben. Oder sie passen sich an „normalbiografische", normative Rollenmuster wie beispielsweise die geschlechtsspezifische Arbeitsteilung an: *„Das wird von mir verlangt, das muss ich jetzt so machen."* Eine andere häufig von ihnen gewählte, durchaus aktive Strategie im Umgang mit Unsicherheit besteht darin, dass sie sich bei Bedarf Hilfe bei anderen Bezugspersonen holen. Besonders charakteristisch ist für sie ihr ausgeprägter Optimismus, mit dem sie unerwarteten Ereignissen begegnen. Dieser könnte in ihrem vermeintlichen Wissen um ihre vielfältigen Stützen im Außen (und deren Unterstützungsleistungen) begründet liegen.

Ihre biografische Perspektive zeichnet sich einerseits – ähnlich dem Typus „Der Glaubende" – durch eine geschlossene Zukunft aus; d.h. die Autoren betrachten zukünftige Gegebenheiten als eher unbeeinflussbar und als nicht kalkulierbar. Daneben zeigt sich aber zugleich eine teleologische Ausrichtung, was auf den ersten Blick ambivalent erscheint: Denn wenn die Zukunft von außen festgelegt ist, dann können keine langfristigen Ziele entwickelt werden. Dass hier zugleich beide Aspekte miteinander verknüpft sind, kann darauf zurückgeführt werden, dass sie durch ihre grundlegend optimistische Lebenseinstellung davon ausgehen, dass das „Schicksal" es gut mit ihnen meint, so dass sie ihre selbst gesteckten Ziele auch erreichen werden.

Zusammenfassend kann festgehalten werden, dass „die Hoffenden" – im Gegensatz zu den „Glaubenden" – in zumindest geringem Umfang aktive, eigene Strategien entwickeln, dass sie einige ihrer Möglichkeiten aktiv nutzen, um die Unsicherheiten zu bewältigen. Sie agieren zwar aus einer eher defensiven Position heraus, aber dennoch nehmen sie die Ereignisse nicht einfach passiv– wie die „Glaubenden" – hin, sondern versuchen, das „Schicksal" durch ihre Reaktionen in gewisser Weise zu lenken. Indem sie „hoffen", gehen sie darüber hinaus von einem positiven Ausgang auch unerwarteter Ereignisse aus, was sich in ihrem unerschütterlichen Optimismus widerspiegelt.

### 7.2.1.1  Das Beispiel Hermann Strab

Herr Strab, 1958 geboren, ist verheiratet und hat zwei Kinder. Er hat ein Soziologie-Studium absolviert und arbeitet nun als Systemberater bei einer nicht näher genannten Firma. Noch wohnt er mit Frau und Kindern zusammen. Seinen Ausführungen ist allerdings zu entnehmen, dass die Kinder in nicht allzu ferner Zukunft ausziehen werden.

*a)  Perzeption von Unsicherheit*
Aufgrund von Herrn Strabs ausgesprochen positiver Darstellung des vergangenen Jahres war eine Identifizierung seiner Unsicherheitswahrnehmung auf den ersten Blick schwer möglich. Dennoch zeigte sich bei genauerem Hinsehen, dass er Unsicherheiten eher dem Außen zurechnet und sich selbst als ihnen eher ausgeliefert erlebt. Beispielsweise, indem er betont: *„Es sieht so aus, dass wir jetzt – nachdem unsere beiden Mädels auch ihre eigenen Wege gehen – wieder da aufsetzen, wo wir damals aufgehört haben"* (P2, B1, S1, Z47–55). Er begreift zukünftige Unsicherheiten als unerwartetes Schicksal, als Zufälle oder auch als (Un-)Glück. Schwerpunktmäßig zeigt sich bei ihm jedoch eine sehr positive Konnotation, was auf seine grundsätzlich optimistische Einstellung zurückzufüh-

ren ist. Diese wird zum Beispiel an folgendem Zitat deutlich: *„Wir freuen uns jedenfalls auf das kommende Jahr und all die neuen Entwicklungen und Ereignisse, die wir erleben und ein wenig auch selbst gestalten können. Vieles ist schon in Vorbereitung, manches wird wahrscheinlich einfach passieren"* (P2, B1, S2, Z117–120). Interessant an diesem Zitat ist darüber hinaus, dass er hier zugleich seine eigene Rolle bei der Gestaltung biografischer Sicherheit näher bestimmt: Einerseits passieren Ereignisse und Entwicklungen einfach, was auf eine eher unbedeutende Rolle des Selbst hinweist: „manches wird wahrscheinlich einfach geschehen". Andererseits aber scheint er sich auch der – wenn auch eher geringeren – Möglichkeiten der Einflussnahme bewusst zu sein: „[werden wir] ein wenig auch selbst gestalten können". Insofern wird hier seine ambivalente Einstellung deutlich, denn es erscheint ihm ungeklärt, ob er zukünftige Unsicherheiten dem eigenen Verantwortungsbereich oder dem Außen zurechnen soll.

Ungeachtet einer insgesamt eher passiv anmutenden Haltung gegenüber biografischen Unsicherheiten scheint Herr Strab die Welt dennoch als einen Möglichkeitsraum aufzufassen, zumindest auf der Ebene kleinerer, persönlicher Gegebenheiten. So plant er beispielsweise aktiv seine Hobbies (Motorradfahren) und Freizeitaktivitäten (Feiern, Treffen mit Freunden und Bekannten, Urlaubsreisen etc.). Auch dass Herr Strab über zwölf Jahre aktiv im Elternbeirat am Gymnasium seiner Kinder mitgearbeitet hat, deutet auf sein Engagement hin, das über ein passives Hinnehmen hinausgeht. Hieran wird seine Bereitschaft zur Verantwortungsübernahme deutlich. Er ist bereit, so könnte man es formulieren, sofern für ihn Möglichkeiten sichtbar werden, diese auch aktiv zu nutzen, was auf eine gewisse Bedeutung des Selbst bei der Gestaltung biografischer Sicherheit hinweist. Schon der erste Absatz des Briefes verweist auf diese Einstellung: *„Wir haben uns einiges gegönnt, allerdings uns auch mächtig angestrengt"* (P2, B1, S1, Z2–3). Insofern geht er, in einem gewissen Rahmen, von seiner Handlungsfreiheit aus. *„Vieles ist schon in Vorbereitung"* (P2, B1, S1, Z11). Auf der anderen Seite wird aber auch ein gewisser Grad an Fremdbestimmung nicht geleugnet: *„manches wird wahrscheinlich einfach passieren"* (P2, B1, S2, Z119–120).

## b) Umgang mit biografischer Unsicherheit

Ein Großteil des Briefes ist der Darstellung seiner Familie und deren Tätigkeiten gewidmet. Dies ist ein erstes Indiz dafür, dass er in der Familie eine wichtige Basis seiner biografischen Sicherheit sieht, auf die er „bauen" kann. An den Bedürfnissen seiner Familie orientieren sich seine eigenen Zielsetzungen, was am Beispiel seiner Arbeit im Elternbeirat der Schule – der er eine gewisse zukünftige Relevanz zuspricht – deutlich wird. Auch der bevorstehende Auszug seiner Töchter hat für sein eigenes Leben große Bedeutung, was daran sichtbar wird, dass er sich ausführlich mit dem Thema befasst. *„Es sieht so aus, dass wir jetzt – nachdem unsere beiden Mädels auch ihre eigenen Wege gehen – wieder da aufsetzen, wo wir damals aufgehört haben"* (P2, B1, S1, Z47–55).

Arbeit und Beruf dagegen werden von Herrn Strab nur marginal thematisiert. „Ansonsten gehen Cordelia und ich unserer Arbeit [...] nach. Auch hier tut sich viel, aber das kann man auch in der Presse nachlesen" (P2, B1, S2, Z116–117). Diese Aussage könnte als ein Hinweis auf die relative Unbedeutendheit der Arbeit für seine biografische Gestaltung verstanden werden. Betrachtet man jedoch seine Ausführungen zu den beiden Töchtern, ergibt sich ein anderes Bild. Besonders bei Lisa wird der traditionelle Werdegang: Schule, Ausbildung/Studium, Langzeitarbeitsverhältnis, deutlich angesprochen. Auch bei Stefanie erfolgt dies, hier jedoch über ihren Freund, wobei die Betonung darauf liegt, dass er „Wirtschaftsingenieur im letzten Jahr" (P2, B1, S2, Z106) ist. Daraus kann geschlossen werden, dass die Normalbiografie eine akzeptierte und gern gesehene Leitlinie im Leben von Herrn Strab darstellt.

Durch die Schilderungen des Geburtstags, des Sommerurlaubs sowie der Erlebnisse seiner Töchter präsentiert Herr Strab einen als Kontinuität wahrgenommenen Zeitverlauf. Zudem implizieren seine Ausführungen sowohl einen Weiterentwicklungsgedanken (Teleologie) – deutlich sichtbar an den Beschreibungen der Lebensverläufe der Kinder – als auch Möglichkeiten der Veränderung wie das Ausscheiden aus dem Elternbeirat und die Überlegung des erneuten Motorradfahrens. Die Zukunft wird teils als offen, teils auch als geschlossen wahrgenommen, je nachdem, welche Bereiche er anspricht. Insgesamt ist seine biografische Gestaltung eher langfristig orientiert, was daran sichtbar wird, dass die folgende Generation bei ihm eine hohe Bedeutung erhält.

Bei Herrn Strab liegt die Logik des Hoffens fast allen seinen biografischen Konstruktionen zugrunde. *„Wir hoffen, dass es bei euch auch zu keinen größeren Katastrophen gekommen ist"* (P2, B1, S1, Z1–2). *„Wie sagt man in Bayern: „Schaun wir mal, dann sehn wir schon!"* (P2, B1, S2, Z117–120). Und dabei ist das Hoffen durchaus positiv konnotiert, da es eine sehr optimistische Grundhaltung impliziert. Eindeutigkeit bzw. Sicherheit schafft sich Herr Strab, indem er davon ausgeht, dass die Zukunft weitgehend Positives bringen wird.


## 7.2.1.2 Das Beispiel Felix Sturm

Herr Sturm wurde 1957 geboren und wohnt mit seiner Frau Inge, die in einer Apotheke arbeitet, und seinem 1993 geboren Sohn Elias zusammen. Er hat ein abgeschlossenes BWL-Studium, ist selbständig und arbeitet für die Europäische Union. Die Familie Sturm wird durch ihren Hund Einstein ergänzt.

*a)    Perzeption von Unsicherheit*

Unsicherheit nimmt Herr Sturm zweigeteilt wahr: Zum einen scheint sie ihm auf das Außen zurückzuführen sein, d.h. er sieht sich ihr ausgeliefert. Es sind hier vor allem die Felder der Politik, die ihn hilflos machen: *„Wir schütteln uns jeden Abend beim Lauschen der Nachrichten über die Auslassungen unserer Politik und in weit größerem Maße über das Grauen, das wir Menschen in Gottes, oder wessen Namen auch immer, anrichten"* (P1, B1, S1, Z12–14). Aber auch den wirtschaftlichen Veränderungen sieht er sich ausgeliefert: *„In der Apotheke von Ines hat sich die Gesundheitsreform bemerkbar gemacht. [...] Eine Kollegin musste gehen, um den Gewinn auf hohem Niveau zu halten"* (P1, B1, S2, Z53–55). Diese Bereiche, ebenso wie das Altern, scheinen in seinen Augen der Kontrolle des Einzelnen entzogen. Auf der privaten Ebene allerdings werden Unsicherheiten eher als Chancen wahrgenommen, als Zufälle, die einen gestalterischen Raum eröffnen. Beispiele hierfür sind die Nebentätigkeit seiner Frau, die erfolgreich die Chance nutzt, Seminare zur Steigerung der Gedächtnis- bzw. Gehirnleistung zu geben. Und *„ich glaube, sie ist selbst davon überrascht, wie gut das Training läuft"* (P1, B1, S2, Z66–67). Auch die Fähigkeit seiner Frau, mit ihrem unberechenbaren Chef umzugehen, sieht er als Möglichkeit des aktiven Umgangs mit Unsicherheiten. *„Nun, Inge weiß ihren Bossi gut zu nehmen, von daher droht hier keine Gefahr"* (P1, B1, S2, Z55–56 ). Insofern wird auch bei Herrn Sturm eine ambivalente Wahrnehmung von Unsicherheiten deutlich. Geprägt durch seine grundsätzlich optimistische Einstellung gewinnt er aber auch den als unbeeinflussbar wahrgenommenen Ereignissen wie dem Ausbleiben des zweiten Nachwuchses seine positiven Seiten bzw. Möglichkeiten ab: *„Nachdem die Klapperstörche in unserer Gegend nicht mehr gesichtet werden, war auch nicht mehr mit dem Nachwuchs für das zweite obere Bett zu rechnen. Die Erfüllung einiger Wünsche mussten erfüllt werden"* (P1, B1, S2, Z 44–46).

Die Welt ist für Herrn Sturm, bezogen auf den privaten Bereich, ein Möglichkeitsraum. Hier fühlt er sich in der Lage, mit Planungen und anderen aktiven Strategien auf seine Zukunft einzuwirken. In diesem Bereich wird das eigene Selbst von Herrn Sturm also durchaus als bedeutend wahrgenommen, worauf bereits der dritte Absatz seines Briefes hinweist: *„Einige haben sich gefreut, im letzten Jahr wieder einen Weihnachtsbrief von uns erhalten zu haben, andere haben es wohlwollend zur Kenntnis genommen und andere wiederum werden nie erfahren, ob es in diesem Jahr wieder einen gibt"* (P1, B1, S1, Z7–10). Diese Aussage impliziert, dass er seinem Jahresbrief eine größere Bedeutung zumisst. Das eigene Leben wird jedoch zugleich auch als fremdbestimmt gesehen, sowohl im als auch durch das Berufsleben, durch Zufälle sowie durch das Altern und natürliche Veranlagungen. Nur in wenigen Bereichen sieht er die Möglichkeit, autonom zu handeln: Die Urlaube sind hierfür ein Beispiel, oder das bereits angeführte Geschäft seiner Frau Ines.

*b)    Umgang mit biografischer Unsicherheit*
Ein wesentlicher Ankerpunkt im Leben von Herrn Sturm ist seine Familie. Durch sie gewinnt er Eindeutigkeit und Sicherheit. Vor allem sein Kind scheint für ihn Hoffnungs- und Zukunftsträger zu sein, wie sich in folgendem Zitat andeutet: *„Unsere Zukunft soll heute am Anfang stehen: Elias!"* (P1, B1, S1, Z15). Seine eigene Karriere hingegen scheint in seinem Leben eine eher untergeordnete Rolle zu spielen. Er erwähnt berufliche Dinge erst am Ende des Briefes und weist in diesem Zusammenhang vor allem auf die damit verbundenen Schwierigkeiten und Gefahren hin. Der Erfolg seiner Frau Ines scheint im Gegensatz dazu für ihn sehr wichtig zu sein, worauf folgendes Angebot hindeutet: *„Ich biete ihr immer wieder an, sie zu managen und mich von meinem Job zurückzuziehen"* (P1, B1, S2, Z65–66).[7] Gleichermaßen gilt dies auch für den schulischen Erfolg seines Sohnes. Er betont, dass sein Kind, trotz Schwierigkeiten in der Schule, klug ist und sich über diese Probleme hinwegsetzt. Somit wird letztlich seine Familie für ihn zum zentralen Bezugsrahmen seines Sicherheitsverständnisses.

Zugleich misst er seinem Selbst einige Bedeutung bei der biografischen Gestaltung zu. Denn er ist aktiv um einen gewissen Grad an Kontrolle bemüht, um zukünftige Ungewissheiten zu managen. Das zeigt sich beispielsweise in dem Angebot an seine Frau, sie zu managen. Aber ebenso ist er bemüht, aktive Strategien zu entwickeln, um auf unerwartete berufliche Veränderungen und Herausforderungen reagieren und sie in seinem Sinne bewältigen zu können. So spricht Herr Sturm in Bezug auf seine Arbeit davon: *„da muss man ständig aufpassen, dass man die Treppe, die man mühsam erklommen hat, nicht wieder hinunter fällt"* (P1, B1, S3, Z22–23). Zwar ist diese Formulierung recht negativ, aber indem er betont *„man muss ständig aufpassen"*, verweist er darauf, dass er sich in der Lage fühlt, sie auch erneut besteigen zu können.

Der Zeithorizont seiner biografischen Konstruktionen ist eher langfristig und kontinuierlich, was sich auch in seiner Ausdrucksweise widerspiegelt: *„Er wächst und gedeiht prächtig"* (P1, B1, S1, Z 16). Auch werden Ereignisse eher aus einer langzeitlichen Perspektive betrachtet: *„Das Auswendiglernen ist nicht sein Ding (...). Von daher haben wir uns riesig gefreut, dass er beim Jahres-*

---

7    Andererseits könnte es auch seine Intention sein, Kontrolle über den Erfolg seiner Frau auszuüben und sich selber in die Erfolgsserie mit einzubringen.

*wechsel mit sehr guten Noten die siebte Klasse abgeschlossen hat"* (P1, B1, S1, Z16–28). Dies ist zugleich verbunden mit einer teleologischen Perspektive, die sich beispielsweise bei der Nebentätigkeit seiner Frau zeigt, die nach ihm einen „Wachstumsmarkt" (P1, B1, S2, Z68) bedient. Der Weiterentwicklungsgedanke zeigt sich aber auch in seinen Hoffnungen zur schulischen Laufbahn seines Sohnes und seiner eigenen beruflichen Weiterentwicklung: *„Zwischenzeitlich bin ich für Kunden auf Regierungsebene in den neuen Mitgliedsländern der Europäischen Union und in unserem Büro in Brüssel für das Themengebiet XXX bei den Europäischen Institutionen verantwortlich"* (P1, B1, S3, Z99–103).[8] Herr Sturm betreibt eine eher langfristige Planung, die sich jedoch an Projekten orientiert, wie beispielsweise eine gemeinsame Reise mit seinem Sohn für einen verpassten Geburtstag. Trotz dieses Projektbezugs, der auf den Versuch schließen lässt, sich Etappenziele zu setzen, scheint Herr Sturm die Zukunft als eher geschlossen zu erleben. Denn durch die Ungewissheiten in Beruf, Politik, Wirtschaft etc. sieht er sich kaum in der Lage, in der Gegenwart Einfluss auf die Zukunft nehmen zu können.

Insgesamt zeigt sich, dass sein Handeln ganz auf die Familie ausgerichtet ist, dass sie für ihn einen Orientierungsrahmen darstellt, an den die eigenen Handlungen angepasst werden. Und in den Bereichen – wie der Politik und der Wirtschaft oder der Natur –, in denen er sich ausgeliefert fühlt, *hofft* er auf positive Veränderungen. Aufgrund seiner optimistischen Lebenseinstellung ist er sich aber sicher, dass er sich auch mit auf den ersten Blick negativen Entwicklungen arrangieren kann. Die Anpassung an die veränderte Nachwuchssituation verweist beispielsweise auf die Einstellung, aus dem Vorhandenen das Beste zu machen. Er *hofft* auch, die Treppe im Berufsleben weiter hochsteigen zu können. Dabei macht es für ihn keinen Unterschied, ob er immer wieder von vorn beginnen muss oder ob es einfach so weitergeht, denn das Wesentliche ist für ihn der Prozess der Weiterentwicklung.

### 7.2.2   Typ 2.2: Der Vertrauende: „Einer drückt die Reset-Taste und man beginnt von neuem"

Diesem Typus wurden zwölf Personen unseres Samples zugeordnet.

Die Fälle, die diesem Typus zugeordnet wurden, zeichnen sich ebenso wie die „Hoffenden" durch ihre optimistische Lebenseinstellung und ihre Lebensfreude aus. Unsicherheit wird von ihnen – wiederum ebenso wie bei den „Hof-

---

8    Auch hier unterstützt die Treppen-Metapher die Interpretation, da man eine Treppe immer wieder hochsteigen kann.

fenden" – einerseits sich selbst zugerechnet, d.h. aus eigenen Handlungen resul-
tierend und durch eigenes Handeln bewältigbar verstanden (Risikoperzeption).
Andererseits wird aber zugleich anerkannt, dass nicht alles im Leben kontrollierbar ist (Gefahrenperzeption). Auch bei ihnen wird insofern eine ambivalente
Überzeugung offensichtlich. Der deutliche Unterschied zwischen beiden Typen
besteht jedoch darin, dass die Personen, die den „Vertrauenden" zugeordnet
wurden, sehr viel mehr als die „Hoffenden" die Verantwortung für die Gestaltung biografischer Sicherheit selbst übernehmen. Sie sind viel stärker von den
eigenen Fähigkeiten zur Bewältigung von Unsicherheit überzeugt. Sie „vertrau-
en" insofern sehr viel stärker auf ihre eigenen Kompetenzen. Daher wird die
Welt auch vor allem als ein Möglichkeitsraum wahrgenommen, der viele Chancen zum eigenverantwortlichen Handeln bereithält, und weniger als ein Bedro-
hungsszenario. Vor dem Hintergrund der sehr positiven, optimistischen[9] Lebenseinstellung werden aber auch unerwartete Ereignisse, die aus ihrer Sicht nicht
kontrolliert werden können, meist als hinnehmbar interpretiert.

Ihre zentrale Deutungslogik ist das Vertrauen, vor allem das Vertrauen auf
eigene Kompetenzen und Planungen. Es baut auf ihren in der Vergangenheit
gesammelten Erfahrungen auf, die sie sich für die Einschätzung der Zukunft
nutzbar machen. Zwar vertrauen sie hin und wieder auch auf ihr soziales Umfeld,
aber dennoch spielt dieser Aspekt eine eher untergeordnete Rolle,[10] ebenso wie
eine Orientierung an „normalbiografischen" Erwartungen weniger sichtbar wird.
Insgesamt hat vor allem das Selbst große Bedeutung bei der Bewältigung biografischer Unsicherheiten. Die zeitliche Perspektive der biografischen Konstruktionen dieser Personen – sie unterscheidet sich nur wenig von der der „Hoffenden" –
ist sowohl durch Kontinuität als auch durch Teleologie geprägt. Die Zukunft
erscheint als überwiegend offen, da sie durch eigene Handlungsmöglichkeiten
bestimmt werden kann.

### 7.2.2.1 Das Beispiel Alex Felsmeißner

Herr Felsmeißner wurde 1959 geboren, ist verheiratet und hat drei Kinder. Nach
dem Erwerb der Hochschulreife hat er eine Ausbildung zum Touristikmanager
gemacht und leitet ein eigenes Hotel. Er scheint jedoch im Laufe seiner Ausbildung auch in größeren Hotelunternehmen gearbeitet zu haben.

---

9    Neben Humor bedienen sich diese Personen auch des Sarkasmus und der Ironie, um unerwarte-
     ten Ereignissen die Schärfe zu nehmen und ihnen Humor abzuringen.
10   Der Leser gewinnt an vielen Stellen den Eindruck, als ob diese Personen durch nichts aus der
     Bahn zu werfen sind.

*a)    Perzeption von Unsicherheit*
Herr Felsmeißner rechnet Unsicherheiten zum einen fremd zu und interpretiert
sie in diesem Fall als Zufälle (Gefahrenperzeption): *„Einfach Klasse, auch wenn
unser Aufenthalt im Hilton am Tour Eiffel anfangs getrübt war, durch vermehrte
nächtliche Brechanfälle von Armin"* (P6, B1, S1, Z19–20). Oder: *„Die Rück-
fahrt war leider etwas unter Zeitnot, da für Armin am 1. September, d.h. 14 Tage
früher als bei der Grundschule, die neue Schule begann"* (P6, B1, S2, Z45–51).
Auch die Verzögerungen und Störungen, die bei seiner Hotelrenovierung auftreten, erlebt er als negative Zufälle, denen er mehr oder weniger ausgeliefert ist.
Andererseits rechnet er sich Unsicherheiten aber auch selbst zu – hier wird seine
ambivalente Einstellung deutlich –, d.h. er geht davon aus, unerwartete Ereignisse selbst in seinem Sinne kontrollieren und bewältigen zu können (Risikoperzeption). *„Bei den mehrmaligen Ausführungen der Spurenbeseitigung (Brechanfälle
von Armin) kam es uns zugute, dass ich mich in Hotels auskenne. Das betraf
sowohl Entsorgung als auch Beschaffung neuer Bettwäsche, Handtücher etc.
ohne die Hilfe Dritter"* (P6, B1, S1/2, Z20–22). Insofern sieht er sich in der Lage, negative Folgen unerwarteter Ereignisse abschätzen und beseitigen zu können. Insgesamt spielt bei ihm die Gefahrenperzeption jedoch eine eher untergeordnete Rolle. Daher wird die Welt von ihm auch vor allem als ein Möglichkeitsraum wahrgenommen, den er durch die sich bietenden Chancen aktiv nutzen
kann. Logisch konsequent hält Herr Felsmeißner sich bzw. sein eigenes Engagement für bedeutend für seine biografische Gestaltung. Er trifft verantwortungsvolle, autonome Entscheidungen, um die Zukunft in seinem Sinne zu gestalten. Ein Beispiel hierfür ist der Schulwechsel seines Sohnes von der staatli-
chen auf eine private Schule, den er initiiert hat. *„Und wir Eltern (...) sind froh
über die Entscheidung, die wir eigentlich schon vor zwei Jahren hätten treffen
sollen. Denn erstens ist nach unserer erneuten Erfahrung der Grundschule Zweifel am deutschen Schulsystem in der Tat berechtigt"* (P6, B1, S2, Z62–64).[11]

*b)    Umgang mit biografischer Unsicherheit*
Als zentrale Bezugspunkte der biografischen Gestaltung dienen Herrn Felsmeißner sowohl seine Familie als auch sein eigenes Selbst. Allerdings zeigt sich, dass
auch die Zielsetzungen für seine Familie stark durch seine Überzeugungen geprägt sind. Diese Ziele dienen ihm als Orientierungsrahmen für seine Handlungen. Und für diese ist er bereit, Verantwortung zu übernehmen, was sich beispielsweise an seiner Förderung der Kirchenaktivitäten der Kinder zeigt. *„Zu-*

---

11    An manchen Stellen fällt die Abgrenzung zum Typus des „Kalkulierers" schwer. Es kommt
      hier zu Überschneidungen, die darauf zurückzuführen sind, dass die Typen idealtypisch kon-
      struiert wurden und in der Realität so nicht zu finden sind.

*rück in Düsseldorf liefen dann die Vorbereitungen auf Hochtouren für Armins
„Erste Hl. Kommunion". Ein festlicher Tag, der uns allen und besonders Armin
lange in Erinnerung bleiben wird"* (P6, B1, S2, Z23–25). Gleiches gilt auch für
den von ihm initiierten Schulwechsel, der aus Sorge um die Zukunft des Sohnes
erfolgt. *„Zweitens ist der Schritt zu einer bilingualen Ausbildung im Kindesalter
in der immer globaler werdenden Welt die ideale Voraussetzung für eine ebenso
globale wie flexible Lebens- und Arbeitseinstellung"* (P6, B1, S2, Z64–66).

Die zeitliche Perspektive seiner biografischen Überzeugungen ist vor allem
durch Teleologie geprägt, die sich besonders in den Karriere- bzw. Zukunftsvisi-
onen für seine Kinder widerspiegelt. Dies kann sich sowohl auf den durch den
Schulwechsel seines jüngsten Sohnes ermöglichten Leistungsschub, auf den
Führerscheinerwerb seines ältesten Sohnes oder auf die Ernennung Armins zum
Messdiener beziehen: *„Stolz ist er natürlich auch darüber, dass er seit diesem
Tag in den Stand des Messdiener 'erhoben' wurde"* (P6, B1, S2, Z25–26). Er
betrachtet seine Biografie insofern als eine stetige, kontinuierliche Weiterentwicklung. Zugleich plant er eher langfristig, da er davon ausgeht, seine Ziele
dann am besten erreichen zu können. Er erlebt seine Zukunft als eher offen, sieht
sich aber meist in der Lage, sie in seinem Sinne zu bestimmen. Denn er vertraut
auf seine eigenen Kompetenzen beim Bezwingen von Unsicherheiten. Dies geschieht vor allem durch sein rationales Kalkül, durch Planung und durch ein
strukturiertes Vorgehen beim Bewältigen von Problemen. Auch zeigt sich bei
ihm eine gewisse optimistische Grundhaltung, die es ihm ermöglicht, sich an
unerwartete Ereignisse, denen er hilflos gegenübersteht, anzupassen und sich mit
ihnen zu arrangieren.

### 7.2.2.2 Das Beispiel Friedrich Dorn

Herr Dr. Dorn wurde 1974 geboren und ist verheiratet, hat aber keine Kinder.
Nach seinem Abitur absolvierte er ein Medizinstudium und ist nun im zentralen
Sanitätsdienst der Bundeswehr tätig.

*a)    Perzeption von Unsicherheit*
Auch Herr Dorn nimmt Unsicherheiten ambivalent war: Zum einen rechnet er
sich Schwierigkeiten und Unsicherheiten selbst zu. Beispielsweise betrachtet er
seine derzeitige mentale Verfassung als Folge eigenen Handelns (Risikoperzeption). *„Ich bin im Stadium II eines stinknormalen Burnout-Syndroms angekom-
men. Nachdem über 30 Jahre übertriebener Aktionismus und Hypermotivation
prägend waren, bin ich jetzt so abgestumpft, dass es aktuell unmöglich ist, mir
noch in irgendeiner Form 'weh zu tun'!"* (P8, B1, S1, Z10–14). Auf der anderen

Seite werden Unsicherheiten aber auch als Schicksalsschläge interpretiert, die nicht kontrolliert werden können. Vor allem berufliche unerwartete Ereignisse sieht er – theoretisch formuliert – als Gefahren an, denen er ausgeliefert ist. *„Der Wechsel von der richtigen Medizin im Krankenhaus (...) in Koblenz in die Truppe (...). Jeder Tag ist für sich ein ‚Thrill' dahingehend, was er wohl wieder bringen mag, einen neuen Dienstposten, neue Soldaten, eine Fachkraft, (die übermorgen schon wieder geht), die Anfrage für einen Auslandseinsatz, ein Übungsplatzaufenthalt, wieder ein ausgefallener Kollege, die Kommandierung auf einen Lehrgang, einen neuen Chef, eine neue Kollegin, einen neuen Kollegen, eine neue Vorschrift oder einfach nur die nächste Horrormeldung [...]"* (P8, B1, S1/2, Z27–30, 1–4).

Die Ambivalenz in seiner Wahrnehmung tritt besonders deutlich im folgenden Zitat zutage: *„Doch immer dann, wenn's gerade beginnt zu laufen, drückt einer die Reset-Taste und man beginnt von neuem"* (P8, B1, S2, Z23–41, vgl. auch Z102–104, Z110–111). Hier wird einerseits offensichtlich, dass sich Herr Dorn von unerwarteten Ereignissen überrollt fühlt, andererseits aber dennoch an die Wichtigkeit des eigenen Handelns glaubt: *„man beginnt von neuem"*. In eine ähnliche Richtung geht auch dieses Sisyphos-Zitat: *„Ich denke, jeden Tag einen Stein den Berg hinauf zu rollen, um dann freudestrahlend zu sehen, wie er wieder hinunterkugelt, ist befriedigender!"* (P8, B1, S2, Z41–43, Z14–17). Es zeigt sich, dass er unerwartete berufliche Ereignisse meist als Bedrohungen wahrnimmt, da er sich nicht in der Lage fühlt, sie zu ändern. Und die beruflichen Unsicherheiten werden dabei als durchaus bedeutend angesehen, da sie eine Offenheit bzw. Kontingenz erschaffen, die nicht kontrolliert werden kann, mit der Konsequenz: *„Ich wiederhole mich, aber im letzten Jahr war ich im Job nicht dauerhaft überhaupt irgendwie glücklich zu stimmen"* (P8, B1, S2, Z35–37). Dennoch sieht Herr Dorn seine Welt auch als einen Möglichkeitsraum. Unerwartete sich ihm bietende Lehrgänge und Fortbildungen beispielsweise betrachtet er als Chancen, die er als eine Ablenkung vom tristen Alltag zu nutzen weiß. Insofern schreibt er sich selbst bei der Gestaltung biografischer Sicherheit eine bedeutende Rolle zu. Er sieht sich auch für sein näheres Umfeld als bedeutend an, was zum einen daraus geschlossen werden kann, dass er schon häufiger Jahresbriefe verschickt hat, zum anderen bedingt durch seine beruflich gehobene Position: *„die nächste Horrormeldung nach dem Motto: Herr Stabsarzt, könnten Sie mal bitte gleich zum Oberstabsarzt kommen, der hat da mal ne Frage"* (P8, B1, S2, Z34–35).

*b)   Umgang mit biografischer Unsicherheit*
Die zentralen Bezugspunkte im Leben von Herrn Dorn stellen er selbst und seine berufliche Karriere dar. Er konstruiert biografische Sicherheit, indem er ganz auf

seine Fähigkeiten vertraut, auch unter ungewissen und z.T. chaotischen Umständen adäquat und kompetent zu reagieren. Da er seine Frau nur am Rande erwähnt, scheint sie für seine biografische Gestaltung von untergeordneter Bedeutung zu sein.

Seine biografischen Konstruktionen verweisen auf ein Kontinuitätsstreben, das insbesondere daran deutlich wird, dass er Brüche im Lebenslauf (Wechsel in die Truppe) eher negativ beschreibt. Darüber hinaus sind sie geprägt durch eine teleologische Perspektive. Diese spiegelt sich vor allem in seinem Streben nach beruflicher Weiterentwicklung wider. Auch wenn er seine gegenwärtige Situation aufgrund unkontrollierbarer Veränderungen als schwierig beschreibt – oder gerade deswegen –, strebt er dennoch nach langfristiger Kontinuität. Seine Zukunft erlebt Herr Dorn als eher offen, da er sich bis zu einem gewissen Grad in der Lage sieht, sie in seinem Sinne zu managen.

Eine wesentliche Strategie von Herrn Dorn zum Bewältigen biografischer Unsicherheiten ist seine Planung und das Entwickeln einer klaren langfristigen Zielsetzung. Darüber hinaus vertraut er zum einen darauf, dass sich seine berufliche Situation in Zukunft bessern wird, und zum anderen darauf, dass er alle sich ihm bietenden Ereignisse in kompetenter Weise bewältigen wird. Indem er mögliche Probleme antizipiert, sie bei seinen Planungen einkalkuliert und dadurch großes rationales Kalkül beweist, sieht er sich in der Lage, sein Leben aktiv zu gestalten. *„In der täglichen Arbeit freue ich mich sogar schon auf alles das, was schon wieder! nicht funktioniert hat und habe stetig die Überzeugung, dass das alles erst die Spitze des Eisberges sein kann und noch steigerbar ist"* (P8, B1, S1, Z14–17). Zu Beginn seines „Briefes" erwähnt Herr Dorn zwar, dass er sich durch jahrelangen Aktionismus ausgebrannt fühle. Das mag zwar stimmen bzw. von ihm so wahrgenommen werden, auf der anderen Seite lässt dies aber auch den Rückschluss zu, dass er ein Mensch mit durchaus hohem Aktivitätsgrad ist.

### 7.3  Typ 3: Der Kalkulierer: „Der Reiz, eine Idee zu realisieren, ist unwiderstehlich"

Sechs Personen unseres Samples wurden diesem Typus zugeordnet.

Zentrales Merkmal der Personen, die diesem Typus zugeordnet wurden, ist ihre Gewissheit, dass biografische Unsicherheiten von ihnen selbst eingegangen und bewältigt werden können. Theoretisch kann daher von einer *Risikoperzeption* gesprochen werden (siehe Kapitel 2.2). Damit einher geht ihre große Bereitschaft zu Spontaneität und Flexibilität bei der Umsetzung eigener biografischer Vorstellungen. Salopp formuliert: Diese Personen haben das Gefühl, ihre biogra-

fische Gestaltung selbst in der Hand bzw. „im Griff" zu haben. Sie fassen die
Welt als einen Möglichkeitsraum auf und nutzen die Chancen, die sie darin sehen. Logisch konsequent wird ihrem Selbst eine hohe Bedeutung zugewiesen.
Ein weiteres Charakteristikum der Personen dieser Gruppe ist ihre *positive Wertschätzung* von Unsicherheiten, da sie mit ihnen vor allem Freiheit und Unabhän-
gigkeit assoziieren.

Als zentrale Bezugspunkte bei der biografischen Gestaltung dienen diesen
Personen überwiegend eigene Überzeugungen, eigene Vorstellungen und eigene
Ideen. Das *autonome* Selbst wird insofern als die zentrale Stütze bzw. als der
wesentliche Orientierungsrahmen für das eigene Leben wahrgenommen. Ihre
biografischen Konstruktionen weisen eine stark teleologische Perspektive auf.
Denn diese Personen begreifen ihr Leben als eine ständige Weiter- und Auf-
wärtsentwicklung, die sie durch eigenes Handeln steuern können. Dem liegt ein
hoher Grad an eigener Aktivität zugrunde, sowohl hinsichtlich des beruflichen
Werdeganges als auch bezogen auf die Freizeitgestaltung. Es wird demzufolge
selbst entschieden, wie und wo man leben und arbeiten möchte. Insofern gilt
beispielsweise: *„I wish we were living in Munich instead of Frankfurt. We then
had a look on the internet for possible jobs for me"* (P11, B1, S1, Z–45). Dabei
wird nichts dem Zufall überlassen, sondern die eigenen Ideen werden nach Möglichkeit konsequent und mit rationalem Kalkül in die Realität umgesetzt. Dies
klingt dann beispielsweise so: *„Der Reiz, eine weitere Idee zu realisieren, war
einfach unwiderstehlich"* (P16, B1, S2, Z21–22). Ihr Vertrauen in die eigenen
Fähigkeiten ist dabei von ganz grundlegender Bedeutung.

## 7.3.1 Das Beispiel Martin Stevens

Herr Stevens schreibt seine biografischen Updates auf Englisch und stammt
wahrscheinlich aus Bristol (UK).[12] Zusammen mit seiner Frau Corinna lebt er
zunächst in Frankfurt, um dann – auf ihren Wunsch hin – nach München zu
ziehen. Nachdem sie sich in München eingelebt haben, erwartet seine Frau ein
Kind. Als Reaktion darauf kaufen sie ein Stück Land, auf das sie ein Haus bauen
wollen. Für Herrn Stevens machen seine Erwerbsarbeit und seine zukünftige
Familie den Mittelpunkt seiner biografischen Gestaltung aus.

---

12  Von diesem Autor wurde der Fragebogen zu den persönlichen Daten (siehe auch Anhang A)
    nicht ausgefüllt, so dass alle Informationen dem Autobiografischen Update entnommen werden
    mussten.

*a)    Perzeption von Unsicherheit*

Herr Stevens rechnet sich biografische Unsicherheiten überwiegend selbst zu. Das bedeutet, er ist davon überzeugt, dass er Unsicherheiten aktiv eingeht und diese durch eigenes Handeln in seinem Sinne bewältigen kann. Diese Einstellung zeigt sich u.a. darin, dass er neben seinem ihn ausfüllenden Beruf noch zahlreiche weitere Aktivitäten ausübt, um sein Leben in seinem Sinne zu gestalten. Beispielsweise werden, als der Wunsch aufkommt, in München zu wohnen, „alle Hebel in Bewegung gesetzt", um ihn in die Realität umzusetzen. Obwohl Herr Stevens zunächst selbst nicht daran glaubt, die ideale Anstellung in München zu bekommen, klappt es – in seiner Wahrnehmung – durch eigenes Engagement doch. Er konstruiert sich seine Umwelt als einen Möglichkeitsraum, der ihm viele Chancen eröffnet. Und in diesem kann er beispielsweise selbst bestimmen, was er macht, wo er wohnt und wie er arbeitet. Dafür ist er allerdings auch bereit, gewisse Risiken einzugehen. Er schätzt diese Freiheiten und macht von den sich ihm bietenden Möglichkeiten regen Gebrauch, sei es in Form des Umzugs nach München oder einer spontanen Reise nach Chile. Auch wenn beispielsweise der Zeitpunkt der Reise nicht gut gewählt zu sein scheint, so ist sie für ihn dennoch *„a once in a life time opportunity"* (P11, B1, S1, Z29–30), die er nicht verstreichen lassen will.

*b)    Umgang mit biografischer Unsicherheit*

Neben seinen eigenen klaren Vorstellungen und Überzeugungen und seinem hohen beruflichen Engagement sind es auch das innige und vertrauensvolle Verhältnis zu seiner Frau und sein großes soziales Netzwerk, die seinem Lebensverlauf Sicherheit und Stabilität verleihen. Dass er seiner Frau in seinem Leben sehr hohe Bedeutung zuweist, zeigt sich u.a. daran, dass er in seinem Autobiografischen Update überwiegend in Wir-Form schreibt und sich damit immer auf sie beide bezieht. Auf die herausragende Bedeutung seines sozialen Netzwerkes verweisen die zahlreichen Besuche, die er trotz seines anstrengenden Berufs und des Umzugs nach München unternimmt.

Trotz aller Spontaneität und Flexibilität und der Nutzung seines wahrgenommenen Möglichkeitsraums sind Herrn Stevens biografische Konstruktionen durch zeitliche Kontinuität gekennzeichnet. Das ergibt sich schon allein aus seiner Orientierung an der sogenannten „Normalbiografie", die sich ja gerade durch Kontinuitätsvorstellungen auszeichnet. Seine vielfältigen Aktivitäten wie berufliche Neuorientierungen, Umzug und die Familienplanung können zudem als Hinweise auf teleologische Zeitvorstellungen interpretiert werden. Die Zukunft wird von Herrn Stevens als eher offen wahrgenommen, da er sie je nach eigenen Wünschen in seinem Sinne beeinflussen und verändern kann.

Es zeigt sich zusammenfassend, dass Herr Stevens seine Vorstellungen vom Leben sowohl in beruflicher als auch in privater Hinsicht aktiv in die Realität umsetzt und damit für sich biografische Eindeutigkeit und Sicherheit erzeugt. Ein Beispiel hierfür bildet der Kauf des Grundstücks, auf das er ein Haus für seine zukünftige Familie bauen will. Seine aktiven Strategien setzen ein hohes Maß an Flexibilität und Spontaneität durch nicht vorherzusehende Ungewissheiten voraus, die er aber gern in Kauf nimmt. Der Hausbau beispielsweise erweist sich aufgrund besonderer Umstände als ausgesprochen schwierig. Dennoch werden die Schwierigkeiten mit Gelassenheit hingenommen, da Herr Stevens davon ausgeht, dass er sie schon irgendwie bewältigen kann. *„Anyway, this will no doubt be an ongoing saga for next year"* (P11, B1, S2, Z21–22). Mit dieser Lebenseinstellung macht er sich nicht zum Spielball auftretender Unsicherheiten oder Schicksalsschläge, sondern entwickelt aktive Strategien, um sein Leben so zu leben, wie er es will.

### 7.3.2  Das Beispiel Johannes Düsentrieb

Herr Düsentrieb ist ein älterer, bekannter Unternehmer, der aus sehr einfachen Verhältnissen stammt. Er hat mehrere asiatische Sprachen studiert und eine Frau aus Asien geheiratet. Seine Familie besteht aus der Ehefrau, sieben eigenen Kindern und Pepito, einem Pflegesohn. Für Herrn Düsentrieb steht der berufliche Erfolg in seinem Leben an erster Stelle. Er ist das zentrale Lebensziel, das er nie aus den Augen verliert und dessen Bedeutung er auch seinen Kindern zu vermitteln versucht.[13]

#### a)  Perzeption von Unsicherheit
Herr Düsentrieb rechnet sich biografische Unsicherheiten selbst zu. In seiner Wahrnehmung werden sie aktiv eingegangen und können bzw. müssen selbst bewältigt werden (Risikoperzeption). Auf seine berufliche Karriere bezogen bedeutet dies, dass er die Welt als einen Möglichkeitsraum für neue Ideen und Chancen zur beruflichen Weiterentwicklung begreift, in dem er sich frei entfalten und seine Ideen verwirklichen kann. Und zeigen sich ihm negativ wahrgenommene Unsicherheiten, dann betrachtet er sie als Risiken, denen er aufgrund seiner besonderen Fähigkeiten immer gewachsen ist. Vor diesem Hintergrund ist es naheliegend, dass Herr Düsentrieb sich selbst als besonders bedeutend für

---

13  Die Darstellung seiner beruflichen Erfolge in seinem Autobiografischen Update vermittelt an manchen Stellen den Eindruck eines gewissen Geltungsbedürfnisses von Herrn Düsentrieb bzw. hin und wieder auch der Selbstüberschätzung.

seine biografische Gestaltung wahrnimmt. Er begreift sich als ein autonomes Wesen, das seine biografische Entwicklung selbständig und vollständig steuern und kontrollieren kann. Seine Äußerungen vermitteln an manchen Stellen den Eindruck, als wolle er gerade diese Überzeugung in seinem Autobiografischen Update besonders deutlich herausarbeiten. *„Den (...) Filmbericht* [zu seinem Lebenslauf] *kannst du auf der Webseite der XXX-Foundation*[14] *sehen. Bei einer Autogrammstunde vor einem Departmentstore warteten die Leute zu tausenden auf eine Unterschrift von* [der Ehefrau] *oder mir"* (P15, B1, S2, Z2–5).

*b)     Umgang mit biografischer Unsicherheit*
Herrn Düsentriebs zentraler Bezugspunkt zur Erzeugung biografischer Sicherheit ist in erster Linie er selbst. Das wird schon daran deutlich, dass er sein Autobiografisches Update – im Gegensatz zu den meisten anderen Personen – *vollständig* aus der Ich-Perspektive schreibt. Dies ist naheliegend, da er sich als ein autonomes Wesen begreift, das infolgedessen nicht als „wir" handelt. Zwar unterzeichnet er sein Autobiografisches Update mit den Worten *„Herzliche Grüsse – Herr Düsentrieb und Familie"* (P15, B1, S3, Z37–38), dennoch hat es den Anschein, als messe er der Familie nicht allzu viel Bedeutung für seine biografische Gestaltung zu. Seine Ideen und vor allem seine neuen Geschäftsideen sind der grundlegende Orientierungsrahmen, an dem er seinen Lebensverlauf ausrichtet. Er entwirft und entwickelt zahlreiche neue Geschäftsideen, die er dann in die Realität umsetzt. Dazu bedarf er keinerlei Unterstützung durch Freunde oder durch die Familie, wie er betont.

Trotz seiner eher projektbezogenen und ständig neuen Geschäftsideen und Planungen zeigt sich, dass die biografischen Konstruktionen von Herrn Düsentrieb insgesamt eher eine zeitliche Kontinuität implizieren. Denn die beruflichen Aktivitäten und Planungen sind auf ein längerfristiges Ziel – nämlich wirtschaftlichen Erfolg – hin ausgerichtet. Das Kontinuitätsstreben zeigt sich aber auch darin, dass er die sogenannte „Normalbiografie" unhinterfragt selbstverständlich akzeptiert. Dies wird an verschiedenen Stellen deutlich: Zum einen beschreibt er die Lebensverläufe seiner Kinder in „normalbiografischer" Weise als kontinuierliche Weiterentwicklungen, die von der Ausbildung in den Beruf münden. Zum anderen sieht er auch sein Leben durch die typischen Etappen Ausbildung, Beruf und Nacherwerbsphase bestimmt. Er hat beispielsweise allgemein anerkannte Vorstellungen zur Zeit nach der Erwerbstätigkeit. *„Eigentlich wollte ich nach dem Firmenverkauf etwas kürzer treten"* (P15, B1, S2, Z21). Eine darüber hinaus teleologische Ausrichtung seines Lebensentwurfs wird daran ersichtlich, dass

---

14    Der Name der Foundation wurde anonymisiert.

er sich beruflich und auch hinsichtlich anderer Aktivitäten immer weiterentwickeln möchte. *„Seither überlege ich mir ernsthaft, in XXX eine weitere Fabrik zu bauen"* (P15, B1, S3, Z17). *„Dieses Jahr wollen wir die Hilfe* [durch eine Stiftung] *mindestens verdoppeln und in den kommenden Jahren weiter erhöhen"* (P15, B1, S3, Z32–34). Seine Zukunftsperspektive erscheint aufgrund der Projektbezogenheit und den ständig neuen Geschäftsideen und Verwirklichungen als eher offen.

Herr Düsentrieb sieht sich als „Macher", der seine Biografie aktiv in die Hand nehmen und gestalten kann. Auch wenn seine Ideen in den Ohren manch anderer eher utopisch klingen mögen, empfindet er sie als für sich erreichbar und realistisch.[15] Zum Umsetzen seiner vielen Ideen bedient er sich überwiegend eines klaren, betriebswirtschaftlichen Denkens und rationalen Kalkulierens. Sogar der Begleitung seiner Familie durch ein Kamerateam vom Fernsehen stimmt er zu, weil er sich dadurch einen *„Werbeeffekt"* (P15, B1, S2, Z40) für seine Firmen erhofft. Auch seine Trennung von einem ehemals für ihn sehr wichtigen Geschäftspartner erfolgt vor dem Hintergrund rein sachlicher, betriebswirtschaftlicher Erwägungen. *„Unternehmerisch hatten wir aber unterschiedliche Vorstellungen, warum ich mich entschloss, die Firma zu verkaufen"* (P16, B1, S2, Z6–7). An diesem Zitat wird zudem ersichtlich, dass unvorhergesehene Entwicklungen (Differenzen zwischen ihm und dem Geschäftspartner) für ihn keine unüberwindbaren Hindernisse darstellen, sondern als verkraftbare Ereignisse wahrgenommen werden, mit denen man sich aktiv auseinandersetzt. Seine Vorstellungen sind geprägt durch die Überzeugung einer berechenbaren Welt, in der man, vorausgesetzt man kalkuliert richtig, eine Geschäftsidee nach der anderen verwirklichen kann. *„Der Reiz, eine weitere Idee zu realisieren, war unwiderstehlich. So gründete ich in ZZZ mit zwei Freunden das erste „ 'YYY-Center' "* (P15, B1, S2, Z2–122).

## 7.4  Zusammenfassung

Die 32 untersuchten Personen sind vielfältigsten biografischen Unsicherheiten ausgeliefert. Um diese zu bewältigen oder zu managen, werden von ihnen unterschiedlichste Strategien entwickelt. Dennoch konnten wir im Rahmen der Untersuchung vier bzw. fünf typische Muster herausarbeiten, die die wesentlichen Strategien im Umgang mit biografischer Unsicherheit beschreiben. Wir nannten

---

15  Als Leser des Autobiografischen Updates gewinnt man hin und wieder den Eindruck, dass sich Herr Düsentrieb sogar für unsterblich hält, da er den Tod als etwas sehr Abstraktes begreift, der sehr weit von seiner Lebenswelt entfernt ist.

sie der „Glaubende", der „Kalkulierer" und als Untertypen des „Ambivalenten" der „Hoffende" und der „Vertrauende".

Charakteristisch für den *„Glaubenden"* ist sein Gefühl, den biografischen Unsicherheiten hilflos ausgeliefert zu sein. Er sieht sich nicht in der Lage, zukünftige Ereignisse in seinem Sinne kontrollieren oder einschätzen zu können. Daher reagiert er auf unerwartete Geschehnisse vor allem mit Anpassung an die für ihn als schicksalhaft wahrgenommenen Bedrohungen. Jedoch glaubt er zugleich fest daran, dass das Schicksal auch positive Ereignisse bringen wird. Biografische Sicherheit gewinnt er dadurch, dass er an die „Richtigkeit" der von ihm als nicht steuerbar erlebten Ereignisse *glaubt*.

Ganz im Gegensatz dazu betrachtet der *„Kalkulierer"* die Welt als einen Raum mit vielfältigen Chancen und Möglichkeiten, den er nutzt, um sein Leben ganz nach eigenen Vorstellungen und Wünschen zu gestalten. Er hat das Gefühl, sein Leben aufgrund eigener Kompetenzen vollständig *„im Griff"* zu haben. Unsicherheiten bewertet er positiv, da er sie als Chancen sieht, die ihn bei der Selbstverwirklichung unterstützen. Mit rationalem Kalkül, Spontaneität und Flexibilität fühlt er sich in der Lage, jede ungewisse Situation zu meistern, insofern für sich biografische Eindeutigkeit und Sicherheit zu erzeugen. Negative Ereignisse wie Krankheiten, Todesfälle etc. werden von ihm fast völlig ausgeblendet oder auf einer eher abstrakten Ebene behandelt, so dass sie keine persönliche Bedeutung erhalten.

Der *„Ambivalente"* hingegen sieht sich vielen Bedrohungen aus dem „Außen" hilflos ausgeliefert, geht aber zugleich davon aus, dass er aktiv in sein Schicksal eingreifen und es bis zu einem gewissen Grad selbst lenken kann. Diese Widersprüchlichkeit, die sich auch in der Typenbezeichnung widerspiegelt, führt zu zwei verschiedenen Mustern im Umgang mit biografischer Unsicherheit, dem *„Hoffenden"* und dem *„Vertrauenden"*. Gemeinsam sind beiden Typen ihr ausgeprägter Optimismus hinsichtlich ihrer Zukunft und ihre Lebensfreude.

Der *„Hoffende"* misst dem eigenen Selbst bei der Gestaltung biografischer Sicherheit eher weniger Bedeutung zu. Er hofft vor allem darauf, dass Gott und/oder sein soziales Netzwerk ihn tatkräftig unterstützen. Dennoch entwickelt er auch eigene aktive Strategien im Umgang mit biografischer Unsicherheit, wenn auch eher wenige. Demgegenüber sieht sich der *„Vertrauende"* viel mehr in der eigenen Verantwortung. Viel stärker als der „Hoffende" vertraut er auf die eigenen Kompetenzen und Möglichkeiten bei der Bewältigung biografischer Unsicherheiten. Und vor dem Hintergrund seines ausgeprägten Optimismus kann er sich auch mit unerwarteten Ereignissen, die er als nicht kontrollierbar und nicht einschätzbar erlebt, arrangieren.

Die folgende Abbildung fasst die Ergebnisse dieses Kapitels stichpunktartig und auf der Basis der entwickelten theoretischen Begriffe zusammen.

*Abbildung 2:*    Das Typenfeld

| | Der Glaubende | Der Ambivalente | | Der Kalkulierer |
|---|---|---|---|---|
| | | Der Hoffende | Der Vertrauende | |
| **Perzeption von Unsicherheit** | | | | |
| Attribution | Fremdzurechnung (Gefahr) | Fremd- und Selbstzurechnung (zwischen Gefahr und Risiko) | Selbst- und Fremdzurechnung (zwischen Risiko und Gefahr) | Selbstzurechnung (Risiko) |
| Weltdeutung | Bedrohung | Zwischen *Bedrohung*[16] und Möglichkeitsraum | Zwischen *Möglichkeitsraum* und Bedrohung | Möglichkeitsraum |
| Selbstdeutung | Unbedeutend | Zwischen *unbedeutend* und bedeutend | Zwischen *bedeutend* und unbedeutend | Bedeutend |
| **Umgang mit biografischer Unsicherheit** | | | | |
| Zentraler Bezugspunkt | Außen | Außen | Selbst und Außen | Selbst |
| Zeitliche Perspektive | Kontinuität Langfristigkeit Linearität Geschlossenheit der Zukunft | Kontinuität Langfristigkeit Teleologie Geschlossenheit der Zukunft | Kontinuität Langfristigkeit Teleologie zw. Offenheit und Geschlossenheit der Zukunft | Kontinuität Langfristigkeit Teleologie Offenheit der Zukunft |
| Strategien | **Glaube** Passivität Anpassung an schicksalhafte Ereignisse Gottvertrauen | **Hoffnung** Aktive Strategien bei gleichzeitiger Anpassung an unerwartete (schicksalhafte) Ereignisse Hoffen auf soziale Unterstützung Optimismus Gottvertrauen | **Vertrauen** Aktive Strategien wie Planung, Strukturierung etc. Verantwortungsübernahme Vertrauen in die eigene Kompetenz Vertrauen in Sozialbeziehungen Optimismus | **Rationales Kalkül** Höchster Grad an aktiven Strategien wie Planung, Strukturierung etc. Alleinige Verantwortungsübernahme Nutzen maximierend Kompetenz, Spontaneität und Flexibilität bei der Realisierung von Ideen Das Leben „fest im Griff" haben |

---

16    Die Aspekte, denen größere Bedeutung zugewiesen wurde, sind kursiv gesetzt.

# 8 Die Interpretation von Familienfotos

*Anton Schatz*

Die meisten ausgewerteten Jahresbriefe sind durch Fotos illustriert. Da wir davon ausgehen, dass sie nicht allein der Illustration dienen, sondern dass die Verfasser der Jahresbriefe mit ihnen Botschaften transportieren wollen, sehen wir sie als weitere Äußerungen, die – wie der Text – Rückschlüsse auf ihre biografischen Konstruktionen zulassen. Insofern bieten sie eine weitere Informationsquelle, die von uns zur Analyse genutzt wurde. Dieses Vorgehen impliziert, dass u.a. Hinweise darauf gesucht wurden, warum gerade diese Bilder dem Jahresbrief beigefügt worden sind.

Wir haben zwei Fotos zur Bildinterpretation ausgewählt. Als Auswahlkriterium galt zum einen, dass die ganze Familie inklusive des Verfassers abgebildet werden sollte, zum anderen, dass sich durch die mit abgebildete Umgebung Rückschlüsse auf den Lebensstil und das soziale Umfeld des Verfassers ziehen lassen sollten. Darüber hinaus sollte es sich um für Jahresbriefe typische Fotos handeln. Auf dem ersten Foto ist eine vierköpfige Familie vor einem Reihenhaus abgebildet (8.1). Das zweite Foto zeigt ebenfalls eine vierköpfige Familie, die sich offensichtlich im eigenen Wohnzimmer befindet (8.2). Diese Fotos wurden ausgewählt, da sie relativ typische Aufnahmen sind, die sich in ähnlicher Form häufig in Jahresbriefen finden lassen.

Zum konkreten Vorgehen in diesem Kapitel: Zunächst werden die Bilder mit den zur Interpretation nötigen Informationen beschrieben, da es aus datenschutzrechtlichen Gründen nicht möglich ist, diese mit zu veröffentlichen (8.1.1 und 8.2.1). Eine Analyse in Anlehnung an das Regelschema von Beck mit seinen für uns wesentlichen interpretationsleitenden Kriterien[1] soll die enthaltenen Informationen aufbereiten (8.1.2 und 8.2.2), um sie auf ihren Informationsgehalt in Bezug auf die biografischen Konstruktionen analysieren zu können (8.1.3 und 8.2.3). Dabei wird sich zeigen, dass nicht für alle unerer Auswertungskategorien Hinweise im Foto gefunden wurden. Eine Konfrontation der Fotoanalyse mit den aus dem Text gewonnenen Erkenntnissen schließt die Bearbeitung des jeweiligen Bildes samt Jahresbrief ab.

---

1  Vgl hierzu Kapitel 6.2.1 von *Schatz*.

## 8.1 Foto 1: Familie vor dem Eigenheim[2]

### *8.1.1 Bildbeschreibung*

Das Foto ist eine Schwarzweiß-Abbildung. Es ist eher unscharf. Die durch das wiederholte Kopieren verursachte recht grobe Körnung verhindert eine exakte Wiedergabe der Details. Bei genauerer Untersuchung stellt sich heraus, dass sich die abgebildeten Strukturen nur noch in Schwarz und Weiß gliedern und sämtliche Graustufen eliminiert sind. Das Foto ist zudem etwas zu hell, da sich dunkle Partien nicht einfach schwarz darstellen, sondern durch unterschiedliche Weiß-Pixelierungen abgestuft sind. Weiße Partien hingegen sind sehr wenig differenziert.

Zum Inhalt: Das Foto zeigt eine vierköpfige Familie, bestehend aus zwei Erwachsenen und zwei Kindern, die sich vor einem Reihenhaus aufgestellt haben. Der rechte Bildrand wird durch einen Baum dominiert, der am oberen wie unteren Bildrand nur mäßig, in der Bildhälfte allerdings deutlich die Silhouette des Hauses verdeckt. Zwar ist die Beschaffenheit des Baumes nicht zweifelsfrei ersichtlich, jedoch liegt die Vermutung nahe, dass es sich aufgrund der Blätter und der leicht hängenden dünnen Äste um einen Kirschbaum handelt. Des Weiteren ist an der Bildecke rechts unten eine kleine Vorgartenmauer zu erkennen. Der untere Bildrand zeigt einen kleinen Vorgarten, der sich, mit Rasen bewachsen, von der nicht sichtbaren Straße bis zum Haus erstreckt. Ein mit Natursteinplatten gepflasterter Weg führt gerade von der Unterkante auf Höhe der Bildmitte zur zentral in der unteren Bildmitte festgehaltenen Haustüre. Im linken, unteren Bildrand erstreckt sich ein etwa ein Meter hoher rechteckiger Quader, dessen untere Hälfte jedoch nicht mehr abgebildet ist. Er hat eine glatte Seitenfläche. Die Oberfläche ist etwa einen Meter tief, von der Struktur glatt, aber nicht absolut eben, da die deutlich erkennbaren helleren Partien unterschiedliche Lichtspiegelungen hervorrufen. Es dürfte sich bei diesem Gegenstand um die Abdeckplane eines nicht vollständig abgebildeten Autoanhängers handeln. Dieser verdeckt am linken Bildrand den wahrscheinlich dahinter gelegenen Rasen. Über dem Anhänger ist links, durch den Bildrand, rechts durch die Wohnhausecke begrenzt, ein Ausschnitt des hinter dem Haus gelegenen Terrains zu sehen. Aufgrund der niedrigen Qualität der Grauabstufungen lässt sich nur erahnen, dass neben dem Haus der Rasen weiter nach hinten führt. Deutlich hingegen zeichnen sich die vier großen Bäume gegen den weißen Himmel ab. Wie die Beschaffen-

---

2    P1,B1, S1, oben rechts.

heit des seitlich oder hinter dem Haus gelegenen Gartens ist, lässt sich wegen mangelnder Detailschärfe nicht weiter bestimmen.

Die Oberkante des Hauses wird in der Perspektive des Bildes durch die Dachrinne dargestellt, weil diese leicht über das Haus auf die Straße zu über die Grundmauern als Witterungsschutz hinausragt. Da keine rechte Hausecke erkennbar ist und das Gebäude eine einfache, zweckmäßige Grundstruktur aufweist, liegt die Vermutung nahe, dass es sich um ein in einer Wohnsiedlung nicht nach allen Seiten frei stehendes Reiheneckhaus handelt.

An der linken Gebäudeecke verläuft die Dachrinne senkrecht nach unten. Neben dieser, ungefähr 2 m über dem Boden, ist das Hausnummernschild angebracht. Das erste Obergeschoss liegt direkt unterhalb des Daches, wobei sich keine Aussagen über die Beschaffenheit des zu vermutenden Dachgeschosses machen lassen, da das Haus frontal abgebildet nicht perspektivisch an der linken Bildhälfte erscheint. Die zwei Fenster des ersten Stocks sind symmetrisch über den Fenstern des Erdgeschosses angebracht. Alle Fenster sind baugleich: ohne Sprossen rechtwinklig hochkant mit einer dünnen aufgeputzten Einrahmung in die Öffnungen eingepasst. Das Fenster unten rechts im Erdgeschoss zeigt einen Blumenschmuck in Form eines Geranienkastens in der ganzen Fensterbreite. An der Innenseite hängt in der oberen Hälfte desselben Fensters eine Scheibengardine. Die Symmetrie der Frontseite wird unterbrochen, weil sich statt des Fensters links unten die Eingangstür und einen halben Meter daneben ein weiteres Fenster befindet. Dieses fällt aus der Struktur der übrigen Fenster heraus; es ist kleiner, quadratisch und befindet sich nicht deutlich sichtbar hinter vier dünnen senkrechten Abmauerungen. Über der Eingangstür ist ein kleines Vordach angebracht, das hell, flach und scheinbar aus Glas ist. Der geöffnete Eingang zeigt nur den schlichten geradlinigen Rahmen der Tür, da diese in das Haus hinein geöffnet und nicht erkennbar ist. Der Eingang wird durch eine Stufe eingefasst. Diese besteht aus geschliffenen Steinplatten, deren Ecken und Kanten sich im Vergleich zum davor liegenden, von der Straße kommenden Weg markant und deutlich vom Haus abheben. Direkt neben dem Eingangsbereich ist ein Buggy-Kinderwagen abgestellt.

Die vier Personen stehen leicht nach rechts versetzt vor bzw. neben dem Eingang. Von links nach rechts erblickt man ein ungefähr sechsjähriges Mädchen, daneben ein Kleinkind im Alter von ca. drei Jahren. Beide Kinder stehen auf dem Absatz vor der Tür. Die Reihe setzt sich mit einer etwa 40-jährigen Frau und einem Mitte-40-jährigen Mann fort.

Der Mann, dessen linker Arm lässig am Körper herabhängt, hält mit seiner Rechten die Frau umschlungen, wobei sein Arm ab der unteren Schulterpartie nicht mehr sichtbar ist. Er trägt eine dunkle Hose und ein bis zum Hals zugeknöpftes dunkles Hemd. Seine Haare liegen am Kopf an, er ist rasiert und zeichnet sich durch eine aufrechte Körperhaltung aus. Die Mimik des Gesichtes ist wegen der Qualität des Fotos nicht zweifelsfrei zu erkennen. Die Frau daneben hat ihren linken Arm um die Hüften des Mannes gelegt, wodurch der Arm ab der Schulter nicht mehr sichtbar ist. Beide Personen stehen dicht nebeneinander, wobei der Mann sein Gewicht auf den der Frau nahen rechten Fuß verlagert und den linken leicht nach außen gestellt hat. Die Frau trägt einen gemusterten, bodenlangen Rock. An der Taille geht der Rock in eine farbige Bluse über. Hemd und Bluse beider Erwachsenen haben lange Ärmel. Die Bluse der Frau schließt eng am Hals an. Auch die Frau steht aufrecht, leicht dem Mann zugeneigt. Ihre Gesichtszüge sind besser zu erkennen und lassen ein Lächeln vermuten. Ihre Frisur ist lockig-voluminös und kurz, so dass weder Hals noch Schultern von Haaren bedeckt sind. Ihre rechte Hand ruht auf dem Kopf des kleineren Kindes. Dieses hat eine an einen Bubikopf erinnernde Frisur, steht aufrecht und hält in der rechten Hand einen nicht zweifelsfrei erkennbaren ungefähr 40 cm großen Gegenstand, der an einen Teddy erinnert. Das Kind trägt ein über die Knie reichendes Schulterträgerkleid und hat darunter ein langärmliges Kleidungsstück an, das die Schultern und Armpartien bedeckt.

Das größere Kind, das in der rechten Hälfte der geöffneten Tür steht, hat die Arme vor dem Körper gefaltet und steht gerade neben dem kleineren. Es trägt ebenfalls ein Knie überlappendes Kleid, wobei sich seine weißen Schuhe markant gegen den Hintergrund des offenen Eingangs abheben. Die Haare sind schulterlang, und im Gegensatz zu den drei anderen Personen ist die weiße Bekleidung zur Bedeckung von Schultern und Armen nicht langärmlig, sondern endet in der Mitte des Oberarms. Beide Mädchen scheinen einen lachenden Gesichtsausdruck zu haben, wobei eine gewisse Anspannung der Kinder aufgrund der Haltung und Mimik nicht ausgeschlossen werden kann.

Insgesamt betrachtet bietet das Bild sowohl eine schnelle Informationsweitergabe in Form der zentral abgebildeten Personen als auch viele kleine Detailhinweise auf deren Lebensumstände.

## 8.1.2 Systematisierung nach Beck

Das Thema des Fotos ist eine Familie, die vor ihrem – höchstwahrscheinlich eigenen – Haus steht. Das möglicherweise in einer Wohnsiedlung befindliche Haus wirkt eher schlicht, aber gepflegt. Als Einfamilienhaus konzipiert, bietet es den Bewohnern ausreichend Raum, um einem ruhigen Familienleben nachzugehen, so könnte man vermuten. Beim Betrachten des Fotos assoziiert man auf den ersten Blick eine Familienszene, die zum einen eher bescheiden anmutet, zum anderen jedoch recht zufrieden und glücklich wirkt.

Bei dieser Abbildung handelt es sich wahrscheinlich um einen Schnappschuss. Es ist ein typisches Familienfoto, das aufgrund der technischen Merkmale eindeutig zum Bereich der Knipserfotografie zu zählen ist. Die abgebildeten Eltern möchten wahrscheinlich als Familie vor ihrem Eigenheim gesehen werden, auf das sie sichtlich stolz sind.

Auffällig ist die Dominanz der Umgebung gegenüber dem Familienverbund. Das Haus, welches für Schutz und Sicherheit stehen könnte, überschattet die davor im Vergleich recht klein abgebildete Familie. Ob der Garten vor und neben dem Gebäude absichtlich hinzugenommen wurde, oder nur deswegen, weil das Haus nahezu vollständig auf das Foto sollte, kann nicht zweifelsfrei geklärt werden. Da das Bild aber bewusst für den Jahresbrief auswählt wurde, liegt die Vermutung nahe, dass man den gesamten Besitz zeigen wollte. Ein tieferer Grund könnte vielleicht sein, dass das Haus erst kürzlich von der Familie erworben wurde oder dass umgreifende Veränderungen am Haus oder im Umfeld stattgefunden haben. Allerdings ist das einzig Neue die Überdachung des Hauseingangs, da diese nicht wie das Haus im Stil der 80er Jahre gehalten, sondern aus Glas bestehend eindeutig neueren Datums ist. Der mit diesem Bild intendierte Sinngehalt scheint jedoch auf jeden Fall das Haus und den Garten mit einzuschießen.

Als unpassend erscheint in der Szenerie nur der Anhänger, denn wäre er nicht an dieser Stelle abgestellt worden, hätte der Vorgarten viel besser abgebildet werden können. Oder sollte er bewusst da stehen, um seiner selbst willen? Oder um etwas zu verdecken? Beides ist eher unwahrscheinlich, da er im ersten Fall sicher ganz abgebildet worden wäre. Und gegen die These des Verdeckens spricht, dass keine weiteren Belege gefunden wurden, die ebenfalls in diese Richtung weisen. Vielleicht konnte ganz einfach kein anderer Parkplatz gefunden werden, oder es hat niemand daran gedacht, den Anhänger beiseitezufahren, um den Garten deutlicher sichtbar zu machen. Den Fotografierten könnte es zwar ein Anliegen gewesen sein, vor ihrem Haus mit grüner Umrandung rechts wie links abgebildet zu werden, dass hingegen jener Anhänger den unteren Bildrand verdeckt, konnte aus ihrer Perspektive nicht klar eingeschätzt werden. Dem Fotografen schien dieser Umstand nicht so wichtig zu sein.

Zentral im Bild steht die zum Fotografen hin aufgereihte Familie. Dominierend erstreckt sich dahinter das Wohnhaus. Das sind die zentralen Elemente des Bildes. Auf diese wurde vom Fotografen besonderer Wert gelegt. Dass an den Rändern deutlich der vor, neben und hinter dem Haus liegende Garten zu erkennen ist, kann aber kein Zufall sein. Obwohl dieser im Detail nur schwer erkenntlich ist, bildet er doch die passende Umrahmung für die Grundharmonie des Fotos, die sich durch das beschützende Haus bis hin zur stolzen und glücklichen Familiendarstellung in der Bildmitte stetig steigert.

Ob das Foto bewusst zur Verwendung für den Jahresbrief aufgenommen wurde, kann leider nicht geklärt werden, allerdings bildet es eine Fülle an Informationen ab, die auch ihren Niederschlag im Jahresbrief gefunden haben. Es schien zumindest geeignet, die oben erläuterte familiäre Gesamtsituation derart zu repräsentieren, dass es auf die erste Seite des Jahresbriefes gesetzt worden ist.

### 8.1.3  Analyse biografischer (Un-)Sicherheit
Nachdem das Bild beschrieben und die enthaltenen Informationen in Anlehnung an Beck systematisiert wurden, kann nun im dritten Abschnitt die Interpretation anhand der Auswertungskriterien zur biografischen (Un-)Sicherheit erfolgen. Dabei werden nur die Kriterien berücksichtigt, die ihren Niederschlag im Foto finden. Die Analyse bezieht sich auf die auf dem Foto abgebildete Frau, da es sich hierbei um die Autorin des Jahresbriefes handelt.

Interessant ist das bewusste Zurschaustellen des Erreichten – des *selbst "Geschaffenen"* – auf diesem Foto, denn sehr deutlich werden zum einen die eigenen Kinder und zum anderen aber – besonders groß – das Materielle wie das Eigenheim und der Garten präsentiert. Unter „Geschaffenem" soll hier allerdings nicht verstanden werden, dass das Haus selbst gebaut wurde. Vielmehr soll damit ausgedrückt werden, dass es wahrscheinlich eines bewussten und aktiven (Kauf-)Aktes bedurfte, um das Haus samt Garten in Besitz zu nehmen. Dieser Fokus des Fotos könnte ein erster Hinweis darauf sein, dass sich die Autorin die Gestaltung biografischer Sicherheit *selbst zurechnet* bzw. dass sie davon ausgeht, dass Unsicherheiten im Leben selbst aktiv bewältigt werden müssen und auch können (*Risikoperzeption*). Denn das Haus, für das sich die Autorin mit ihrer Familie entweder bewusst entschieden hat oder das sie aktiv erworben hat, impliziert ein hohes Maß an Sicherheit und Beständigkeit für den weiteren Lebensverlauf. Es sichert beispielsweise eine langfristige Bleibe und Heimat. Darüber hinaus kann die Hineinnahme des Fotos in den Jahresbrief als ein Hinweis darauf verstanden werden, dass die Autorin stolz darauf ist, sich selbst und ihrer Familie – in welcher Weise auch immer – aktiv ein Heim geschaffen zu haben.

Für die Annahme, dass die aktive Gestaltung ein grundlegendes Prinzip ihrer Lebensphilosophie sein könnte, finden sich im Foto weitere Indizien wie beispielsweise das durch Blumen individuell dekorierte Fenster, der gestaltete Garten und vielleicht auch die gepflegte Kleidung der gesamten Familie. Aber insbesondere der im Vordergrund des Fotos abgebildete Anhänger verweist auf Eigeninitiative, Eigenarbeit und eigenen Einsatz zur Gestaltung der Umwelt. Er kann – als Arbeitsmittel – als ein deutliches Indiz für das eigene Engagement bei der Gestaltung des Eigenheims und des Gartens und übertragen vielleicht auch des gesamten Lebens verstanden werden.

Dementsprechend müsste das autonome *Selbst* bei der Gestaltung biografischer Sicherheit große Bedeutung haben. Ein Indiz für diese Vermutung könnte sich aus der Aufstellung der Familienmitglieder ergeben. So stehen die Eltern nicht zu beiden Seiten der Kinder oder hinter ihnen, was zugleich als eine beschützende und umsorgende Geste interpretiert werden könnte. Auch wird das kleine Mädchen nicht auf dem Arm getragen. Jede Person steht selbständig (autonom) und wirkt relativ ungebunden von den anderen. Lediglich die zur Ruhe mahnende Hand der Autorin auf dem Kopf des kleinen Mädchens und die eher halbherzig anmutende Umarmung der beiden Partner können als Symbol für Zusammengehörigkeit gelesen werden. Insbesondere die Eltern stellen sich als autonom und selbstbewusst vor ihrem Heim dar. Man könnte es als einen Hinweis darauf interpretieren, dass die Autorin stolz ist, aktiv und verantwortungsvoll dafür gesorgt zu haben, dass ihr Leben und insbesondere auch das ihrer Kinder durch das Heim vor vielen biografischen Unsicherheiten geschützt wird.

Dennoch bildet bei der biografischen Gestaltung nicht allein das Selbst den *zentralen Bezugspunkt* der Autorin. Ebenso scheint auch ihre Familie eine große Bedeutung zu haben, da sie zum einen den Mittelpunkt des Fotos ausmacht, zum anderen das Foto ganz oben auf der ersten Seite des Jahresbriefes – insofern an herausragender Stelle – positioniert ist. Wäre die Familie bei ihren autobiografischen Reflexionen eher unwichtig, würde sich an dieser Stelle möglicherweise ein Urlaubsbild befinden oder eines, das die Autorin allein in Ausübung ihrer Tätigkeiten zeigt.

Die auf dem Foto auf den ersten Blick ins Auge fallende „familiäre Eintracht" könnte als ein Hinweis auf *normalbiografische Überzeugungen* der Autorin gewertet werden, denn es spiegeln sich – teils offensichtlich, teils verdeckt – einige wesentliche Aspekte des Leitbildes der Normalbiografie im Foto wider: Sei es, dass die Partnerschaft als „Anliegerinstitution" der Normalbiografie durch die Umarmung zur Schau gestellt oder die Familie als weitere Institution präsentiert wird. Als ein Indiz für die Akzeptanz der geschlechtsspezifischen Arbeitsteilung, wie sie die Normalbiografie vorsieht, könnte zudem gelten, dass die Autorin ihre Hand mahnend auf den Kopf des kleinen Mädchens gelegt hat, was symbolisieren könnte, dass sie sich innerhalb der Familie als zuständig für die Kindererziehung begreift.

Sucht man im Foto Hinweise auf die *zeitlichen Perspektiven* der biografischen Konstruktionen der Autorin, dann mag dabei insbesondere das abgebildete Haus eine große Rolle spielen. Denn ein Haus weist wie kaum etwas anderes auf zeitliche Kontinuität und Langfristigkeit hin. Es verweist auf eine (mindestens) jahrzehntelange Stabilität, die auch das Leben seiner Bewohner betrifft, da es die Familie langfristig an einen bestimmten Ort und an eine bestimmte Umgebung bindet. Insofern vermittelt ein Haus ganz grundlegend und langfristig biografische Sicherheit bzw. Eindeutigkeit und Schutz. Da die Autorin das Haus als so wesentlich ansieht, dass sie es im Jahresbrief ganz oben auf der ersten Seite positioniert, könnte man davon ausgehen, dass es genau diese Langfristigkeit ist, die sie als relevant für ihre Biografie ansieht. Aber auch die zwei Generationen (Eltern und Kinder), die auf dem Foto dargestellt werden, können als Hinweis auf eine eher langfristige und kontinuierliche biografische Orientierung gelesen werden. Ein auf Diskontinuität und Veränderung oder gar Ungerichtetheit abzielender weiterer Lebensentwurf würde dem ganzen Informationsgehalt des Fotos widersprechen.

Zusammenfassend lässt sich festhalten, dass sich die Autorin wahrscheinlich aktiv den Herausforderungen ihres Lebens bzw. den biografischen Unsicherheiten stellt und davon überzeugt ist, sie in ihrem Sinne bewältigen zu können. Dabei ist ihr Bezugspunkt nicht allein das eigene Selbst, sondern zugleich die Familie, an deren Bedürfnissen sie ihr Leben orientiert. Darüber hinaus finden sich Indizien dafür, dass sie normalbiografische Rollenmuster akzeptiert und ihr Leben aus einer eher langfristigen und kontinuierlichen Perspektive betrachtet, was für sie zugleich biografische Sicherheit und Eindeutigkeit bedeuten könnte.

Werden nun die Erkenntnisse aus der Fotoanalyse mit denen des Textes (aus dem zugehörigen Jahresbrief) konfrontiert, dann zeigt sich, dass beide Ergebnisse in die gleiche Richtung weisen. Darüber hinaus trägt der Text dazu bei, die Erkenntnisse aus dem Foto weiter zu ergänzen und zu differenzieren.

Beispielsweise hat sich aus der Analyse des Fotos ergeben, dass die Autorin Unsicherheiten als bewältigbar wahrnimmt. Im Text zeigt sich das verstärkt darin, dass sie auftretende Probleme immer so darstellt, dass sie als bewältigbar und lösbar erscheinen. Die Autorin lässt keine Zweifel daran aufkommen, dass sie alles „im Griff" hat. Die Welt wird insofern als ein Möglichkeitsraum gedeutet, der vor allem der Selbstverwirklichung dient.

Was aus dem Foto nur andeutungsweise hervorging – dass sich die Autorin bei der biografischen Gestaltung auch an ihrer Familie orientiert –, wird im Text besonders deutlich: Hier zeigt sich, dass ihr der Entfaltungsraum ihrer Kinder besonders wichtig ist. Durch die zukünftige Gartengestaltung beispielsweise soll den Kindern mehr Platz zum Spielen und zum Bewegen gegeben werden. Die Autorin sieht sich gern in der Rolle der aufopfernden und fürsorglichen Mutter und Hausfrau. Ob im Kindergarten oder auch zu Hause, stets versucht sie, das Beste für ihre Kinder zu erreichen. Auch die oben herausgearbeiteten Hinweise auf ihre normalbiografische Orientierung lassen sich durch den Text bestätigen. Zwar ist sie Teilzeit erwerbstätig und gibt Abendkurse, aber die Normalbiografie als Hausfrau und Mutter ist ihr identitätsstiftender Lebensinhalt, der sie zufrieden macht und für sie einen hohen Grad an biografischer Sicherheit bedeutet.

## 8.2 Foto 2: Familie im Wohnzimmer[3]

### 8.2.1 Bildbeschreibung

Das vorliegende Foto ist farbig gedruckt und weist eine etwas grobkörnige Pixelierung auf. Bezüglich der Helligkeit zeichnet sich das Bild durch eine die Qualität etwas beeinträchtigende Unterbelichtung aus. Dadurch verliert der Bildinhalt leicht an Schärfe, wobei Personen und Objekte dennoch klar erkennbar bleiben. Aufgrund der relativ kleinen Abbildung, in Verbindung mit der Unterbelichtung an den Rändern, sind einige kleinere Details nicht mehr zweifelsfrei zu identifizieren.

Zum Inhalt: Das Foto zeigt eine Frau, einen Mann und zwei Kleinkinder, die auf einem Sofa sitzend als Gruppe abgebildet wurden. Perspektivisch ist das Foto von der Raummitte aus in Richtung der Raumecke aufgenommen worden, in der die Personen Platz genommen haben.

Der rechte Bildrand ist durch einen Vorhang aus grau, blau und braun bedrucktem, unregelmäßig gemustertem Stoff geprägt, der vor das dahinterliegende Fenster gezogen ist, so dass kein Tageslicht in den Raum fällt. In der Raumecke ist eine auf einem Tischchen erhöht stehende Schirmstehlampe zu sehen, die trapezartig nach unten auf die abgebildeten Personen scheint. Die obere linke Bildecke wird durch ein nur im Ausschnitt abfotografiertes, mit einem dicken Holzrahmen versehenes Gemälde ausgefüllt, dessen Inhalt aufgrund des zu geringen Ausschnitts nicht identifizierbar ist. Im Fotomittelgrund zeichnet sich ein von links bis zum Tischchen mit der Lampe reichendes Sofa ab, dessen genaue Beschaffenheit aufgrund der geringen Beleuchtung nicht weiter feststellbar ist. Vor dem Lampentischchen, bereits in der rechten Bildhälfte, steht ein klassizistisch anmutender, mit grauem Leder bezogener Lehnstuhl, dessen geschwungene Rückenlehne sich gut gegen den von der Lampe erleuchteten Hintergrund abhebt. Auf dem Stuhl liegt ein schwarzer Gegenstand, möglicherweise eine Tasche oder eine zusammengefaltete Jacke. Davor steht ein stilistisch zum Lehnstuhl passender Hocker.

Die Szenerie der abgebildeten Personen stellt sich wie folgt dar: Im Bildzentrum auf dem Sofa sitzt ein Mann, der mit beiden Händen ein auf seinem Schoß sitzendes sehr kleines Kind am Oberkörper umfasst. Er hat eine leicht nach rechts geneigte Körperhaltung, da er sich mit dem linken Ellenbogen auf der Armlehne des Sofas abstützt. Die Frau lehnt sich mit ihrem Oberkörper an seine rechte Seite, wobei ihre linke Wange auf der Schulter des Mannes ruht.

---

3 P15, B1, S1, Bild links außen.

Ihre rechte Hand hat sie auf den Unterleib des Kindes gelegt, das auf dem Schoß des Mannes sitzt. Ein anderes, etwa vierjähriges Kind sitzt auf dem vor dem Stuhl stehenden Hocker. Bis auf das kleinere Kind blicken alle Personen in die Kamera. Der Junge auf dem Hocker trägt eine Jeanshose und einen roten Pullover. In seinen zwischen den Oberschenkeln gelegenen Händen hält er einen gelben, ovalen Gegenstand, der aufgrund der schlechten Bildqualität nicht weiter identifiziert werden kann. Seine schwarzen Haare sind kurz geschnitten und eng am Kopf anliegend. Aufrecht sitzend lächelt er in die Kamera. Das kleinere Kind sieht zu ihm hin. Es trägt eine rosafarbene Strampelhose und einen hellblauen Pullover. Die beiden Erwachsenen tragen legere Alltagskleidung. Sie trägt eine Jeans und einen hellgrünen Pullover, er trägt ebenfalls eine Jeans und dazu ein schlichtes graues Hemd. Die etwa kinnlangen Haare der Frau liegen eng am Kopf an. Die dunkle Haartracht des Mannes ist nicht klar zu identifizieren. Es handelt sich jedoch um eine kurz geschnittene Frisur. Beide Erwachsenen lächeln in die Kamera, wobei die Mimik des Mannes – möglicherweise aufgrund des vor dem Körper gehaltenen Kindes – leicht angespannt wirkt. Die Mimik der Frau lässt sich als glücklich und durchaus stolz in die Kamera lächelnd beschreiben. Weitere Details in der Ausdrucksweise der Gesichter sind aufgrund der stark verkleinerten Abbildung nicht herauszulesen.

## 8.2.2 Systematisierung nach Beck

Das Bild erweckt den Eindruck eines recht glücklichen Elternpaares, das stolz seine beiden kleinen Kinder präsentiert. Zudem werden schon bei kurzfristiger Betrachtung des Fotos die sehr harmonische Grundstimmung und die familiäre Atmosphäre offensichtlich. Diese familiäre Harmonie wird noch durch den Schein der Lampe verstärkt, der sich – fast einem „Heiligenschein" gleich – über die Familie wölbt. Die Dreiergruppe muss eine Familie sein, so die Vermutung, da sich sowohl die beiden Erwachsenen als auch das Kind in einer engen, körperlichen Nähe zueinander befinden. Hierdurch wird ein sehr intimes Verhältnis angedeutet. Etwas ungewöhnlich erscheint nur, dass der ältere Junge etwas abseits der übrigen Personen sitzt. Warum er, unter der Annahme, dass er zur Familie gehört, so exponiert vor den anderen sitzt, kann nicht zweifelsfrei geklärt werden.

Bei dieser Aufnahme handelt es sich um eine gestellte Szenerie. Der Bildinhalt dieser Knipserfotografie erschließt sich dem Betrachter sofort. Das Foto als Schnappschuss zu charakterisieren, ginge jedoch zu weit, da nichts auf eine spontane Aufnahme verweist. Selbst die Kinder sind brav und blicken in die bzw. zur Kamera. Die Bezeichnung Familienfoto beschreibt die für das Bild zutreffende Gattung am besten.

Das Zentrum des Fotos bildet die Dreiergruppe aus Kleinkind, Frau und Mann im Schein der Lampe. Die Stehlampe taucht den Raum in ein warmes, gelbliches Licht. Ihr weißer Schirm lässt nur eine direkte Ausstrahlung des Lichtes trapezförmig nach unten zu, genau dorthin, wo die Familie sitzt. Diese Überwölbung der Familie mit dem warmen Lichtschein verstärkt den Eindruck von Harmonie und ungetrübter Familienidylle. Man assoziiert mit dieser Szene ein Gefühl von Geborgenheit oder gar heiler Welt. Das Foto hinterlässt beim Betrachter den Eindruck von Zufriedenheit und familiärem Glück.

Etwas ungewöhnlich erscheint, dass der größere Junge etwas abseits der anderen sitzt. Eine mögliche Begründung könnte sein, dass er nicht zur abgebildeten Familie gehört. Oder der Junge hat sich auf den etwas abseits stehenden Hocker gesetzt, weil der Gegenstand auf dem Stuhl nicht weggeräumt wurde. Jedoch stellt sich im Hinblick auf die Bildgattung die Frage, warum er, wenn er zur Familie gehört, nicht auf dem Schoß der Mutter oder zumindest in ihrer Nähe auf dem Sofa sitzt. Ohne Informationen aus dem dazugehörigen Autobiografischen Update wird dem Betrachter nicht klar, ob es sich um den Sohn oder um einen Anverwandten oder Bekannten der Dreiergruppe handelt.

Da die auf dem Bild gezeigten Personen gewöhnliche Alltagskleidung tragen und keinerlei Objekte wie Geschenke, Advents- oder Weihnachtsdekorationen zu sehen sind, wird angenommen, dass der Kontext des Bildes ein Familienbesuch bei Freunden oder ein Familientreffen bei den Großeltern ist. Eine andere Lesart lässt sich, ohne auf den Text zurückzugreifen, nicht begründen.

Dass dieses Foto die offen zur Schau gestellte familiäre Harmonie als wesentliche Botschaft zum Inhalt hat und sich gleichzeitig oben auf der ersten Seite des Briefes befindet, lässt die Vermutung zu, dass für den Autor des Jahresbriefes die Familie von besonderer Bedeutung ist.

### 8.2.3 Analyse biografischer (Un-)Sicherheit

Den Informationen des Textes zufolge ist der auf dem Foto abgebildete Mann der Verfasser des Jahresbriefes. Daher beziehen sich die in der folgenden Analyse gewonnenen Aussagen auf ihn.

Das Foto vermittelt insgesamt den Eindruck von Glück, Dankbarkeit und Demut hinsichtlich der harmonischen, familiären Idylle, was dahingehend gedeutet werden könnte, dass Unsicherheiten vom Autor möglicherweise eher fremd zugerechnet werden, in Form des Schicksals oder des Glücks (Gefahrenperzeption). Mit den beiden kleinen Kindern scheint der Autor vor allem auf sein großes *Glück* bei der Familiengründung hinzuweisen. Dass die Welt dementsprechend eher als eine Bedrohung wahrgenommen werden könnte, der man sich ausgeliefert sieht, darauf könnte der geschlossene Vorhang vor dem Fenster hinweisen. Vielleicht symbolisiert er einerseits Schutz vor dem bedrohlichen Außen, vor der hinter dem Fenster liegenden Welt, die ihren negativen Einfluss auf die Familie ausüben könnte. Es vermittelt den Eindruck, als sollte der Vorhang Bedrohliches und Fremdes fernhalten. Andererseits verstärkt der gemusterte, bunte Stoff des Vorhangs ein Gefühl der Gemütlichkeit und des Wohlbehagens, das die familiäre Idylle noch weiter unterstreicht und sie dadurch implizit noch stärker vom Außen abtrennt. Eine schlichte Jalousie beispielsweise würde diese Assoziationen nicht hervorrufen.

Hinsichtlich der Selbstdeutung des Autors finden sich ebenfalls einige Indizien. Unter dem hellen Schein der Lampe wirkt der Autor wie beschützt durch ein „wohlwollendes" Außen, was als ein Hinweis darauf gelesen werden könnte, dass der Autor sich selbst und seine Familie als schutzbedürftig erlebt. Und diesen Schutz in einer bedrohlichen Welt liefert in diesem Sinne nur das „positive" Außen, für das die Lampe steht, die ihren Schirm und ihr Licht über die Familie ausgebreitet hat. Fast könnte man meinen, das Licht gleiche einem religiösen „Heiligenschein", der sich sichernd über die Familie wölbt. Vor dem Hintergrund dieser Vermutung müsste der Autor dem Selbst bei der Gestaltung seines Lebens eine eher unbedeutende Rolle zuweisen und vor allem auf ein schützendes Außen *vertrauen*.

Der *zentrale Bezugspunkt* im Leben des Autors scheint auf der Basis dieses Fotos vor allem seine Familie zu sein. Diese könnte darüber hinaus auch für *normalbiografische Überzeugungen* stehen, an denen sich der Autor des Jahresbriefes in seiner Lebensgestaltung orientiert. Die beiden Kinder symbolisieren am stärksten die normalbiografische „Anliegerinstitution" der Familie, insofern die bewusste Entscheidung für eine Familiengründung. Aber auch eine innig erlebte Partnerschaft und Zusammengehörigkeit wird durch die enge körperliche Nähe des Paares angedeutet.

Die *zeitliche Perspektive* der biografischen Konstruktionen des Verfassers kann nur vage erahnt werden. Einen Hinweis liefern ebenfalls die dargestellten Kinder, die zugleich als ein Ausdruck für Langfristigkeit und für Kontinuität interpretiert werden können. Insofern könnte ein langfristiges Kontinuitätsstreben charakteristisch für den Verfasser des Jahresbriefes sein.

Werden nun die Erkenntnisse der Fotoanalyse mit denen des Textes (aus dem zugehörigen Jahresbrief) konfrontiert, dann zeigt sich, dass beide Ergebnisse in die gleiche Richtung weisen. Die eher vagen Informationen aus der Bildanalyse können dabei durch den Text erfolgreich ergänzt werden, denn auf der Basis der autobiografischen Darstellungen wird beispielsweise deutlich, dass vor allem die Fremdzurechnung von Unsicherheit bei dem Autor eine große Rolle spielt. Das zeigt sich u.a. in seiner Schilderung eines Unfalls von Mutter und

Kind, bei der die Unbeeinflussbarkeit des Schicksals im Mittelpunkt steht. Darüber hinaus unterstreicht der Inhalt des Jahresbriefes die Vermutung, dass für den Verfasser die Familie den zentralen Bezugspunkt bei der biografischen Gestaltung bildet. Denn entgegen anderer Briefe männlicher Verfasser von Jahresbriefen steht in seinem allein die Familie im Mittelpunkt, während seine beruflichen Tätigkeiten nur kurz am Rande erwähnt werden. Ebenso zeigt sich im Text seine starke Orientierung an der Normalbiografie, was zugleich sein Streben nach Langfristigkeit und Kontinuität impliziert. Da negative und plötzlich eintretende Ereignisse in dem Jahresbrief fast nicht erwähnt werden, verstärkt sich zudem der Eindruck aus der Bildanalyse, dass Unsicheres, Unerwartetes und Bedrohliches von außen nach Möglichkeit ausgeschlossen werden soll, was im Foto durch den zugezogenen Vorhang symbolisiert wird.

Insgesamt lässt sich festhalten, dass die Analyse dieses Fotos recht schwer fiel, da aufgrund des mangelnden Informationsgehaltes bei weitem nicht alle Kategorien zur biografischen (Un-)Sicherheit ausreichend begründet angewendet werden konnten.

## 8.3 Zusammenfassung

In nahezu jedem vorliegenden Jahresbrief sind Fotos enthalten. Allein hieraus lässt sich folgern, dass die Verwendung von Abbildungen ein zentrales Element Autobiografischer Updates ist. Die Familienfotos nehmen dabei einen besonders hohen Stellenwert ein, da sie in fast jedem Jahresbrief zu finden sind und darüber hinaus häufig die meisten Informationen über die Autoren und ihre Lebenswelt liefern. Es war mir jedoch von Beginn an klar, dass die vorliegende Auswertung nicht die in den Texten enthaltenen Informationen verifizieren oder gar falsifizieren, sondern diese nur als weitere Auswertungsmethode ergänzen – quasi als verstärkendes Element – und unterstützen kann. Die vorliegende Bildinterpretation diente somit lediglich der Vervollständigung der durch die anderen Seminarteilnehmer aus den Texten erarbeiteten Ergebnisse. Eine von diesen losgelöste, allein auf den Resultaten der Bildinterpretation beruhende Darstellung erschien vor dem Hintergrund unserer Forschungsfrage nicht sinnvoll.

Nicht zuletzt deswegen war es angebracht, die Bilder auch von allen Seminarteilnehmern im Rahmen einer Seminarsitzung interpretieren zu lassen. Es war ein eindrucksvolles Resultat dieser Sitzung, dass die Teilnehmer, auch ohne Kenntnis des dazugehörigen Jahresbriefes, fast immer zu gleichen Ergebnissen bezüglich der biografischen Sicherheitskonstruktionen der jeweiligen Verfasser kamen.

# 9 Inszenierung eines „gelungenen Lebens"

*Fritz Kessel, Martin Klusmann*

Das folgende Kapitel gibt einen Überblick sowohl über unser gesamtes Sample als auch über die Gesamtheit der untersuchten Autobiografischen Updates. Dabei werden zum einen die Verfasser der Jahresbriefe sozialstrukturell verortet, d.h. es wird ein Überblick über die sozioökonomische und schichtspezifische Verortung der Verfasser gegeben. Zum anderen werden die formalen Aspekte der Jahresbriefe und ihre Gemeinsamkeiten hinsichtlich des Inhalts herausgearbeitet.

Schon beim ersten Lesen der Briefe verfestigte sich bei uns der Eindruck, dass sich die Verfasser in ihren Schilderungen und Darstellungen sowohl inhaltlich als auch formal sehr stark ähneln. Die inhaltlichen Gemeinsamkeiten verleiteten uns zudem zu der Annahme, dass die biografischen Konstruktionen aller Verfasser stark an der Institution der „Normalbiografie"[1] orientiert sind. Wir gehen dementsprechend davon aus, dass diese Orientierung eine mögliche „Antwort" auf die vermehrten wahrgenommenen Unsicherheiten der reflexiven Moderne ist. Durch die Anlehnung an normalbiografische Muster, so unsere Annahme, kann der eigene Lebensverlauf in gewissem Maße eindeutig und damit sicher gemacht werden. Kriterien hierfür sind beispielsweise eine hohe zeitliche Kohärenz und eine eindeutige Ausrichtung auf wirtschaftlichen, emotionalen und sozialen Erfolg.

Darüber hinaus fiel uns auf, dass (fast) alle autobiografischen Darstellungen den Eindruck vermitteln, dass es sich bei dem Leben des Verfassers um ein *„gelungenes Leben"* handelt. Die Verfasser inszenieren ihren Lebensverlauf in der Form, dass ihr Lebensentwurf als ein geglückter erscheint. Es wird insofern offensichtlich, dass die Normalbiografie für sie weitestgehend der Vorstellung eines gelungenen Lebens entspricht.

Zum Aufbau des Kapitels: Im ersten Unterkapitel (9.1) werden zunächst allgemeine Informationen zu den Verfassern der Jahresbriefe wie Alter, Bildung, Beruf und Familienstand erhoben, um einen Überblick über das Verfasserspektrum zu geben. Im nächsten Schritt (Kapitel 9.2) werden die Jahresbriefe auf formale Kriterien wie Stil und Ausdruck geprüft und miteinander verglichen. Unterkapitel 9.3 beschäftigt sich mit den inhaltlichen Schwerpunkten der Briefe.

---

1    Zur Normalbiografie vgl. Kapitel 3.4.2 von *Fehr* und *Twork*.

Ziel ist es hier, die mögliche Erzeugung von biografischer Eindeutigkeit durch die jeweiligen Inhalte zu prüfen. Eventuell wiederkehrende Themen, die sich mitunter auch in ihrer Darstellung gleichen, deuten – so unsere Vermutung – auf eine gewisse Regelmäßigkeit in der zugrundeliegenden bei den Adressaten angenommenen Erwartungshaltung hin. In der Schlussbetrachtung (9.4) werden die Ergebnisse zusammengefasst und es wird dargelegt, inwiefern die Autobiografischen Updates zu Eindeutigkeit und Sicherheit beitragen können.

## 9.1 Sozialstrukturelle Verortung der Verfasser von Jahresbriefen

Das erste ausgewählte Merkmal war das *Geschlecht*. Hier sollte der Frage nachgegangen werden, ob evtl. ein Geschlecht häufiger Autobiografische Updates schreibt als das andere. Es zeigte sich, dass Frauen geringfügig häufiger Jahresbriefe verfassen als Männer. Angesichts unseres kleinen Samples lassen sich hierzu allerdings keine verallgemeinerbaren Aussagen treffen.

Unser zweites untersuchtes Merkmal war das *Lebensalter*. Wir konnten herausarbeiten, dass das Durchschnittsalter unseres Samples bei 55 Jahren liegt. Die jüngsten Verfasser waren aber nicht jünger als 35 Jahre, wohingegen die ältesten um die 70 waren. Dieses Kriterium lässt Rückschlüsse auf die Lebensphase der Verfasser sowie – so unsere Vermutung – auch auf ihre Sozialisation zu, insbesondere im Hinblick auf Geschlechterrollen und Lebensentwürfe.

Als drittes Merkmal untersuchten wir die *Bildung*. Es zeigte sich, dass fast alle Verfasser einen (Fach-)Hochschulabschluss haben oder zumindest die allgemeine Hochschulreife besitzen. Insofern scheint das Verfassen Autobiografischer Updates möglicherweise ein Phänomen eher höherer Bildungsschichten zu sein. Die hohe Bildung spiegelt sich auch bei den formalen Kriterien der Jahresbriefe (siehe hierzu Kapitel 9.2) wie Orthographie und Syntax sowie Struktur und der Unterstützung der Texte durch Fotos wider. Die Briefe sind mit gelungener Orthographie und hinreichend guter Syntax verfasst. Kein Verfasser schreibt überschwänglich oder „hochgestochen". Die meisten Briefe sind gut gegliedert und unterstreichen das mit dem gezielten Einsatz von Fotos.

Im vierten Schritt wurden Vermutungen über die wahrscheinliche *Schichtzugehörigkeit* der Verfasser angestellt. Kriterien hierfür waren in erster Linie Bildung und Beruf, aber auch die Wahl der Schule der Kinder, das Engagement in Vereinen oder Organisationen, das Interesse an bestimmten Zeitungsformaten etc. Ein weiteres Merkmal bildete bei uns der jeweilige Grad der Informiertheit hinsichtlich tagespolitischer Geschehnisse. Diese Informationen konnten wir den Jahresbriefen selbst entnehmen.[2]

Es zeigte sich, dass unsere Verfasser von Jahresbriefen durchweg der *gehobenen, gutbürgerlichen Schicht* – im Sinne Geißlers (2008: 97ff.) – zugeordnet werden können. Sie besitzen – wie schon erwähnt – einen (Fach-)Hochschulabschluss oder vergleichbare Qualifikationen. Meistens sind sie in höheren Positionen als Angestellte tätig. Auch in sozioökonomischer Hinsicht lassen sich die Verfasser der gutbürgerlichen Schicht zuordnen. „Ausreißer" in höhere oder niedrigere sozioökonomische Verhältnisse waren die absolute Ausnahme und somit vernachlässigbar. Hiermit deutet sich an, dass die Verfasser Autobiografischer Updates nicht dem Querschnitt der Gesamtbevölkerung entsprechen, dass es sich vielmehr um ein Phänomen handelt, das vor allem in einer spezifischen Gesellschaftsschicht zu finden ist.

Als fünftes Merkmal untersuchten wir den *Familienstand* der Verfasser. Wir konnten herausarbeiten, dass die überwiegende Mehrzahl verheiratet ist und ca. zwei Kinder hat.

Dies ergibt zusammen mit den anderen gewonnenen Informationen über Lebensalter, Bildungshintergrund und Schichtzugehörigkeit, dass es sich bei den Verfassern von Jahresbriefen um eine sehr homogene Gruppe handelt, die der höheren Mittelschicht zuzuordnen ist (vgl. ebd.). Die starke sozialstrukturelle Homogenität der untersuchten Verfasser veranlasste uns zu der Annahme, dass sie daher auch über ähnliche Vorstellungen von einem „gelungenen Leben" verfügen dürften.

## 9.2 Formale Aspekte der Jahresbriefe

Als Kriterien für die formale Gestaltung der Jahresbriefe haben wir die Länge, das Vorhandensein von Fotos und Bildern, die Gliederung des Textes, die Orthographie, die Syntax, die Wortwahl, den Humor, den allgemeinen Stil sowie die Perspektive, aus der die Verfasser berichten, betrachtet.

Die Verfasserperspektive ist für uns besonders wichtig, da sie Hinweise auf den Standpunkt gibt, den der Verfasser zu dem erzählten Inhalt einnimmt. Dieser kann von der Geschichte distanziert sein und daher Raum für scheinbar objektive Kommentare lassen, oder er kann eher befangen sein und als Teil der Geschichte direkt zum Geschehen beitragen. Letzteres ist z.B. dann der Fall, wenn sich der Autor über wörtliche Rede oder die indirekte Wiedergabe selbst mit in die Ge-

---

2   Diese Merkmale wurden sehr sorgfältig ausgewählt und eingeschätzt und sind daher sehr genau, erheben aber keinen Anspruch auf Eindeutigkeit.

schichte integriert. Nicht selten wird hierfür das „Ich" als Perspektive gewählt. Der Stil kann Aufschluss über die eigene Verortung des Verfassers in der gesellschaftlichen Struktur geben. Hier zeigt sich seine je spezifische Form der Selbstwahrnehmung und der Selbstproduktion.

Die durchschnittliche *Länge der Briefe* beträgt drei Seiten. Ausreißer nach oben oder unten sind selten. Die Homogenität in der Länge bestätigt zum einen den von uns schon vorab gewonnenen Eindruck einer gewissen „stillen Übereinkunft" bei der Gestaltung Autobiografischer Updates. Zum anderen kann die Länge unserer Meinung nach auf die von uns unterstellte Absicht, ein gelungenes Leben abbilden zu wollen, hindeuten. Unserer Einschätzung nach würde ein gravierendes Ausdehnen oder Verkürzen des Textes einer kohärenten und glaubwürdigen Darstellung des eigenen Lebens im vergangenen Jahr mit Anspruch auf Authentizität im Wege stehen. Zudem würde bei einem längeren Brief die Motivation der Leser sinken, den Brief vollständig zu lesen. Insofern scheinen drei Seiten eine Brieflänge zu sein, in der alle wichtigen Ereignisse knapp erzählt werden können und der Leser zugleich nicht überfordert wird.

Etwa die Hälfte unserer Verfasser verwendete in ihren Jahresbriefen *Bilder*, zumeist Fotos der Familie, z.T. aber auch Karikaturen oder Zeichnungen. In der Regel passen diese gut zu den jeweiligen autobiografischen Schilderungen. Die Bilder werden wahrscheinlich hinzugefügt, um die Gliederung des Textes zu unterstreichen und der Darstellung insgesamt mehr Ausdruck zu verleihen. Die Verwendung von Bildern mit familiären oder jahreszeitlichen Motiven weist auf die bewusste Hervorhebung gerade dieser Phänomene und Ereignisse hin. Dies wiederum lässt auf einen höheren Stellenwert dieser Ereignisse für den Verfasser schließen, so unsere Annahme. Dies könnte intrinsisch motiviert sein oder einer vermeintlich von außen bestimmten Erwartungshaltung entsprechen. Für Letzteres könnte sprechen, dass die Motive in der Mehrzahl freudige und gelungene Ereignisse sind, die in unserer Gesellschaft als gemeinhin akzeptiert gelten können. Es sind Bilder aus dem Urlaub, von Feiertagen, Geburtstagen, Reisen und Porträts von Familienmitgliedern etc. Für die wenigen Zeichnungen kann diese Erklärung übernommen werden. Zumeist sind dies Zeichnungen von Tieren (Haustieren), Weihnachten oder Urlaubsorten. Als stereotyp erweisen sich diese Motive deshalb, weil sie untereinander beliebig austauschbar sind und über typische Charakteristika der Verfasser wenig aussagen. Lediglich die vereinzelten Hervorhebungen der einzelnen Familienmitglieder in erfolgreichen Posen, etwa beim Sport oder der Zeugnisvergabe, deuten verstärkt in die Richtung einer gezielten *Erfolgsdarstellung*.

Zusammenfassend lässt sich festhalten, dass die Absichten der Verfasser beim Einsatz von Bildern nicht konkret erfasst werden können. Als sicher kann aber gelten, dass sie nach einer Kohärenz zwischen Bild und Text streben, die sich in der Regel in einer Parallelität der Motive von Text und Bild ausdrückt.

Ausgehend vom bereits in Kapitel 9.1 festgestellten Bildungsniveau der Verfasser der Jahresbriefe verwundert es nicht, dass die *Orthographie* und die *Syntax* in nahezu allen Briefen gut sind. Die *Wortwahl* orientiert sich gleichermaßen am Stil und am Inhalt. Die Satzstellungen sind durchdacht und reichen von einfachen Hypotaxen bis zu gut durchdachten Fließtexten. Eine verknappte Syntax ist eher selten. Die abweichenden Fälle lassen sich durch individuelle Umstände erklären. So sind etwa Nichtmuttersprachler oder ältere Leute darunter, die einen davon abweichenden Schreibstil pflegen. Unter Berücksichtigung des sprachlichen Stils ergibt sich ein überwiegend kohärentes Gesamtbild. Ebenso wie mit der Orthographie und der Syntax verhält es sich mit der *Gliederung*: Sie ist mehrheitlich gut gelungen. Zwei Drittel der Jahresbriefe weisen eine klar erkennbare Linie („roter Faden") auf. Dies impliziert unserer Meinung nach, dass die Verfasser die Briefe mit einer konkreten Zielsetzung schreiben und ihre Schilderungen konsequent daran orientieren. Die äußere Gestaltung des Textes – verbunden mit der Wahl von Bildern – kommt dem Leser entgegen und orientiert sich, so unsere Vermutung, an einer aus Zeitung und Zeitschrift bekannten und gewohnten Art der Darstellung.

Die Darstellungen bleiben weitestgehend ernsthaft. Lediglich fünf Fälle weisen einen gewissen Grad an *Humor* auf. Möglicherweise ist es die begrenzte Seitenzahl der Briefe, die ergänzende Späße und lustige Floskeln nicht zulässt. Man gewinnt den Eindruck, dass der Jahresbrief in erster Linie die als wichtig erachteten Ereignisse in der Familie darstellen soll und „Nichtigkeiten" notwendigerweise wegfallen müssen. Die genannten „Fakten" werden dementsprechend nicht lustig oder zynisch beschönigend dargestellt.

Diese Humorlosigkeit kann in engem Zusammenhang mit dem jeweiligen *Schreibstil* der Verfasser gesehen werden. Wir haben zwei Stile herausarbeiten können. Der erste Stil ist der *deskriptive*: Dieser zeichnet sich durch die einfache und schlichte Schilderung von „Tatsachen" aus, die der Verfasser nach subjektiver Wichtigkeit auswählt und ordnet. Dem steht der *analytische* Stil gegenüber. Wir nennen ihn deshalb analytisch, weil in diesem Stil Probleme behandelt werden, für die es am Ende der Schilderung Antworten bzw. Lösungsvorschläge gibt. Nicht selten werden hierbei Themen –beispielsweise wie mit einer dementen Großmutter zu verfahren ist – aus unterschiedlichen Perspektiven erörtert und z.T. bewertet. Dies geschieht häufig in Form einer Abwägung der jeweiligen „Für" und „Wider".[3]

---

3   Neben den geschilderten Stilen gibt es einige wenige weitere, die hier – aufgrund ihrer geringen Zahl – nicht weiter betrachtet werden.

Der deskriptive Stil überwiegt. Zwanzig von zweiunddreißig Verfassern bedienen sich eines deskriptiven Schreibstils; sieben schreiben analytisch. Die mehrheitliche Entscheidung für den deskriptiven Stil ist unserer Meinung nach auf die Absicht der Verfasser beim Schreiben der Autobiografischen Updates zurückzuführen: Der Jahresbrief soll nach unserer Einschätzung keine Diskussionen eröffnen, sondern klar und eindeutig – in Form bloßer Berichterstattung – schildern, wie das letzte Jahr in den Augen des Verfassers verlaufen ist. Die sieben Verfasser mit analytischem Schreibstil verfolgen im Großen und Ganzen das gleiche Ziel: Zwar stellen sie sich auf eine andere Art dar und legen den Fokus weniger auf die Fülle an Informationen als vermehrt auf die Fähigkeit der eigenen Person (oder Familie) beim Problemlösen. Doch auch hier werden die Themen eher beschreibend dargestellt.

Bei der *Perspektive*, aus der die Verfasser der Jahresbriefe berichten, fällt auf, dass sie überwiegend einen eher distanzierten Standpunkt einnehmen, vergleichbar dem eines externen Journalisten. Daraus lässt sich unserer Meinung nach der Schluss ziehen, dass sie sich selbst bis zu einem gewissen Grad aus der Geschichte herausnehmen möchten, einen etwas entfernten „Platz" suchen, um ihren Schilderungen so den Anschein von Objektivität zu geben. So wird häufig aus der dritten Person heraus eine Schilderung über weitere Familienmitglieder angestellt. Über diese Distanz, so unsere Annahme, wird Unvoreingenommenheit suggeriert und der Verfasser macht sich dadurch weniger angreifbar. Es ist möglich, dass die Verfasser hier bewusst oder unbewusst den eher journalistischen, distanzierten Stil übernehmen, um in ihren Jahresbriefen ein Gefühl von Angemessenheit und Sachlichkeit in der „Berichterstattung" zu erzeugen.

## 9.3  Inhaltliche Aspekte der Jahresbriefe

Die inhaltliche Darstellung wurde anhand von drei Kriterien untersucht. Diese sind: (1) die *Schwerpunktthemen*, auf die die Verfasser ihr Hauptaugenmerk richten, (2) die *Unsicherheitswahrnehmung*, die hier anhand der Schilderungen von unerwarteten Problemen analysiert wird, und (3) die Wahl der *Motive*, über die die Verfasser berichten.

Zunächst betrachteten wir die *Schwerpunktthemen*. Bei der Untersuchung fiel auf, dass in jedem Jahresbrief jeweils *ein* thematischer Schwerpunkt dominiert. Wird über weitere Themen berichtet, so geschieht dies stets in der Form, dass diese unter das jeweils dominante Hauptthema subsumiert und aus dessen Perspektive dargestellt werden. Der Fokus bleibt insofern in allen Fällen exklu-

siv bei einem Schwerpunkt. Die vorgefundenen drei Hauptthemen sind: *Beruf,*
*Familie* und *Individuelles.*[4]

Im Bereich *Beruf* stehen Schilderungen aus der Arbeitswelt des jeweiligen
Verfassers im Mittelpunkt. Meist wird hierzu ein analytischer Schreibstil gewählt. Es fällt auf, dass häufig aus der individuellen Perspektive berichtet wird,
was darauf schließen lässt, dass der Beruf als Teil und Ausprägung des persönlichen Lebens eine besondere Wertschätzung erfährt. Besonders der Darstellung
eigener beruflicher Erfolge wird großer Raum gegeben. Aufgetretene Widerstän-
de werden dabei ebenfalls erläutert und vor allem deren Überwindung dargestellt.

Im Bereich *Familie* stehen detaillierte Ausführungen zu allen Familienmitgliedern und Verwandten, ihren Erfolgen, Interaktionen und emotionalen Bin-
dungen im Zentrum. Die Darstellung der eigenen Person tritt hierbei in den Hintergrund und wird als Teil der Familie inszeniert.

Im letzten Bereich, *Individuelles,* stehen das eigene Erleben und Empfinden
des Verfassers im Mittelpunkt. Diese können sich auf unterschiedlichste Motive
beziehen.

Das Themenfeld der Familie stellte sich als das Dominierende heraus. Sieb-
zehn Autobiografischen Updates mit familiärem Schwerpunkt stehen sechs mit
beruflichem Schwerpunkt gegenüber. Ausgehend vom Alter der Verfasser, das
sich um etwa 55 Jahre bewegt, erscheint dies plausibel, da zum einen viele Personen in diesem Alter bereits verrentet sind. Zum anderen steht für diese Generation die Familie noch sehr viel stärker im Vordergrund als für die nachfolgenden
Generationen, insbesondere für die Frauen. Hinzu kommt, dass die Familie einen
vergleichsweise „kleinen" Raum definiert, in dem unserer Meinung nach besonders gut ein gewisser Grad an biografischer Sicherheit erzeugt werden kann.
Wird hingegen vorrangig der Beruf betrachtet, dann zeigte sich, dass fast nur
über Erfolge berichtet wird.

Das zweite untersuchte Kriterium war der Umgang mit unerwartet auftre-
tenden Problemen, der hier als Ausdruck für die *Wahrnehmung biografischer*
*Unsicherheiten* verstanden wird. Auffällig ist, dass in der überwiegenden Zahl
der Jahresbriefe kaum über Probleme berichtet wird. Ängste vor Arbeitslosigkeit,
Terror, Naturkatastrophen, Straftaten o.ä. werden in allen zweiunddreißig Fällen
nicht ein einziges Mal erwähnt. Lediglich gesundheitliche Probleme oder allgemeine Probleme des Alterns werden hin und wieder thematisiert. Das legt die
Vermutung nahe, dass nur über solche Probleme berichtet wird, bei denen ein
gesellschaftlicher Konsens darüber besteht, dass alle Menschen gleichermaßen

---

4   In einigen wenigen Ausnahmefällen wurden andere Themen angesprochen, die hier aufgrund
    der geringen Häufigkeit vernachlässigt werden.

davon betroffen sind und dass sie nicht durch Eigeninitiative abgewendet werden
können. Mit anderen Worten: Sie haben keinen exklusiven Charakter, sondern
sind ein Thema, das jeden betrifft und sich dem eigenen Einfluss entzieht. Beispiele hierfür sind Krankheiten, körperliche Gebrechen und das Altern. In den
wenigen Fällen, in denen andere Probleme thematisiert werden, fällt auf, dass der
Fokus dann auf die aktive Bewältigung der Probleme gelegt wird. Meist wird auf
die eigene Kompetenz, auf soziale Netzwerke oder die besondere Stärke der
eigenen Familie hingewiesen, die in der Lage sind, alle Probleme zu lösen.

Bei der Wahl der *Motive* fällt auf, dass in den Jahresbriefen meist gesellschaftlich *positiv besetzte* Ereignisse behandelt werden. Im Mittelpunkt stehen
beispielsweise berufliche Erfolge, erfolgreich absolvierte Prüfungen, Urlaube
oder auch die Geburt eines Kindes, Hochzeiten etc. Darüber hinaus handelt es
sich meist um Ereignisse, die den typischen „normalbiografischen" Erwartungen
bzw. Anforderungen entsprechen. Interessant ist zum einen, dass sich die Schilderungen dieser Ereignisse in allen Jahresbriefen sehr stark ähneln. Zum anderen
zeigt sich eine auffällige Selbstverständlichkeit und Beiläufigkeit, mit der die
positiven Ereignisse präsentiert werden. Während beispielsweise eine gute Abiturnote des Kindes – unserer Meinung nach – im Alltag einer Familie ein eher
großes Ereignis darstellt, wird es in den Jahresbriefen eher am Rande behandelt,
als sei es eine unhinterfragte Selbstverständlichkeit. Es liegt der Verdacht nahe,
dass mit den Darstellungen der positiven Ereignisse die „normalbiografischen"
gesellschaftlichen Erwartungen erfüllt werden sollen.

In den meisten Jahresbriefen dient der abschließende (Ab-)Satz der Zusammenfassung des Gesagten. In der Regel verbleibt der Verfasser dann mit
erwartungsfrohen und unbekümmerten Wünschen an das eigene Leben und das
der Adressaten. Darüber hinaus finden sich hier gelegentlich Floskeln, wie die
Wünsche nach Lottogewinnen, weiterhin gut erhaltener Gesundheit oder einfach
etwas mehr Ruhe für das nächste Jahr. Diese abschließenden Sätze verweisen –
einmal mehr – auf einen gut funktionierenden Alltag und auf ein scheinbar sor-
genfreies Leben. Somit wird mit dem letzten Absatz die in den Jahresbriefen
verfolgte Inszenierung eines *„gelungenen Lebens"* noch einmal verstärkt.

Stichpunktartig lässt sich über die inhaltliche Darstellung sagen, dass

- hauptsächlich die Familie betrachtet wird,
- der Beruf, sofern er im Fokus steht, als persönliche Welt dargestellt wird,
- kaum Probleme genannt werden,
- falls Probleme genannt werden, bei diesen ein gesellschaftlicher Konsens
  darüber besteht, dass sie alle betreffen und sich dem eigenen Einfluss entziehen, und
- dass das eigene Leben als in sich kohärent und *gelungen* inszeniert wird.

## 9.4  Schlussbetrachtung

An erster Stelle muss festgehalten werden, dass es sich bei den Verfassern Autobiografischer Updates um eine ganz spezifische gesellschaftliche Gruppe handelt. Sie entspricht nicht dem Querschnitt der Gesellschaft, sondern entstammt
ihrer oberen Mitte. Bildung, Beruf, Alter und der Stil der Updates belegen diese
Annahme. In der Art und Weise, wie sie die Updates verfassen, gleichen sich die
Verfasser; ebenso wie sich die Inhalte der Jahresbriefe stark ähneln.

Es scheint so, als bezweckten die Verfasser mit ihren Briefen eine ganz bestimmte Absicht: Ihre Intention, so unsere Auffassung, liegt in der Inszenierung
eines gewissen Bildes über sich selbst, der Darstellung ihres *„gelungenen Lebens"*. Es scheint darüber hinaus, als würde eine authentische Darstellung eher
vernachlässigt, um vor allem ein in sich kohärentes, gelungenes und stimmiges
Bild des eigenen Lebensverlaufs entwerfen und damit biografische Sicherheit
und Eindeutigkeit erzeugen zu können.[5] Dazu passt auch die Auswahl ihrer Motive. Denn vor allem durch Erfolgsdarstellungen wie berufliche Erfolge, eine
gute Abiturnote, einen gelungenen Urlaub oder die Geburt eines Enkels kann auf
das eigene gelungene Leben verwiesen werden.

Hinzu kommt, dass sich die Darstellungen an den typischen Vorstellungen
und Erwartungen zur *„Normalbiografie"* orientieren. Es hat den Anschein, als
würde eher kontrafaktisch an dieser langfristig stabilen Lebenslaufperspektive
festgehalten, was es für die Verfasser nötig macht, gerade die Ereignisse aus
ihren Darstellungen zu verdrängen, die sich nicht in diese „Geschichte" einfügen
(vgl. hierzu auch Schimank 2002: 242). Es fällt darüber hinaus auf, dass sich die
Jahresbriefe in vielen Punkten gleichen, was darauf zurückgeführt werden könnte, dass die „Normalbiografie" eine immer noch gesellschaftlich allgemein anerkannte Institution ist, denen die Verfasser mit ihren Briefen entsprechen wollen.
Vor dem Hintergrund des durchschnittlichen Alters der Verfasser könnte allerdings vermutet werden, dass die Institution der Normalbiografie vielleicht gerade
bei den älteren Generationen noch eine besonders große Rolle spielt.

Mit der Schilderung ihrer persönlichen Lebensgeschichte eines Jahres in
den Autobiografischen Updates haben die Verfasser ein Zeugnis ihrer biografischen Sicherheitsüberzeugungen abgegeben. Darin spiegelt sich ihr Umgang mit
den viel zitierten Unsicherheiten und den differenzierten und komplexen Herausforderungen in der reflexiven Moderne wider. Durch ihre als eindeutig konstruierte Lebensgeschichte versuchen sie, diese Bedingungen zu überwinden. Die
Jahresbriefe können insofern als *Ausdruck* einer ganz spezifischen Form der

---

5    Vgl. hierzu die Annahmen über den Umgang mit biografischen Unsicherheiten von Schimank
     (2002) und von Beck, Bonß und Lau (2001: 48f.) in Kapitel 1.1 von *Pelizäus-Hoffmeister*.

Sicherheitskonstruktion betrachtet werden. Darüber hinaus sind sie aber zugleich auch ein adäquates *„Mittel"*[6] zur Erzeugung biografischer Sicherheit, denn erst durch den aktiven Entwurf einer eindeutigen Lebensgeschichte können die Verfasser die Komplexität und Unübersichtlichkeit ihres eigenen Lebens reduzieren. Erst durch das Hervorheben als wichtig erachteter Themen und Motive und durch die Vernachlässigung derer, die ersteren widersprechen mögen, kann eine eindeutige, sicherheitsversprechende Lebensgeschichte entstehen. Insbesondere durch ihre Fokussierung auf nur einen als wesentlich erachteten Lebensbereich (Schwerpunktthema) können die Verfasser Komplexität reduzieren und Eindeutigkeit erzeugen. Dabei ist es von untergeordneter Bedeutung, welche Motive genau behandelt werden. Viel wichtiger erscheint die Einhaltung eines vermeintlich allgemein akzeptierten Kataloges zu behandelnder Themen.

Auch wenn sich die Verfasser der Jahresbriefe erfolgreich mit den Herausforderungen und Unsicherheiten des 21. Jahrhunderts – und der reflexiven Moderne – auseinandersetzen, bleiben sie mit ihren Bewältigungsstrategien unserer Meinung nach dennoch im 20. Jahrhundert verhaftet. Sie verwenden die „alten" Muster des Umgangs mit Unsicherheit, die stark an der „Normalbiografie" orientiert sind, einer Institution, die sich nach Meinung vieler Autoren in der reflexiven Moderne nach und nach auflöst (vgl. z.B. Kohli 1994, Beck 1986). Dass sich die Verfasser dennoch stark daran orientieren, könnte zum einen darauf verweisen, dass an einer Institution gerade dann – kontrafaktisch – festgehalten wird, wenn sie sich aufzulösen beginnt. Die Normalbiografie hätte in diesem Fall weiterhin hohe gesellschaftliche Bedeutung.

Eine andere Erklärung könnte am Alter der Verfasser ansetzen: Da gerade die älteren Generationen die „Normalbiografie" in ihrem eigenen Leben noch als etwas ganz unhinterfragt Selbstverständliches erlebt haben, ist es naheliegend, dass sie auch unter veränderten gesellschaftlichen Bedingungen an diesen schon früh erlernten Rollenmustern und Verhaltenserwartungen festhalten. Über einen großen Teil ihrer Kindheit und ihres Erwachsenenlebens haben sie gelernt, dass der „richtige" Lebensverlauf an der Normalbiografie orientiert ist, so dass alternative Konzepte für sie kaum sichtbar werden. Theoretisch lässt sich dieser Befund folgendermaßen formulieren: Die Verfasser der Jahresbriefe bewältigen die gestiegenen Unsicherheiten der reflexiven Moderne mit Mitteln, die eine typische Form des Umgangs mit Unsicherheiten in der ersten bzw. einfachen Moderne darstellen. Dennoch zeigt sich, dass sie mit dieser Strategie erfolgreich eine biografische Eindeutigkeit und damit Sicherheit für sich erzeugen können.

---

6    Vgl. hierzu Kapitel 4 zu den Biografiegeneratoren von *Friese* und *Pohl*.

## 9.5 Literatur

Beck, Ulrich (1986): Die Risikogesellschaft. Auf dem Weg in eine andere Moderne, Frankfurt/Main: Suhrkamp

Beck, Ulrich/Beck-Gernsheim, Elisabeth (Hrsg.) (1994): Riskante Freiheiten, Frankfurt/Main: Suhrkamp

Geißler, Rainer (2008): Die Sozialstruktur Deutschlands. Zur gesellschaftlichen Entwicklung mit Bilanz der Wiedervereinigung, 5. durchgesehene Auflage, Wiesbaden: VS Verlag

Kohli, Martin (1994): Institutionalisierung und Individualisierung der Erwerbsbiographie. In: Beck/Beck-Gernsheim (1994): 219–244

Schimank, Uwe (2002): Das zwiespältige Subjekt. Zum Person-Gesellschaft-Arrangement, Opladen: Leske + Budrich

# 10 Forschungsergebnisse und Erkenntnisse zum Forschungsprozess

*Helga Pelizäus-Hoffmeister*

Diese Abschlussbetrachtung soll – wie schon an der Überschrift deutlich wird – zwei verschiedene Aspekte berücksichtigen: Zum einen werde ich über die Aufgaben und Herausforderungen berichten, die entstehen, wenn man sich dazu entschließt, den Forderungen des Bologna-Prozesses entsprechend mit Studierenden eines Master-Studienganges ein eigenes, abgeschlossenes Forschungsprojekt durchzuführen und darüber hinaus den Forschungsbericht auch noch zu veröffentlichen (10.1). Zum anderen werde ich unsere empirischen Ergebnisse zusammenfassen und vor dem Hintergrund weiterer Forschungen zum Thema biografischer Sicherheit diskutieren. Auch der Frage nach der Relevanz der erarbeiteten Typen werde ich nachgehen (10.2).

## 10.1 Der Forschungsprozess

Mein Ziel war es zum einen, entsprechend den Vorgaben des Bologna-Prozesses meine Studierenden in der Weise zu qualifizieren, dass sie in die Lage versetzt werden, komplexe Fragestellungen aufzugreifen und sie mit wissenschaftlichen Methoden empirisch so zu bearbeiten, dass Ergebnisse entstehen, die auch über die aktuellen Grenzen des Wissensstandes hinausweisen. Zum anderen war es meine Absicht, den entstehenden Forschungsbericht zu veröffentlichen und ihn so einem breiten, interessierten Publikum zugänglich zu machen, einem Publikum, das nicht nur der Wissenschaft entstammen sollte. Die Publikation sollte einerseits die Motivation der Studierenden erhöhen, denn es war vorauszusehen, dass die Durchführung eines abgeschlossenen Forschungsprojektes für sie mit einem sehr hohen Arbeitsaufwand verbunden war. Andererseits sollte mit der Publikation ein Musterbeispiel für das „Forschen mit Studierenden" geschaffen werden, das durchaus für viele Dozenten mit vergleichbaren Zielsetzungen als richtungsweisender Denkanstoß dienen könnte.

Ich hatte mich entschlossen, ein qualitativ orientiertes Forschungsprojekt durchzuführen, da sich die Studierenden unseres Studienganges meiner Meinung nach recht wenig mit qualitativen Methoden auseinandersetzen müssen. Um mein Ziel umsetzen zu können, mussten vorab verschiedene *Voraussetzungen* erfüllt werden: Zunächst musste ich eine Forschungsfrage entwickeln, die einerseits ganz neu war, denn unsere gewonnenen Erkenntnisse sollten ja über das hinausgehen, was bereits an Forschungsergebnissen existierte. Andererseits musste die Fragestellung so eingegrenzt bzw. so „knapp" werden, dass sie im Rahmen zweier Trimester erfolgreich bearbeitet werden konnte. Darüber hinaus sollte es sich um ein Thema handeln, dass für die Öffentlichkeit – und nicht zu vergessen auch für die Verlage – interessant ist, denn eines unserer Ziele war ja die Veröffentlichung des Forschungsberichtes. Zudem sollte das auszuwertende „Datenmaterial", das uns zur Beantwortung der Forschungsfrage dienen sollte – ebenfalls aufgrund des begrenzten Zeitraumes – nicht zu umfangreich sein. Eine weitere Voraussetzung bestand darin, eher leicht zu erlernende qualitative Auswertungsmethoden auszuwählen, denn alle Seminarteilnehmer sollten aktiv am Auswertungsprozess teilnehmen. Diese Voraussetzungen konnten durch die Untersuchung von Autobiografischen Updates mit der Frage nach deren impliziten biografischen Sicherheitskonstruktionen und den in Kapitel 6 erläuterten Auswertungsmethoden erfüllt werden.

Für die Studierenden ergaben sich im Rahmen der beiden Seminare vor allem folgende *Aufgaben*: Im ersten Schritt waren sie dafür verantwortlich, dass ein für die Untersuchung ausreichender Umfang an Datenmaterial – an Jahresbriefen – zur Verfügung stand, was nicht ganz einfach war, wie in Kapitel 6 von *Weber* und *Schatz* erläutert wird. Weitere und ganz wesentliche Aufgaben bestanden in der Einarbeitung in die unterschiedlichen theoretischen Ansätze, die für das Thema relevant sind, im Erlernen der qualitativen Auswertungsmethoden und in der Interpretation des Datenmaterials.

Schon in den ersten Seminarsitzungen zeigte sich, dass sich einige der Studierenden lieber mit theoretischen Herausforderungen auseinandersetzten, andere hingegen vorzugsweise mit dem Datenmaterial arbeiteten. Recht schnell entwickelten sich so zwei Gruppen: die „Empiriker" und die „Theoretiker". Insbesondere zu Beginn des ersten Seminars entstand zwischen den beiden Gruppen eine gewisse Konkurrenz: Die Empiriker empfanden die Diskussionen der Theoretiker als zu tiefgreifend und als nicht zielführend für das Projekt, mit der Argumentation, dass ja schließlich die Empiriker die Forschungserkenntnisse „hervorbringen". Die Theoretiker hingegen sahen in der tiefen theoretischen Durchdringung des Themas eine notwendige Voraussetzung für eine erfolgreiche Empirie. Erst im Verlauf der weiteren Sitzungen wurde für alle Teilnehmer offensichtlich, dass einerseits ein gewisses Maß an Theorie notwendig ist, um sich der Forschungsfrage differenziert nähern zu können, andererseits aber eine sehr tiefe theoretische Durchdringung des Themas die notwendige Offenheit beim Umgang mit dem Datenmaterial einschränken würde. Und auch ganz pragmatisch, aus Zeitgründen, mussten die theoretischen Diskussionen auf das Ausmaß begrenzt werden, das für die Entwicklung der Analysekategorien notwendig war.

Eine weitere Aufgabe der Studierenden, die schwierigste, wie sich später herausstellte, war es, die Texte zu formulieren, die die Grundlage dieses Buches bildeten. Ein ganz wesentliches Problem bestand in der Produktion *einfacher, verständlicher Texte.* Diese Anforderungen waren allerdings unumgänglich, da das entstehende Buch für die breite Öffentlichkeit geeignet sein sollte. Gewohnt, sich beim Schreiben von Seminararbeiten mit den eigenen Formulierungen am Sprachduktus der behandelten Autoren zu orientieren, stellte es für die Studierenden eine große Herausforderung dar, in leicht verständlicher Form zu schreiben. Um dieses Problem zu bewältigen, wurde jede der vielen Textversionen von allen Seminarteilnehmern und darüber hinaus von Studierenden, die nicht zur Projektgruppe gehörten, gelesen und immer wieder auf ihre Verständlichkeit hin überprüft.

Ein weiteres Problem ergab sich für die Studierenden dadurch, dass ihre Texte genau aufeinander abgestimmt werden mussten. Dies erforderte zum einen, dass sich jeder ausführlich mit den Texten der anderen auseinandersetzte. Zum anderen musste bei vielen Fragen ein gemeinsamer Konsens gefunden werden. Es war insofern eine intensive Zusammenarbeit nötig, die hin und wieder zu durchaus leidenschaftlichen und ausufernden Diskussionen führte. Sei es, dass sich die Studierenden bei der Namensfindung für die neue Textgattung sehr uneinig waren, oder dass hin und wieder wenig Einmütigkeit darüber bestand, was denn nun genau in welchem Kapitel stehen sollte. Kurz gesagt: Der Abstimmungsbedarf war enorm, was aber in ungeahnter Weise das „Zusammenwachsen" unserer Forschergruppe förderte.

Dieser Forschungsbericht spiegelt meiner Meinung nach wider, dass hoch engagierte und motivierte Master-Studierende in der Lage sind, wissenschaftlich fundiert, eigenständig und mit der nötigen Ernsthaftigkeit neue und spannende Erkenntnisse hervorzubringen. Als einhelliges Resümee der Studierenden selbst kann festgehalten werden, dass sie in ihrem kreativen Schaffensprozess eine der spannendsten und lohnendsten Herausforderungen ihres gesamten Studiums sahen, die ihnen viel Freude bereitet hat.

## 10.2 Forschungsergebnisse

Ein Ziel der Untersuchung war es, die Perzeptionen von und den Umgang mit biografischen Unsicherheiten zu erfassen, die sich in den Autobiografischen Updates widerspiegeln. Es konnte eine Typologie herausgearbeitet werden, die die verschiedenen Strategien der Verfasser der Jahresbriefe im Umgang mit

Unsicherheit pointiert darstellt.[1] Alle derart entwickelten Typen, so lässt sich festhalten, stellen erfolgreiche Muster zur Bewältigung biografischer Unsicherheit dar, denn allen Verfassern gelingt es, mit ihnen Eindeutigkeit und damit Sicherheit zu erzeugen. Diese Sicherheit resultiert allerdings aus völlig unterschiedlichen Deutungs- und Handlungsmustern:

Während die *„Glaubenden"* vor allem an die „Richtigkeit" der von ihnen als nicht beeinflussbar erlebten, unerwarteten zukünftigen Ereignisse glauben und für sich biografische Sicherheit erzeugen, indem sie sich den – in diesem Sinne – schicksalhaften Situationen anpassen, ist der *„Kalkulierer"* davon überzeugt, dass er seinen zukünftigen Lebensverlauf selbst „im Griff" hat. Er ist sich sicher, dass er mit rationalem Kalkül, Spontaneität und Flexibilität jede ungewisse Situation in seinem Sinne meistern und damit sicher machen kann. Die Welt begreift er als einen Möglichkeitsraum, den er nutzen kann, um seine eigenen Vorstellungen vom Leben zu verwirklichen. Wieder anders hingegen denken und handeln die *„Ambivalenten"*: Allen Verfassern, die diesem Typus zugeordnet wurden, ist gemein, dass sie sich bis zu einem gewissen Grad der zukünftigen Ungewissheit hilflos ausgeliefert sehen, zugleich aber überzeugt sind, dass sie dennoch aktiv in ihr „Schicksal" eingreifen können. Diese Widersprüchlichkeit, die sich schon in ihrer Bezeichnung widerspiegelt, führt zu zwei verschiedenen Mustern im Umgang mit Unsicherheit: Die *„Hoffenden"* messen ihrer Möglichkeit der aktiven Lebensgestaltung eher weniger Bedeutung zu und hoffen vor allem darauf, dass Gott oder ihr soziales Netzwerk sie tatkräftig dabei unterstützt, Sicherheit zu erzeugen. Die *„Vertrauenden"* hingegen sehen sich viel mehr in der eigenen Verantwortung. Sie vertrauen vor allem auf eigene Kompetenzen und eigene Möglichkeiten bei der Bewältigung von Unsicherheiten. Aber dennoch sind sie sich bewusst, dass sie nicht alles „im Griff" haben können. Aufgrund des ausgeprägten Optimismus, der allen Ambivalenten eigen ist, sind sie aber davon überzeugt, dass sie sich auch mit als nicht kontrollierbar erlebten zukünftigen Ereignissen gut arrangieren können.

Die Interpretation der den Jahresbriefen hinzugefügten Bilder und Fotos kann diese Ergebnisse weiter unterstreichen, denn es konnte herausgearbeitet werden, dass die Erkenntnisse der Fotoanalyse denen der Textinterpretation entsprechen.[2]

Vergleicht man diese Ergebnisse nun mit Erkenntnissen aus Studien mit einer ähnlichen Fragestellung, dann zeigt sich, dass es sich um allgemeinere Muster des Umgangs mit Unsicherheit handeln muss, denn diese können auch an

---

1    Vgl. Kapitel 7 von *Oska* und *Schmidt*.
2    Vgl. hierzu Kapitel 8 von *Schatz*.

anderer Stelle belegt werden.[3] So präsentiert beispielsweise die Studie von Eßer und Zinn (2001) fünf Typen des Umgangs mit Unsicherheit, die sich ebenfalls auf einer Dimension zwischen „Ausgeliefertsein" und „Alles im Griff haben" befinden. Und in meiner Untersuchung aus dem Jahre 2006 habe ich ebenfalls vier Muster des Umgangs mit Unsicherheit gefunden. Der Typus „Anpassung" (vgl. Pelizäus-Hoffmeister 2006: 214ff.) erscheint dabei fast identisch mit unserem Typus *„Der Glaubende"* und der Typus „Autonomie" (vgl. ebd.: 233) scheint unserem Typus *„Der Kalkulierer"* zu entsprechen. Zudem ähneln die Typen „Unfreie Autonomie" und „Autonomes Sich-treiben-lassen" aus meiner Untersuchung von 2006 unseren *„Ambivalenten"* zumindest in der Hinsicht, dass ihnen nicht klar ist, wem oder was Unsicherheit zugerechnet werden kann.

Prüft man den Typus *„Der Glaubende"* darauf hin, ob er eine wichtige Strategie im Umgang mit Unsicherheit in der reflexiven Moderne beschreibt, dann könnte man aufgrund seiner eher vormodern wirkenden Deutungs- und Handlungslogik vermuten, dass er sich eher auf dem Rückzug befindet. Das Muster der Anpassung an Unsicherheiten, denen er sich ausgeliefert fühlt, erscheint vor dem Hintergrund reflexiv moderner Anforderungen an das Subjekt eher anachronistisch. Dennoch finden sich z.B. bei Bauman (1999) im Rahmen seiner Betrachtung des religiösen Fundamentalismus viele Hinweise darauf, dass er steigende Bedeutung erhält. Bauman verzeichnet eine verstärkte Hinwendung zu fundamentalistisch orientierten Religionen. Seine Vermutung ist: Je weniger es vor dem Hintergrund zunehmender Ungewissheit möglich erscheint, sein Leben eigenverantwortlich zu leben, desto mehr strebt der Mensch nach Lenkung und Führung. Die Anziehungskraft des Fundamentalismus liegt nach Bauman darin, dass eine höchste Autorität gefunden wird, die jeden Bereich des Lebens verbindlich und unmissverständlich regelt und dem Einzelnen damit die Bürde der Verantwortung nimmt (vgl. Bauman 1999: 329). Die Parallele zum hier entwickelten Typen ist offensichtlich: Indem man sich dem „Außen" anvertraut und anpasst, gewinnt man ein hohes Maß an Eindeutigkeit und Sicherheit.[4]

Auch die Strategien des *„Kalkulierers"* scheinen von Erfolg gekrönt. Er trägt – ganz im Sinne des „autonomen Subjekts" der Moderne – durch zielbewusstes, aktives und selbständiges Handeln zur biografischen Sicherheit bei. Seine Handlungs- und Deutungslogik ist – so könnte man in Anlehnung an Eßer und Zinn (2001) formulieren – am stärksten der „Rationalitäts- und Eindeutigkeitslogik der ersten [einfachen] Moderne" verpflichtet (Eßer, Zinn 2001: 31).

---

3    Vgl. z.B. Eßer, Zinn (2002), Wohlrab-Sahr (1993), Schimank (2002), Behringer (1998).

4    Dieses Muster zeigt Parallelen zur weiblichen Normalbiografie. Anpassung an die Bedürfnisse anderer – z.B. in Form familiärer Inanspruchnahme – und eher passive, reagierende Verhaltensmuster gelten immer noch als typisch „weibliche" Strategien.

Ich vermute, dass dieses Muster im Umgang mit Unsicherheit insbesondere im Falle des Gelingens eine erfolgversprechende Strategie darstellt, sich gegen Ungewissheiten und auch gegen Konkurrenz durchzusetzen. Eine mögliche *Fiktivität* der Subjektautonomie, wie sie beispielsweise Beck, Bonß und Lau mit ihrem Konstrukt des „Quasi-Subjekts" beschreiben, wird von den Verfassern dieses Typus nie auch nur ansatzweise in ihre Deutungen mit einbezogen (vgl. Beck, Bonß, Lau 2001: 45).[5]

Wird in anderen Studien nach Mustern im Umgang mit Unsicherheit gesucht, die unserem Typus *„Der Ambivalente"* nahekommen, dann zeigt sich, dass auch er dort auftaucht. (vgl. z.B. Bonß et al. 2004) Bei Bonß et al. (2004) etwa wurde ein Typus erarbeitet, der sich dadurch auszeichnet, dass er zwar nicht davon ausgeht, das Leben „im Griff" zu haben, aber dennoch jede sich bietende Situation nutzt, um sie aktiv in seinem Sinne zu bewältigen. Auch die Vertreter dieses Typus sind sich sicher, dass sie sich mit allen unerwarteten zukünftigen Ereignissen immer gut arrangieren können (werden). Die Parallelen zu unserem *„Ambivalenten"* sind offensichtlich.

Ein Hinweis auf die große Bedeutung gerade dieses Typus, der sich durch sein *gekonntes Umgehen mit widersprüchlichen Überzeugungen und Situationen* auszeichnet, findet sich in der Forschung zum Wertewandel. Klages und seine Mitarbeiter finden ein erfolgreiches Muster bei der Lebensgestaltung, das sie als den Typus des „aktiven Realisten" bezeichnen (vgl. Franz, Herbert 1987: 40ff., Klages 2001: 10). Der „aktive Realist" zeichnet sich durch seine sogenannte Wertesynthese aus, d.h. durch das Integrieren von an sich entgegengesetzten, sich widersprechenden traditionellen und modernen Werten. In ungewissen Situationen entscheidet er pragmatisch, gegenwartsorientiert und voller Selbstvertrauen in seinem Sinne. Dabei greift er sowohl auf aktive Strategien wie Planung und Kontrolle zurück als auch auf eher passive, wie das Hoffen auf Unterstützung vom eigenen sozialen Netzwerk oder von Gott. So ist er in der Lage, sich in einer von schnellem Wandel geprägten, unsicheren Welt sicher, selbstbewusst und gleichzeitig zielbewusst zu bewegen (vgl. Klages 2001: 10). Dieses spannungsreiche und widersprüchliche Persönlichkeitsprofil ist für Klages ein optimistisches Zukunftsmodell, da „den Menschen in der Zukunft mehr und mehr abgefordert" werde (ebd.). Es entspricht in gewissem Sinne seinem „Sollprofil" menschlicher Handlungsfähigkeit unter Bedingungen biografischer Unsicherheit.

Lassen sich zahlreiche Hinweise darauf finden, dass die von uns erarbeiteten Muster im Umgang mit Unsicherheit eher allgemeineren Charakter haben

---

5   Dieses Muster zeigt Übereinstimmungen mit dem Wertehorizont der männlichen Normalbiografie. Auch hier stehen Selbständigkeit, Verantwortungsübernahme, Individualität und insbesondere rationales Entscheiden ganz oben auf der Rangskala erwarteter Charakteristika.

dürften, so zeigt sich bei einer genaueren Betrachtung unseres Samples, dass das Verfassen Autobiografischer Updates zur Erzeugung biografischer Sicherheit auf keinen Fall eine Strategie ist, die in allen Bevölkerungsschichten Bedeutung hat.[6] Anhand einer sozialstrukturellen Verortung der untersuchten Verfasser vermuten wir, dass das Schreiben von Jahresbriefen vor allem für Personen aus der oberen Mittelschicht eine wichtige Form der biografischen Selbstreflexion darstellt. Und vor allem die Älteren dieser Gruppe scheinen die Jahresbriefe als eine adäquate Form des Umgangs mit biografischer Unsicherheit zu betrachten.

Unsere Verfasser versuchen auf der Basis ihrer Jahresbriefe ausnahmslos, sich selbst und den Adressaten – ihren Freunden, Verwandten und Arbeitskollegen – ein in sich kohärentes und stimmiges Bild ihres eigenen Lebensverlaufs vom letzten Jahr zu präsentieren. Sie versuchen darüber hinaus, ihr Leben als ein *„gelungenes Leben"* darzustellen, indem sie vor allem über positive, gesellschaftlich allgemein anerkannte Erfolge und Ziele (berufliche Erfolge, gute Zeugnisnoten, Geburt des Nachwuchses etc.) berichten.

Interessant ist ihre starke Orientierung an der sogenannten – einfach modernen – „Normalbiografie". Es hat den Anschein, als würden sie eher *kontrafaktisch* an dieser Institution festhalten, denn in ihrem Leben verweisen vielfältige Brüche und Veränderungen darauf, dass das Leitbild der Normalbiografie in der reflexiven Moderne nicht mehr den realen Bedingungen entspricht. Zurückzuführen sind die normalbiografischen Überzeugungen der Verfasser möglicherweise auf ihr Alter. Da sie die Normalbiografie in weiten Teilen ihres Lebens als etwas ganz unhinterfragt Selbstverständliches erfahren haben, ist es naheliegend, dass sie an diesen schon früh erlernten Rollenmustern und Verhaltenserwartungen auch dann festhalten, wenn sich ihre Lebensumstände verändern. Man könnte insofern – theoretisch formuliert – argumentieren, dass die Verfasser von Jahresbriefen den ungewissen Bedingungen der reflexiven Moderne mit Strategien aus der einfachen Moderne begegnen.

Dass Jahresbriefe – wie zu Beginn des Forschungsprozesses vermutet – *die* adäquate Form des Umgangs mit biografischer Unsicherheit in der reflexiven Moderne sind, lässt sich nach der Betrachtung unseres Samples in dieser Allgemeinheit nicht mehr bestätigen. Nur für eine spezifische Gruppe scheinen sie eine gelungene Form des Umgangs mit biografischer Unsicherheit zu sein. Für diese Gruppe scheint eine schriftlich fixierte Lebensgeschichte einerseits ideal, um den durch steigende (berufliche) Mobilitätserfordernisse auseinandergerissenen Freundes- und Verwandtenkreis zumindest über „vermittelte" Kommunikation über das eigene Leben „auf dem Laufenden" zu halten.[7] Andererseits bietet

---

6   Vgl. hierzu Kapitel 9 von *Kessel* und *Klusmann*.
7   Vgl. hierzu in Kapitel 5 von *Pohl* die funktionalen Bedingungen.

sich den Verfassern mit dem Schreiben von Jahresbriefen eine für sie eher unkomplizierte Möglichkeit, sich regelmäßig ihrer biografischen Identität zu versichern, was sie sehr schätzen. Da sie nur eine kleinere Zeitspanne – ein Jahr – berücksichtigen müssen, empfinden sie den Aufwand bei dieser Form des Selbstbekenntnisses als begrenzt, was auch noch durch den Einsatz neuester technischer Errungenschaften unterstützt wird.

Ob neben den Jahresbriefen heute nicht auch andere Formen von Bekenntnisritualen an Bedeutung gewinnen, ist eine Frage, die sich direkt daran anschließt. Wie *Friese* und *Pohl* in Kapitel 4 herausgearbeitet haben, vermuten wir, dass insbesondere das *Internet* immer größere Bedeutung für biografische Reflexionen erhalten wird. Denn wenn der Mensch sich seiner Identität nur dann versichern kann, wenn er sich in den Handlungen und Deutungen eines sozialen Gegenübers wiederfindet – wie es beispielsweise Tenbruck (1960: 131) formuliert –, dann bietet das Internet die größtmögliche Menge an potenziellen Bezugspersonen. Man denke nur an die gigantischen sozialen Netzwerke wie Facebook, Xing und StudiVZ, dann erhält man einen Eindruck davon, welche Feedback-Möglichkeiten das Internet bietet.

Betrachtet man die Einträge in Online-Portalen – wie beispielsweise Facebook – im Hinblick auf ihre biografische Perspektive, dann zeigt sich allerdings, dass Aussagen zum eigenen Lebensverlauf in der Regel nur auf eher kurze Zeiträume bezogen sind. Nicht langfristige Planungen und Entscheidungen stehen dort im Mittelpunkt, sondern stark gegenwartsbezogene Äußerungen, die meist im Alltag mit seinen vielfältigen Belanglosigkeiten verhaftet bleiben.

Man könnte mit Hahn (1982: 429) vermuten, dass möglicherweise (gesamt-)biografische Bekenntnisse heute aufgrund der gestiegenen Unsicherheiten und Ungewissheiten immer weniger Bedeutung haben. Das bedeutet: Wenn wir uns nicht mehr in der Lage sehen, die Zukunft irgendwie einschätzen zu können, dann kann uns die Vergangenheit auch nicht als Anknüpfungspunkt und Orientierungsmaßstab für zukünftige Entscheidungen dienen. So steht am Ende dieser Entwicklung möglicherweise die Überwindung bzw. Verdrängung der eigenen Vergangenheit.

Das kontrafaktische Festhalten an kohärenten Lebensbeschreibungen, wie wir es in unseren Autobiografischen Updates gefunden haben, ist in Zukunft vielleicht eine immer weniger zu bewältigende Herausforderung. Dies muss den Menschen aber nicht unvermeidlich als defizitär oder als beklagenswert erscheinen, denn ist der hohe Anspruch der Gestaltung von biografischer Konsistenz erst aufgegeben, dann kann man sich genussvoll der unmittelbaren Gegenwart zuwenden.

## 10.3 Literatur

Bauman, Zygmunt (1999): Unbehagen in der Postmoderne, Hamburg: Hamburger Edition

Beck, Ulrich/Lau, Christian (Hrsg.) (2004): Entgrenzung und Entscheidung: Was ist neu an der Theorie reflexiver Modernisierung, Frankfurt/Main: Suhrkamp

Behringer, Luise (1998): Lebensführung als Identitätsarbeit. Der Mensch im Chaos des modernen Alltags, Frankfurt/Main: Suhrkamp

Bonß, Wolfgang et al. (2004): Biographische Sicherheit – Perspektiven und Fragmente. In: Beck/Lau (2004): 211–233

Eßer, Felicitas/Zinn, Jens, (2001): Biographische Sicherheitskonstruktionen in der reflexiven moderne. Arbeitspapier 6 des SF 536 „Reflexive Modernisierung". URL: http://www.sfb536.mwn.de/arbeitspapiere/ap6-esser_zinn.pdf (20.01.2011)

Eßer, Felicitas/Zinn, Jens (2002): Subjektkonzeptionen bei der Herstellung biographischer Sicherheit. Arbeitspapier 7 des SFB 536 „Reflexive Modernisierung". URL: http://www.sfb536.mwn.de/arbeitspapiere/ap7-esser_zinn.pdf (20.01.2011)

Franz, Gerhard/Herbert, Willi (1987): Werttypen in der Bundesrepublik: Konventionalisten, Resignierte, Idealisten und Realisten. In: Klages/Franz/Herbert(1987): 40–54

Goldschmidt, Dietrich/Greiner, Franz/Schelsky, Helmut (Hrsg.) (1987): Soziologie der Kirchengemeinde, Stuttgart

Hahn, Alois: Zur Soziologie der Beichte und anderer Formen institutionalisierter Bekenntnisse. Selbstthematisierung und Zivilisationsprozeß, in: Kölner Zeitschrift für Soziologie und Sozialpsychologie, 34. Jg., Heft 3, 1982, 407–434

Klages, Helmut (2001): Brauchen wir eine Rückkehr zu traditionellen Werten?, in: Aus Politik und Zeitgeschichte, B 29/2001, 7–14

Klages, Helmut/Franz, Gerhard/Herbert, Willi (Hrsg.) (1987): Sozialpsychologie der Wohlfahrtsgesellschaft. Zur Dynamik von Wertorientierungen, Einstellungen und Ansprüchen, Frankfurt/Main: Campus

Schimank, Uwe (2002): Das zwiespältige Subjekt. Zum Person-Gesellschaft-Arrangement, Opladen: Leske + Budrich

Tenbruck, Friedrich H. (1960): Die Kirchengemeinde in der entkirchlichten Gesellschaft. Ergebnisse und Deutungen der „Reutlingen-Studie". In: Goldschmidt/Greiner/Schelsky, (1960)

Wohlrab-Sahr, Monika (1993): Biographische Unsicherheit. Formen weiblicher Identität in der „reflexiven Moderne": Das Beispiel der Zeitarbeiterinnen, Opladen: Leske + Budrich

# Anhang A: Fragebogen

## Angaben zur Person

**1. Geschlecht**
Weiblich ☐
Männlich ☐

**2. Geburtsjahr** 19__

**3. Welchen Familienstand haben Sie?**
Verheiratet ☐
Ledig ☐
Geschieden ☐
Verwitwet ☐

**4. Haben Sie Kinder?**
Nein ☐
Ja ☐
Geburtsjahr(e) _____

**5. Sind Sie Alleinerziehende(r)?**
Ja ☐
Nein ☐
Sonstiges _____

**6. Wohnen Sie alleine oder mit anderen zusammen?**
Ich wohne alleine ☐
Mit meinem(r) Ehemann(frau) ☐
Mit meiner Familie ☐
In einer Wohngemeinschaft ☐
Mit meinen Eltern. ☐
Mit meinem(r) Partner(in) ☐
    Sonstiges ☐

**7. Wie ist Ihre derzeitige Erwerbssituation?**
Vollerwerbstätig ☐
Teilerwerbstätig ☐
Hausfrau(mann) ☐
Selbständig ☐
Erwerbslos ☐

**8. Welche Erwerbstätigkeit üben Sie momentan aus?**
_____

**9. Welche Berufsausbildung(en) haben Sie?**
_____

_____

**10. Was ist Ihr höchster Schulabschluss?**
Kein Abschluss ☐
Hauptschulabschluss ☐
Mittlere Reife ☐
Hochschulreife ☐

**Vielen Dank für Ihre Mitarbeit!**

# Anhang B: Exemplarisches Autobiografisches Update

Zur Veranschaulichung der untersuchten Dokumente haben wir das folgende Exemplar eines Autobiografischen Updates selbst entworfen. Es wurde in Anlehnung an existierende Briefe entworfen, aber so verfremdet, dass die Anonymität der in dieser Studie untersuchten Autoren gewahrt werden konnte.

## *Liebe Verwandte, liebe Freunde ...*

gerade ein Jahr ist es her, dass ich den letzten Brief geschrieben habe. Das zurückliegende Jahr ist für uns nicht schlecht gelaufen. Wir haben uns Einiges gegönnt, uns aber auch mächtig angestrengt.

Ja, wir sind alle gesund und munter. Wir haben noch unseren Job bzw. gehen zur Schule, und wir schütteln uns jeden Abend beim Lauschen der Nachrichten über die Auslassungen unserer Politiker und in weit größerem Maße über das Grauen, das wir Menschen in Gottes Namen (oder wem auch immer) anrichten.

Das Highlight des Jahres 2005 war unser gemeinsamer runder Geburtstag. In unserem Garten hatten wir eine super Party mit rund 100 guten Freunden von nah und fern. Angesichts der vielen Jahre, die gefeiert werden mussten, schien uns diese Zahl durchaus angemessen. Und so hatten wir fast unsere gesamte Nachbarschaft bis hin zu meinen Verwandten aus Lettland bei uns zu Gast. Zum Kennenlernen gab es tags zuvor eine Rafting-Tour. Viele Geschenke haben wir erhalten.

Die Schule ist für unseren Florian schon eine große Herausforderung. Morgens muss er bereits um kurz vor sieben aufstehen und mittags kommt er erst um 13.30 Uhr nach Hause. Essen und danach geht es gleich mit den Hausaufgaben und dem Lernen los. Das Auswendiglernen ist nicht sein Ding. Dort muss er ganz schön büffeln. Von daher haben wir uns riesig gefreut, dass er beim Jahreswechsel mit sehr guter Beurteilung die zweite Klasse abgeschlossen hat.

In den Sommerferien, die wie immer viel zu kurz waren, fuhren wir mit Kind und Hund nach Süditalien. Es war klasse dort. Während Anna die Ruhe mit vielen Büchern genoss, waren Florian und ich meist auf Erkundungstour. Am meisten begeisterten ihn, wie nicht anders zu erwarten, die frei lebenden Hunde dort,

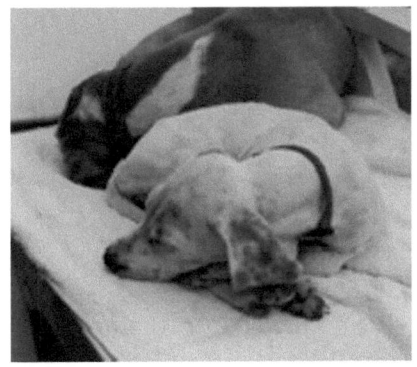

die keinem gehören und an jedem Straßenrand zu Hause sind. Auch unsere Lady genoss das Herumtollen mit den vielen neuen Spielkameraden. Ganz zum Leidwesen von Anna, die sofort auf die Suche nach Flohpulver ging, was in Italien nicht ganz so einfach ist. Das Ende der Geschichte seht ihr. Nun sind wir stolze Besitzer von zwei Hunden.

Aber das ist noch nicht alles. Das Wichtigste des Jahres kommt erst jetzt. Im November erhielten wir Besuch von Joachim und Hilde aus Amerika. Joachim ist ja, wie ihr wisst, im gleichen Bereich tätig wie ich, und er erzählte mir von einer Stelle in seiner Firma in Amerika, die Anfang nächsten Jahres neu besetzt werden soll. Eine Stelle, die für mich geradezu ideal wäre. Kurz entschlossen wurde bei uns der Familienrat einberufen und es wurden gemeinsam Vor- und Nachteile einer solchen familiären Änderung diskutiert. Wir haben uns noch nicht entschieden, aber es könnte im nächsten Jahr durchaus aufregend für die ganze Familie werden.

Das war in kurzen Sätzen unser Leben im letzten Jahr. Wir hoffen, dass es Euch allen auch so gut geht, trotz der gesellschaftspolitischen Lage. Wir wünschen Euch allen ein gesundes und erfolgreiches neues Jahr!